国家社科基金
后期资助项目
GUOJIA SHEKE JIJIN HOUQI ZIZHU XIANGMU

近代华商股票市场
制度与实践：1872—1937

The System and Practice of Chinese
Stock Market in Modern China: 1872-1937

朱海城 著

中国社会科学出版社

图书在版编目(CIP)数据

近代华商股票市场制度与实践：1872—1937 / 朱海城著 . —北京：中国社会科学出版社，2022.3
ISBN 978-7-5203-9708-7

Ⅰ.①近… Ⅱ.①朱… Ⅲ.①华人经济—股票市场—经济史—研究—中国—1872—1937 Ⅳ.①F832.95

中国版本图书馆 CIP 数据核字(2022)第 022941 号

出 版 人	赵剑英
责任编辑	宫京蕾
责任校对	闫 萃
责任印制	李寡寡

出 版	中国社会科学出版社
社 址	北京鼓楼西大街甲 158 号
邮 编	100720
网 址	http：//www.csspw.cn
发 行 部	010-84083685
门 市 部	010-84029450
经 销	新华书店及其他书店
印刷装订	北京君升印刷有限公司
版 次	2022 年 3 月第 1 版
印 次	2022 年 3 月第 1 次印刷
开 本	710×1000 1/16
印 张	15.5
插 页	2
字 数	278 千字
定 价	86.00 元

凡购买中国社会科学出版社图书，如有质量问题请与本社营销中心联系调换
电话：010-84083683
版权所有 侵权必究

国家社科基金后期资助项目
出 版 说 明

后期资助项目是国家社科基金设立的一类重要项目，旨在鼓励广大社科研究者潜心治学，支持基础研究多出优秀成果。它是经过严格评审，从接近完成的科研成果中遴选立项的。为扩大后期资助项目的影响，更好地推动学术发展，促进成果转化，全国哲学社会科学工作办公室按照"统一设计、统一标识、统一版式、形成系列"的总体要求，组织出版国家社科基金后期资助项目成果。

全国哲学社会科学工作办公室

序

改革开放以来，伴随着中国经济金融事业的蓬勃发展，中国经济史的研究也愈加深入，金融史的研究更是如火如荼，成果丰硕。朱海城教授的力作《近代华商股票市场制度与实践（1872—1937）》，无疑是中国金融史研究领域中又一新成果。这部著作是作者在其博士论文基础上大幅修订而成，亦是其独立完成的国家社会科学基金后期资助项目的结项成果。

作者从制度与实践的角度，考察了近代中国华商股票市场的演进历程。近代中国华商股市制度变迁和实践运行中的主要特点以及这些特点产生的原因是其所探讨的主要问题。近代华商股票市场发端于晚清，延续至1949年民国政府在大陆统治结束。上海华商股票市场是近代中国华商股市的"重镇"，也是华商股市中历时最长、规模最大、最为典型的股票市场。因此，上海的近代华商股市是其主要研究对象。时间跨度以1872年中国第一股——轮船招商局的创立为起点，终点至1937年"八·一三"事变爆发、华商股市奉命停业，历经清末、北洋政府时期及南京国民政府的前十年，这一时期是中国社会剧烈转型时期。这一时期中国华商股市制度从无到有、从不完善到逐步完善，到1937年，已初步形成制度体系。而这一时期中国华商股市的实践发展与制度发展并不同步，某些时期甚至呈现出逐步疏离的迹象。值得深入探讨与研究。

在对大量史料分析研究的基础上，作者提出近代华商股市初创的特点为：（一）近代中国华商股市制度具有典型的外生性。在制度引进时多是照搬照抄，较少修改，制度的系统性研究和长远引进规划缺乏，致使引进的制度往往存在系统性的缺陷与风险。（二）近代华商股市总体趋向为本土化。西方股市制度引入中国时，虽然拥有无法比拟的优势和强大的生命力，但它在冲破中国仍然强大的传统经济结构的同时，也必然会受到来自中国传统经济的反作用力，而它要与中国社会的传统经济相衔接，争取更多地从传统经济走来的中国投资者的支持，就不得不遵从中国传统经济的惯例和要求做出调整，以顺应中国本土化要求。（三）股市制度、实践的基本特征植根于近代中国社会经济。股票市场作为中国近代社会经济体系的一个元素，受到了来自中国近代社会经济体系多重因素包括经济、政治、传统习俗等作用与影响。中国近代经济、社会的特殊性，即经济基础薄弱、租界制度、有法不依、政府角色等问题，是近代华商股市特点产生的本源。

研究我国近代的股市，是为了吸取前人的经验教训，以古鉴今。诚如约瑟夫·熊彼特在他的《经济分析史》中所言："如果一个人不掌握历史事实，不具备适当的历史感或所得历史经验，他就不可能指望理解任何时代（包括当前）的经济现象。"抚今追昔，我国近代股市与当代股市的发展背景有诸多相似之处，如国家由封闭半封闭向世界开放、社会剧烈转型、经济体制逐步向市场经济转轨、制度的外生性等方面。股市运用得当，能优化资源配置，促进经济发展；管理不善，也可能引发金融危机，甚至社会动荡。因此近代华商股市的研究对我国当代股市发展具有重要借鉴意义。作者将此概括为三方面，我以为很有价值，并将其加以简单整理为：

（一）股票市场的功能定位要兼顾投资者和融资者。近代与当代股市存在类似的问题是对投资者的权益重视不够。投资者和融资者均是股票市场中的重要主体，两者共生共荣，双方的合法权益均应得到充分的考虑与尊重。（二）近代历届政府都没有扮演好自己在股票市场中的角色。而我国当代股市的主要问题是政府缺位、越位并存；一方面存在典型的"政策市"，干预和控制股票市场过多；另一方面存在有法不依、监管不严的问题。在股票市场中，政府必须准确定位自己的角色，将工作落脚于加强市场培育与监管，维持股市的正常运行。（三）加强制度建设与行业自律。一方面，我们要大力加强制度建设，使其逐步完善。做好制度研究与建设规划，科学论证，科学引入，既要解决当前问题，又要立足长远；另一方面，需要加强行业自律。在证券市场的监管中，政府的作用不可替代，同样，行业自律也难以替代，良好的行业自律是市场经济运行的重要基础，是政府监督的重要补充，否则难以避免诚信危机与股市风险。总之，发展经济，尤其是工商企业等实体经济的发展才是股市发展的根本动力，也是股市建设的根本目的。没有工商企业的发展，就不可能有股票市场的持续发展与繁荣；而在市场经济体制下，只有股市健康发展，方有利于实体经济盘活资金，不失时机地融资与扩大经营，方有利于民生。

我与海城认识于 2013 年，是年他到中国社会科学院经济研究所做博士后，也是在那时得知他以博士论文为基础申请了国家社会科学基金后期资助项目，并已获得立项。数载耕耘，几番磨砺。如今，他的这一项目终于完成，并获得全国哲学社会科学规划办批准结项。当沉甸甸的书稿放在我面前的时候，我知道这其中凝结了作者多年的心血。作为中国现代经济史博士后指导小组的老师，我衷心希望海城在学术上能积极探索，辛勤耕耘，再接再厉，再创佳绩。

董志凯
2019 年 2 月 7 日完稿于北京

前　言

本书的研究对象是近代中国华商股票市场。研究时段以1872年中国第一股——轮船招商局的创立为起点，至1937年"八·一三"事变爆发，华商股市奉命停业，历经清末、北洋政府时期及南京国民政府的前十年。这一时段是中国社会剧烈转型时期，也是近代华商股市制度从无到有、从不完善到较为完善的时期。然而在实践中，股市却长期低迷，一波三折，或投机盛行，大起大落；与中国产业发展联系也并不紧密，甚至在某些时期呈现出疏离的迹象。1872—1937年，华商股市制度变迁和实践运行中的特点，以及这些特点产生的根本原因就是本书所探讨的主要问题。得"风气之先"的上海是众多企业发行股票的首选之地，上海华商股市自然成为近代中国华商股市的重中之重，也是华商股市中历时最长、规模最大、最为典型的股票市场，亦是本书论述的重点。

全书可分为绪论、正文、结语三部分。

绪论主要内容包括选题意义，基本的学术回顾，研究现状，概念界定研究说明，研究的理论与方法。正文以股票发行市场和交易市场发展为主线，以股票重大事件为分界点，分为六章。第一章是上海的早期股票市场：上海外商股市是中国最早的股票市场，上海外商股市运行良好，其示范作用启发当局者去开启近代华商股市；第二章是近代股份制的引进与变革：中国华商股市的产生，本章以轮船招商局为例，探析中国第一股的由来及近代股份制在华商股市中的变异，第一批华商股票的发行及近代华商股市制度的本土化趋向；第三章是政府缺位：民间自发分散的股票交易，论述清末民初华商股市的交易状况，政府监管的缺乏及中外民间交易机构的发展；第四章是1937年前华商股市的立法，评析了1937年前华商股票发行与股票交易的法制化进程，近代公司律法与传统官利的博弈；第五章是华商交易所的创立与监管，分析了交易所的产生、发展与重组，"信交风潮"始末及《证券交易所法》的执行情况；第六章是民国时期股票市场的新气象。对民国华商股票市场的新变化进行补充阐释，分析了华商股市行业自律规则的发展状况；同时阐述了民国时期外商交易所的发展概况。

　　结语部分，在以上论述的基础上，总结了1872—1937年近代中国华商股市的基本特点。从制度来看，具有典型的外生性，在实践中表现为本土化的趋向。中国近代社会"土壤"的特殊性，即市场经济基础薄弱、租界制度、有法不依、政府角色等问题，是股市这些特点产生的本源。研究近代中国华商股市，是希望能为当下的中国股市发展提供历史的借鉴。

Preface

The studying object of this book is Chinese Stock Market (CSM) in modern China. It take 1872's Chinese first stock—China Merchants' Steamship Company's establishment as the beginning point. Before it is close down in August 1937 when the Anti-Japanese War erupted, CSM had gone through the later of the Qing Dynasty, Beiyang government time and former ten years of Nanjing national government. That was a fiercely shifting time in Chinese society, during which CSM came into being and bettered itself in a step-by step mannerk, therefore, a more completed institutional framework has foemed before 1937. However, in practice, the stock market has been in a long-term downturn, twists and turns, or speculation prevailed, ups and downs; it is not closely linked with Chinese industrial development, and even shows signs of alienation in some periods. The stock market for the enterprise financing function presented a degrading trend. From 1872 to 1937, the characteristics of CSM institutional change and practice, as well as the basic causes of these characteristics, are the main issues discussed in this book.

With its superiority, Shanghai is the first choice of numerous enterprises to issue the stock, so, it is naturally for Shanghai stock market becomes the most important and most typical market CSM in modern China with the biggest scale and the longest duration. It is also the key point that this book is going to elaborate. The whole book may divide into three parts, the introduction, the body, the conclusion.

The introduction includes the significance of selected topic, the basic academic review, present research situation, the statement of concept limits and the studying theory and method.

The body part takes the development of the stock issue market and the trading market as a main line and takes great stock event as dividing point, it divides into six chapters. The first chapter is Shanghai early time stock market. The west merchants stock market is the earliest stock market in China. It plays an exemplary role in CSM's emergence. The Shanghai west commercial stock market is running well, and its exemplary function inspires the authorities to open the modern Chinese stock market. Chapter II is the introduction and the revolution of the modern joint stock system and emergence of CSM. Taking Chinese merchants' first steamship company as the model to search and analyze the origin of Chinese stock and joint stock system's revolution, as well as the release of the first batch of Chinese businessman stock and stock system. Chapter III is the lack of government's regulation and control, the stock transaction of folk spontaneous dispersion. It states the situation of stock exchange, the lack of governmental supervision at home and abroad and the development of the folk transaction organization at the beginning of Republic of China and the end of the Qing Dynasty. Chapter IV is CSM's legislation before 1937, it evaluates the issue of Chinese businessman stock and the legalization advancement of stock transaction before 1937. Chapter V is about the establishment and supervision of the Chinese Stock Exchange. It analyzes the generation, development and the reorganization of the exchange, including implementation of the stock exchange law and the whole situation of "trust and exchange". Chapter VI is the new situation of stock market in the Republic of China. The new changes of Chinese stock market in the Republic of China are supplemented and analyzed, and the development of self-regulation rules in Chinese stock market is analyzed. At the same time, it expounds the development of foreign exchange in China.

On the basis of above elaboration, the conclusion part, summaries the essential feature of CSM from 1872 to 1937. From the perspective of its system, CSM presents typical exatic sence, but it displays the trend of localilzation in practice. The particularity of "the soil" of Chinese modern times society shows as "weak market economic foundation, the foreign settlement system, law violution, the role of government and etc", which is the source for the emergence of stock market characteristics. In the spirit of providing historical model for the development of present Chinese stock market, I choose to study the CSM in modern times.

目　录

绪论 …………………………………………………………………（1）
　一　选题缘由 ……………………………………………………（1）
　二　学术史回顾 …………………………………………………（2）
　三　概念界定及研究说明 ………………………………………（9）

第一章　中国最早的股票市场 ……………………………………（14）
　第一节　西方近代股份制的输入 ………………………………（14）
　　一　西方近代股份制概况 ……………………………………（14）
　　二　西方近代股份制企业的侵入 ……………………………（16）
　第二节　华商附股与上海外商股市的初步发展 ………………（20）
　　一　华商的最初态度：排斥与观望 …………………………（20）
　　二　理性选择：华商附股 ……………………………………（21）

第二章　华商股票市场的诞生与初步发展 ………………………（28）
　第一节　中国第一股：轮船招商局 ……………………………（28）
　　一　穷困而思变 ………………………………………………（29）
　　二　艰难的探索：思想与实践 ………………………………（33）
　　三　招股融资：轮船招商局的创举 …………………………（37）
　第二节　清末华商股票的发行 …………………………………（42）
　　一　清末股票新秀：铁路股与银行股 ………………………（44）
　　二　集股筑路与保路运动 ……………………………………（47）
　第三节　近代华商股票市场的本土化 …………………………（50）
　　一　特色股息：官利 …………………………………………（50）
　　二　制度的执行：信息披露与股东大会 ……………………（59）

第三章　政府缺位：清末民间的股票交易市场 (63)
第一节　晚清股票交易市场：1870—1911 年 (63)
一　晚清股票交易市场的初步形成 (63)
二　制度阙如与股民狂热：19 世纪 80 年代股市风潮 (67)
三　清末民间股票交易组织 (76)
第二节　1883—1911 年的洋股市场 (80)
一　上海股份公所 (80)
二　橡胶股票风潮 (81)

第四章　1937 年前华商股市的律法与实践 (87)
第一节　《公司律》到《公司法》：近代华商股票发行制度与实践 (87)
一　《公司律》：近代中国股票发行制度的引进 (88)
二　《公司条例》：近代中国股票发行制度的本土化 (94)
三　《公司法》：近代中国股票发行制度的完善 (100)
四　近代华商股票发行制度本土化的启示 (102)
五　近代公司律法与传统官利的博弈 (103)
第二节　华商股市交易立法 (105)
一　创设证券交易所的构想与讨论 (106)
二　《证券交易所法》的诞生 (107)
三　《交易所法》和《修正交易所法》 (109)

第五章　华商交易所的创立与监管 (115)
第一节　《证券交易所法》的践行：华商交易所的创立 (115)
一　北京证券交易所 (115)
二　上海证券物品交易所成立始末 (116)
三　上海证券物品交易所的初步发展 (127)
四　上海华商证券交易所 (130)
第二节　有法不依与"国中之国"——以"信交风潮"为例 (133)
一　"信交风潮" (133)
二　内因与外因 (137)
三　连锁反应 (142)

第六章 民国时期股票市场的新气象 (145)
第一节 民国华商股票市场制度的实践 (145)
一 华商股票的发行与交易 (145)
二 华商股票市场的股东大会及中间组织 (159)
三 华商股市行业自律规则的发展 (161)
第二节 外商交易所的发展 (166)
一 日本取引所 (166)
二 上海众业公所 (168)

结语 (171)
一 强外生性：近代华商股市制度的突出特点 (171)
二 本土化：近代华商股市制度实践中的总体趋向 (173)
三 股市制度、实践与近代中国社会经济 (174)
四 历史的启迪 (178)

附录 (182)
一 图片资料 (182)
二 附表 (188)
三 附文 (204)

参考文献 (209)

后记 (229)

绪　论

一　选题缘由

面对"数千年未有之变局"[①]，晚清洋务派提出"自强""求富"等主张，发展军工企业和民用企业以挽救危局。1872年，在以李鸿章为首的洋务派推动下，轮船招商局招募股份，发行了华商第一只股票，由此，中国近代华商股票市场拉开了序幕。轮船招商局的创立，从制度角度看，标志着西方股份制的正式引入，轮船招商局的募股融资方式，不仅直接给清末大批企业提供了范本，[②]而且也惯性地影响了民国一些企业的经营。

相较于欧美西方而言，中国是一个现代化后发国家。中国以轮船招商局为起点，引进西方股票市场制度，经历了从晚清时期的照抄照搬到民国时期援引改造的变化。从制度的起源看，晚清股票融资制度显然不是自发生成的，而是具有典型的移植性、外生性；在制度的实践中，也不可避免地受到传统社会经济等因素的影响和制约，具有典型的"中国特色"，这也是从传统向现代转型的中国近代企业和华商股市，有别于近代西方企业和西方股票市场的地方。在中国社会进入由传统向现代的转型背景下，近代华商股票市场的制度是如何演进的，有什么特点？股市制度与实践之间关系如何？这些都是本书尝试回答的问题。

纵观中国历史，"二千年看西安，五百年看北京，一百年看上海"[③]。

[①] 在李鸿章的奏折中，曾两次出现这类语句：第一次是在《同治十一年五月复议制造轮船未可裁撤折》中，李鸿章认为欧洲诸国，闯入中国腹地，前史所未载，"此三千余年一大变局也"。第二次是在《光绪元年因台湾事变筹画海防折》中，李鸿章上书称："历代备边，多在西北。其强弱之势、主客之形，皆适相埒，且犹有中外界限。今则东南海疆万余里，各国通商传教，来往自如，麇集京师及各省腹地，阳托和好之名，阴怀吞噬之计，一国生事，数国构煽，实为数千年未有之变局。"

[②] 到1887年，曾在《申报》登载过股票价格的企业已达36家。

[③] 熊月之：《上海通史·导论》总序，上海人民出版社1999年版，第5页。

百余年来上海一直是我国的经济和金融中心,这一地位是历史形成的,亦是中国其他地区无法替代的;而且上海地区留存下来大量的金融史文献资料,其研究价值之高,为海内外学术界所公认。① 近代华商股票市场中,上海股票市场亦是主体,它产生最早、历时最长、规模最大,也最为典型,在中国近代股票市场中的地位至关重要。因此,近代华商股市研究必然要以上海为中心。再从学术史的角度看,中国近代的金融史研究,对银行的关注较多,而保险、证券、信托的研究则不足。在证券市场研究中,公债市场的成果最多,股票市场和公司债券市场的研究相对薄弱。

有鉴于此,笔者选取了近代上海作为研究的主要区域,从制度变迁的视角,来考察 1872—1937 年华商股票市场的制度与实践。事实上,近代华商股票市场的实践历程亦是中国金融近代化的一个缩影,基于此,希望本研究可以进一步丰富中国近代金融史和上海史研究的内涵,从一个侧面来揭示中国近代化的一些特点,为当下中国股票市场健康发展提供可资借鉴的本土历史经验。②

二 学术史回顾

从 1872 年轮船招商局创立开始,至 1949 年国民党败退台湾止,近代中国的华商股票市场延续了近 80 载。清末,股票市场已是媒体关注的热点。从 19 世纪 80 年代开始,《申报》刊登了不少关于股份制公司、股票市场的评论文章,多数立论公允,反映了当时华商股票市场的基本状况;《申报》在 1882 年 6 月 9 日至 1887 年 4 月 17 日期间,还刊载了大量股票行情信息,这些信息为我们研究晚清华商股票市场,提供了一段翔实的数据资料,十分珍贵。

民国时期,华商股票市场的专门研究开始涌现,其中有关交易所的研究成果丰硕。王恩良、吴叔田等根据上海交易所举办的暑期养成所 1921 年各科讲义编写了《交易所大全》,阐明了物品及证券交易的方法、

---

① 复旦大学中国金融研究中心:《上海金融中心地位的变迁:中国金融史集刊》(第 1 辑),复旦大学出版社 2005 年版,创刊词。

② 自 1990 年上海证券交易所成立以来,我国股票市场发展进入"快车道",因而对股票市场的研究和探讨也逐渐热起来,近些年更是如火如荼,但是,这些研究和探讨,多侧重于从国外的股票市场中寻找理论依据和体制借鉴,这种中外横向的比较研究,对于我们借鉴国外成熟的股票市场经验,少走弯路,无疑是十分必要的。除此之外,基于中国股票市场自身发展的纵向比较研究,也必将有助于我们汲取本土股票市场发展的历史经验。

技巧、规则与历史；1929年《中国交易所论》由商务印书馆出版，是当时的财经专家杨荫溥的专著，他介绍了中国各种交易所的交易、组织和监督状况，对1921年信交风潮的原因做了深入分析，他还把中国各地交易所公司章程、营业细则及历次公布之交易所法规条例附于书后，供人查阅。① 以上著作为我们研究旧上海交易所的形成发展及"信交风潮"的过程及影响提供了重要的资料。这一时期还有一些著作与股票市场高度相关，且多出自名家之手（详见附表1），这些著作是我们了解当时金融市场的重要参考资料。

中华人民共和国成立后，经过社会主义改造，股票市场被取缔。直到改革开放，尤其是1990年上海证券交易所成立之后，中国股票市场研究又重新焕发活力。

（一）近代中国股份制公司的研究

股票源于股份制公司，从根本上说，有什么样的股份制企业，就会有什么样的股市。在中国近代股份制公司研究方面，可谓人才辈出，特色鲜明，成果丰硕。其中，晚清股份制公司研究方面成果最为突出。张国辉、张后铨、张建波、李玉、杨在军等学者，从不同角度，对晚清股份制公司进行了探讨，既有个案研究，又有整体研究，涉及晚清股份制公司制度、运作机制、股份筹集、股本构成等，尤其是对轮船招商局的个案研究，细致精深。② 另外，对于近代中国公司的整体研究颇为深入。张忠民在前贤研究的基础上有一些突破，无论是在近代公司制度方面，还是在近代公司统计方面，均有贡献，他对近代公司的"官利"制度、管理制度及股本的筹集也有独到见解。③ 朱荫贵的专著《中国近代股份制企业研究》从中国近代股份制企业的几种类型、资金运行特点、经营管理的不同方式等六个方面系统分析了中国近代股份制企业的发展特色，④ 他还以资金运行为中心，揭示了中国近代股份制企业资金运行中的一些本土特点，⑤ 切入点

---

① 杨荫溥：《中国交易所论》，商务印书馆1929年版。
② 参见张国辉《洋务运动与中国近代企业》，中国社会科学出版社1984年版；张后铨：《招商局史》（近代部分），人民交通出版社1988年版；张建波：《洋务运动与中国早期现代化思想》，山东人民出版社2001年版；李玉：《晚清公司制度建设研究》，人民出版社2002年版；杨在军：《晚清公司与公司治理》，商务印书馆2006年版。
③ 张忠民：《艰难的变迁——近代中国公司制度研究》，上海社会科学院出版社2002年版。
④ 朱荫贵：《中国近代股份制企业研究》，上海财经大学出版社2008年版。
⑤ 朱荫贵：《中国近代股份制企业的特点》，《中国社会科学》2006年第5期。

新颖，论证独特有力。刘国华从思想史的角度研究了近代中国股份制思想及股票市场思想，包括近代中国股份制企业产生的历史背景、股票交易的发展演变脉络及对股票交易的认识。① 上述著作有助于我们探究近代华商股票之源，以及近代华商股票发行市场的基本特点。

（二）关于近代中国股票市场制度的研究

近代中国股市制度方面，"官利"制度的研究比较深入。朱荫贵、邹进文、姚会元、李玉等对官利制度进行了探讨，涉及官利制度存在的根本原因、利弊共生的两面性及股票的债券性等。② 在上述研究的基础上，官利制的研究也出现了一些新观点，如兰日旭认为官利制度是西方现代企业制度和中国传统企业中的银股、护本或存款功能制度合二为一的结晶。③ 朱海城考察了官利的长期变化趋势，认为官利及其必付原则保证了近代股票投资者的投资收益水平不低于传统投资项目，官利的存在使早期的近代华商股票更类似于债券，后随着官利的式微，近代华商股票特性日益加强，整体观之，近代华商股票呈现出债转股的变化特点。④

刘志英以博士论文为基础出版的著作，是第一部系统研究近代上海证券市场的力作，她对近代上海股票市场存在的主要问题进行了剖析；⑤ 其博士后出站报告研究范围由上海证券市场拓展至全国，并增加了经济学视角的分析权重。⑥ 她还系统梳理了民国北京政府、南京国民政府统治时期主要证券市场法律，认为近代证券立法普遍存在重交易立法轻发行立法的现象。⑦ 成九雁、朱武祥对1873—1949年中国近代股票市场监管作了详细描述，深入剖析了这一阶段股市监管的结构与特征，认为这一阶段股市监管弱的主要原因是信息披露制度没有建立，监管机构由于能力缺乏和人

---

① 刘国华：《近代中国股份制与股票市场思想研究》，博士学位论文，复旦大学，2002年。
② 朱荫贵：《引进与变革：近代中国企业官利制分析》，《近代史研究》2001年第4期；邹进文、姚会元：《近代股份制的"中国特色"之一——试论清末股份企业的"官利制"》，《中国经济史研究》1996年第4期；李玉：《中国近代股票的债券性》，《南京大学学报》（哲学社会科学版）2003年第3期。
③ 兰日旭：《近代中国股份制企业"官利"制产生原因再探析》，《福建论坛·人文社会科学版》2008年第5期。
④ 朱海城：《近代中国官利与股票投资者》，《华中科技大学学报》（社会科学版）2010年第3期。
⑤ 刘志英：《近代上海华商证券市场研究》，学林出版社2004年版。
⑥ 刘志英：《近代中国华商证券市场研究》，中国社会科学出版社2011年版。
⑦ 刘志英：《旧中国证券立法研究》，《档案与史学》2003年第5期。

员配备等种种原因而没能有效执行法律。[①] 王志华的博士学位论文《中国近代证券法律制度研究》，对近代证券市场的主要法律制度进行了梳理，既包含股票发行制度，又有股票交易制度，并对这些制度的沿革、运行路径作了述评。[②] 江眺对清末民初公司法中，关于股票发行条款做了较为全面的解读。[③] 赵琦的研究结论是近代中国股票市场法律制度多在股市危机爆发后，政府才会进行法律的修订。[④] 这些论著是我们研究近代华商股票市场法律规范、发行与交易制度的重要参考文献。

（三）对近代中国股票市场状况的研究

从研究时段看，对近代中国股票市场状况的研究多集中在近代早期和抗战时期，近代其他时段的研究相对较少。其中对近代早期股票市场状况研究成果最为突出，也较为深入。如叶世昌对上海平准股票公司的倒闭时间及其原因作出新的分析，并在总结当时人们对股市危机成因的认识基础上，提出股市投机是上海发生第一次股市危机的根本原因。[⑤] 田永秀对中国晚清和北洋时期的股票市场进行了系统研究，提出了不少新的见解，也开辟了新的研究领域，如晚清股民研究等，[⑥] 她挖掘《申报》中的史料，阐述了1862—1883年近代中国早期股市基本状况、行情变化及其深远影响。[⑦] 李玉、彭厚文两位学者，从不同角度，对1882年的上海股票市场进行了专门研究，认为1882年上海股票市场发展过快过猛。[⑧] 研究时段在抗战时期的成果也不少，如宋士云、张晓阳对抗战时期我国的股票市场做了专题研究，认为当时股票市场的极度繁荣，是一种畸形发展。[⑨]

除此之外，朱荫贵对近代股票市场进行了纵向分析，认为出现了三次

---

① 成九雁、朱武祥：《中国近代股市监管的兴起与演变：1873—1949年》，《经济研究》2006年第12期。
② 王志华：《中国近代证券法律制度研究》，博士学位论文，中国政法大学，2003年。
③ 江眺：《公司法：政府权力与商人利益的博弈》，博士学位论文，中国政法大学，2005年。
④ 赵琦：《近代中国股票市场的立法管理》，《兰台世界》2014年第7期。
⑤ 叶世昌：《上海股市的第一次高潮和危机》，《复旦学报》（社会科学版）2008年第2期。
⑥ 田永秀：《中国近代股票市场研究——晚清、北洋政府时期》，人民出版社2014年版。
⑦ 田永秀：《1862—1883年中国的股票市场》，《中国经济史研究》1995年第2期。
⑧ 李玉：《1882年的上海股票市场》，《历史档案》2000年第2期；彭厚文：《19世纪80年代上海股票交易的兴衰》，《近代史研究》1999年第1期。
⑨ 宋士云：《抗日战争时期我国的股票市场》，《齐鲁学刊》1998年第5期；张晓阳：《抗战时期的上海股市研究》，《档案与史学》1999年第1期。

股票交易高潮，并依次对三次高潮做了评析，指出三次高潮同时反映了中国社会固有的某些特点，① 丁晓中对"信交风潮"进行了专题研究。② 江金彦从经济学的视角，对近代中国股票市场的发展状况做了系统研究，他的研究有不少突破，如研究范围既包含华商股票市场，也包括外商股票市场，对近代股市的市场有效性进行了检验，根据《申报》数据编制了近代股市综合价格指数表等。③ 综观以上论文，我们发现，学者们的研究多聚焦于股市交易高潮和股市危机时段，对近代股票市场的一般常态仍缺乏准确描述。

部分论文以"证券市场"为题，内容涉及股票市场。④ 这些论文对我国近代证券市场的发展状况、特点进行了多角度的探讨，为我们全面准确认识近代中国股票市场提供了基础。

（四）对近代股票交易组织的研究

著名经济史学家诺思认为：组织及有效率的制度是经济发展的根本原因。在近代股票市场研究中，交易组织研究占有重要地位。朱荫贵考察了"孤岛"时期上海众业公所的"繁荣"和令人"瞩目"的畸形状况，对

---

① 朱荫贵：《近代上海证券市场上股票买卖的三次高潮》，《中国经济史研究》1998年第3期。

② 丁晓中：《"信交风潮"研究》，硕士学位论文，苏州大学，2002年。

③ 江金彦：《近代中国股票市场的发展》，立信会计出版社2013年版。

④ 主要有：朱荫贵的《1918—1937年的中国证券市场》（《复旦学报·社会科学版》1999年第5期）、《抗战时期的上海华商证券市场》（《社会科学》2005年第2期）、《试论近代中国证券市场的特点》（《经济研究》2008年第3期）；张忠民的《近代上海产业证券的演进》（《社会科学》2000年第5期）；周育民的《一·二八事变与上海金融市场》（《档案与史学》1999年第1期）；匡家在的《旧中国证券市场初探》（《中国经济史研究》1994年第4期）；宋士云的《清朝末年中国的证券市场》[《山东师大学报》（社会科学版）1997年第6期]及《民国初年中国证券市场初探》（《史学月刊》1999年第5期）；龚彦孙的《民国初年上海的证券交易》（《民国春秋》1992年第6期）；胡显中、周晓晶的《中国历史上第一家股份制企业轮船招商局》（《经济纵横》1992年第8期）；白丽健的《1937—1949年上海证券市场的历史考察》（《南开学报》2000年第4期）；孙建国的《论中国近代证券市场信用机制的构建——基于市场与非市场因素的考量》（《中国经济史研究》2011年第2期）；尹振涛的《试论近代中国证券市场产生与初步发展——以诺思的制度变迁理论为分析框架》（《中国社会科学院研究生院学报》2009年第3期）、《中国近代证券市场监管的历史考察——基于立法与执法视角》（《金融评论》2012年第2期）；林榕杰的《中国近代的证券交易所》（《中国经济史研究》2011年第1期）；周晓的《近代证券交易所法进步性与局限性探析》（《商业时代》2014年第9期）等10余篇。

外商企业利用狂热投机吸纳中国资金等问题进行了探讨，① 他还对抗战时期上海中国股票推进会进行了研究，探讨了这一时期民间社团引导和推动社会资源重组的作用。② 朱彤芳的著作介绍了旧中国交易所、其他各国交易所的简况，以及我国的股票交易的实际状况。③ 彭厚文对上海各类证券交易所的历史沿革进行了全面研究，④ 他还对战后上海证券交易所的交易市场特点及管理做了述评。⑤ 刘逖对民国以来的上海证券交易所沿革进行了系统研究，并搜集了不少有价值的数据资料。⑥ 林榕杰对1948年的天津证券交易所进行了专门研究。⑦ 观察以上研究，可以看出，学者们对外商众业公所和上海交易所等组织的历史沿革、发展状况关注较多，而对交易组织内部的章程及规则的逻辑演进，缺乏深入分析。对重庆、青岛、汉口、宁波等地的交易所研究较少。

（五）对近代股东（民）的研究

一些大型股份制企业，资料相对完整，对股东的研究也较为深入，比如对轮船招商局股东的研究，不仅涉及股东人数、持股数量，甚至股东之间的关系亦有考察。⑧ 在近代股东（民）研究方面，田永秀的研究具有一定的开拓性，她探究了晚清股市高潮时，股市涨落给股民心理带来的重大影响。总体来看，因资料所限，对近代股东（民）的研究仍较为薄弱。

此外，与近代华商股票市场相关的主要研究著作还有10余部。⑨ 近

---

① 朱荫贵：《"孤岛"时期的上海众业公所》，《档案与史学》2001年第4期。
② 朱荫贵：《抗战时期上海中国股票推进会》，《中国经济史研究》2006年第4期。
③ 朱彤芳：《旧中国交易所介绍》，中国商业出版社1989年版。
④ 彭厚文：《近代上海证券交易所流变考述》，《江南学院学报》1998年第3期。
⑤ 彭厚文：《战后上海证券交易所论述》，《近代史研究》2002年第3期。
⑥ 刘逖：《上海证券交易所研究》（1910—2010），上海人民出版社2010年版。
⑦ 林榕杰：《1948年的天津证券交易所》，《中国经济史研究》2008年第2期。
⑧ 参见张后铨《招商局史（近代部分）》，中国社会科学出版社2007年版，第47—49页。
⑨ 洪葭管、张继凤：《近代上海金融市场》（上海人民出版社1989年版）；熊月之主编：《上海通史》（上海人民出版社1999年版）；杜恂诚：《上海金融的制度功能与变迁》（上海人民出版社2002年版）；吴景平等：《抗战时期的上海经济》（上海人民出版社2001年版）、吴景平主编：《上海金融业与国民政府关系研究（1927—1937）》（上海财经大学出版社2002年版）；唐力行：《商人与中国近世社会》（商务印书馆2003年版）；周育民：《晚清财政与社会变迁》（上海人民出版社2000年版）；姚会元：《江浙金融财团研究》（中国财政经济出版社1998年版）；朱镇华：《中国金融旧事》（中国国际广播出版社1991年版）；郑振龙等主编：《中国证券发展简史》[经济科学出版社（转下页）

8 近代华商股票市场制度与实践（1872—1937）

代华商股市是近代上海金融、中国金融的一部分，从这个意义上讲，这些著作虽然不是研究近代中国股市的专著，但必然会给我们的研究提供宏观的指导和有益的启示。

  国外及港台方面，对近代中国股市的研究成果较少。其中，滨田峰太郎所著的《支那の交易所：附邦人关系企业》是日本人对中国近代证券市场最早、最详细的研究报告，内容包括中外近代交易所、证券市场交易状况、交易所理论，以及大量的数据资料，其间"信交风潮"资料最为丰富。① 托马斯的《西方资本主义在中国：上海证券交易所的历史》，成书于2001年，该书从经济史的视角，阐释了中国近代以来证券市场发展的状况，包含改革开放之后大陆证券市场的新发展，涉及近代上海证券市场产生的背景、证券供求状况及市场波动状况，该书采用了《北华捷报》等原始资料，有微观层面的分析内容，也有长时段的历史总结分析，方法新颖。② Wenzhong Fan 编制了1870—1940年上海股票交易指数，③ 对于我们研究外商股市运行状况提供了重要参考。此外，William N. Goetzmann、Andrey D. Ukhov、Ning Zhu、小科布尔等学者的研究著述中对近代华商股票市场亦有所涉及。④

（接上页）2000年版]；中国人民银行总行金融研究所金融历史研究室编：《近代中国的金融市场》（中国金融出版社1989年版）；燕红忠撰：《近代中国金融发展水平研究》（《经济研究》2009年第5期）。在这些著述中，特别是洪葭管、张继凤：《近代上海金融市场》"第五章、证券市场"，较为完整地叙述了近代上海证券市场的历史演进过程，论及近代上海股票市场的内容有：第一，西方国家的证券市场一般是先有发达的公债交易，然后才有发达的股票交易，而旧中国，由于社会经济形态的特殊，证券市场是从股票交易开始的。而抗战以前的上海华商证券市场交易主体仍是政府公债。第二，沦陷时期的上海华商证券市场"把交易对象从公债转而改为华商企业股票是一次突破性的飞跃"，而抗战后重新建立的上海证券交易所"至少在低层次上来说已初步具备了资本市场的性质"。

① ［日］滨田峰太郎：《支那の交易所：附邦人关系企业》，中华经济社，大正十一年版。
② W. A. Thomas, "Western Capitalisn in China: A History of Shanghai Stock Exchange", Ashgate Publishing Limited, 2001.
③ Wenzhong Fan, "Construction Methods for the Shanghai Stock Exchange Indexes: 1870 - 1940", Working Paper, International Center for Finance, Yale School of Management, 2005.
④ William N. Goetzmann, Andrey D. Ukhov and Ning Zhu, "China and the world financial markets 1870 - 1939: Modern lessons from historical globalization", Economic History Review, 2007；［美］小科布尔：《上海资本家与国民政府（1927—1937）》，杨希孟、武莲珍译，中国社会科学出版社1988年版。

概观近代华商股票市场的研究成果，大致有三个特点：

首先，近代华商股市研究呈现出进一步向纵深发展的总体趋势。21世纪以来，尤其是近十年，近代华商股票市场研究突破了传统史学中以交易组织为主线的窠臼，研究领域在不断拓展。从近代股份制公司到股票市场、资金运作，从交易组织到股市管理，从股市危机到股民心态，各方面均有专文或论著涉猎。

其次，总体来看，既有运用西方经济学理论的分析性成果，又有爬梳史料缜密论证的描述性成果，但描述性成果明显居多。从研究方法看，传统史料研究依然占主导地位；受西方经济史研究的影响，一些研究开始引入多学科方法，尝试对近代中国华商股市进行多角度的研究。

最后，研究成果显示，细化的微观分析与整体的宏观把握是目前近代华商股市研究中的两个主要趋向。如对轮船招商局的研究已经深入细化到招股章程、股票认购、股价涨跌、投资人等极为微观的问题；而有些研究则采用宏观性的分析方法，如对近代华商股市制度变迁、股市发展特点等时间跨度较大的问题。

近代华商股票市场研究取得了令人瞩目的成绩，但毋庸讳言，其中也存在着不足之处。在史料的运用上，一是对档案资料、当时报刊的利用不够充分。在研究的深度与广度上，仅局限在个别的点面上，对近代华商股票市场，尤其是最为典型的上海股票市场缺乏完整、全面、深入的分析与论证。二是在理论上，缺乏理论的深度。就时段而言，研究的焦点主要集中在19世纪80年代、1910年前后（橡胶股票风潮）、1921年左右（信交风潮）等时段，对于其他时间段的股市关注不够。从地区来看，研究的焦点主要集中在上海的股票市场和股市风潮，对于北京、天津、汉口等地股市的研究显得单薄。①

有鉴于此，笔者力求在吸收已有研究成果的基础上，选择近代华商股票市场作为研究对象，以制度变迁为视角，借鉴历史学、新制度经济学、金融学的理论与方法，期望能为近代华商股票市场研究做一些探索性工作。

三 概念界定及研究说明

（一）四个概念

1. 制度。马克思对制度的定义，是从根本改变社会经济制度这个历

---

① 朱海城、蔡金殿：《近代中国华商股市研究的回顾与评析》，《甘肃社会科学》2009年第1期。

史任务出发的,他认为,"生产关系的总和构成社会的经济结构,即有法律的和政治的上层建筑竖立其上并有一定的社会意识形式与之相适应"①。显然,马克思把制度分成了两大类,一类是生产关系的总和,其实质是经济制度;一类属于上层建筑,包括政治制度、法律制度和意识形态。马克思关于制度的分类是与其研究相契合的,结论是资本主义制度必然灭亡,并必然被社会主义制度或共产主义制度所取代。新制度经济学的代表人物道格拉斯·C.诺思对马克思的制度理论极为关注,并给予了很高的评价,诺思认为,"在详细描述长期变迁的各种现存理论中,马克思的分析框架是最有说服力的,这恰恰是因为它包括了新古典分析框架所遗漏的所有因素:制度、产权、国家和意识形态。马克思强调在有效率的经济组织中产权的重要作用,以及在现有产权制度与新技术的生产潜力之间产生的不适应。这是一个根本性的贡献"②。诺思还指出:"马克思最早阐述生产力(它常被马克思用来指技术状态)与生产关系(常常指人类组织和具体的产权方面)的相互关系,是将技术限制与制度同人类组织的局限性结合起来所作的先驱性努力。"③ 诺思本人对制度也有自己的定义,他认为制度是"一系列被制定出来的规则、守法程序和行为的道德伦理规范"④。在这里,制度有两个层面,一是非正式的制度,如社会规范、道德约束、惯例、禁忌、风俗文化等;二是正式制度,包括宪法、法令、政治规则、经济规则和契约等。⑤ 日本学者青木昌彦从博弈论的角度出发,把前人对制度的定义总结为三类⑥:一是把制度定义为博弈的参与者,尤其是组织;二是把制度定义为博弈的规则;三是把制度定义为博弈的均衡解。他本人把制度定义为"关于博弈如何进行的共有信念的一个自我维系系

---

① 《马克思恩格斯选集》第二卷,人民出版社 1972 年版,第 8 页。
② [美]道格拉斯·C.诺思:《经济史中的结构与变迁》,陈郁、罗华平等译,上海三联书店 1994 年版,第 68 页。
③ [美]道格拉斯·C.诺思:《制度、制度变迁与经济绩效》,刘守英译,上海三联书店 1994 年版,第 177 页。
④ [美]道格拉斯·C.诺思:《经济史中的结构与变迁》,陈郁、罗华平等译,上海三联书店 1994 年版,第 225—226 页。
⑤ [美]道格拉斯·C.诺思:《制度、制度变迁与经济绩效》,刘守英译,上海三联书店 1994 年版,第 3 页。
⑥ 包括美国制度主义经济学家凡勃伦、康芒斯、沃尔顿·哈密尔顿,英国后现代制度主义者霍奇逊,美国新制度经济学家道格拉斯·C.诺思,美国经济学家安德鲁·肖特等人关于制度的定义。

统"，类似于第三类。

本书中的制度，借鉴的是诺思和青木昌彦等新制度经济学派定义的制度，包括正式制度和非正式制度，且更侧重于正式制度的研究。具体来说，包括近代华商股市的法律规章制度、交易所规则、民间交易机构的行业规制及股票发行交易的惯例等，当然亦非面面俱到，而是选取当时影响较大、具有典型意义的股票市场制度，目的在于厘清近代华商股市制度演化的基本脉络与轨迹；同时在制度演化过程中的民众、组织、政府间的博弈，传统经济与现代经济的博弈，以及这些博弈对华商股票市场制度变迁的影响，也是本书将会探讨的内容。

2. 实践。实践，是马克思主义哲学的核心概念，属辩证唯物主义认识论的范畴，实践是认识的基础，认识产生于实践的需要，随着实践向深度与广度拓展而不断向前发展。实践是人的合目的性的活动，是人能动地改造和探索现实世界的一切社会活动，现实的具体人是实践的主体，全部人类历史是由人的实践活动构成的。[①] 本书的实践既包括股票市场制度的落实与被扭曲，又涵盖股市发展的基本状况及股市重大事件。笔者认同新制度经济学的科斯和诺思关于制度对于经济增长相关理论，同时基于文献研读及生活经验，笔者认为探讨近代华商股市制度的实践问题，亦具有重要意义。直至当今，中国股票市场依然存在制度落实不到位，或被曲解，甚至变通执行的问题，而这些股市制度实践问题亦是不少股市顽疾的根源。

3. 股票。股票，[②] 是股份证书的简称，是股份公司发行的股东持有该公司股份的证书，股东据此享受股份权益，并承担相应的义务。如马克思所言："如果没有欺诈，它们（股票）就是对一个股份公司拥有的实际资本的所有权证书和索取每年由此生出的剩余价值的凭证。"[③] 股票持有者即是股东，每股股票都代表股东对企业拥有一个基本单位的所有权。股票投资具有不可返还性特点，[④] 但股东可以在股票交易市场将股票转让给其他投资者。近代中国股票，亦称股份票。1872年轮船招商局开始发行股

[①] 孙云、孙镁耀：《新编哲学大辞典》，哈尔滨出版社1991年版，第629页。

[②] "股票"一词，我国在19世纪后半叶即已流行，并得到了广泛的使用。

[③] ［德］马克思：《资本论》第二卷，人民出版社1975年版，第387页。

[④] 中国近代股票市场中，出现过发行股票的股份公司健在，被要求退股的案例。

票，近代的第一只华商股票诞生了。①

4. 股票市场。股票市场是近代社会化大生产与信用制度发展到一定历史阶段的产物，主要包括股票发行市场与股票交易市场两部分。② 发行市场是股份制公司发行股票筹集资金的场所，亦是股票购买者投资的场所。交易市场是股票持有者将所持有的股票转让给其他投资者的场所。在现代社会中，股票发行市场与股票交易市场相辅相成，相互依存。交易市场流通的股票源于发行市场；而交易市场的股票流转的状况，也会最终影响到发行市场的股票供应量。

(二) 两点说明

关于起止时间。中国近代的华商股市是从1872年以后才有的，要比中国近代历史开端晚30余年，本研究主体在1872—1937年之间，即从1872年轮船招商局成立至1937年全民族抗战爆发的这段时间，包括清末、北洋政府时期及南京国民政府的前十年。1937年全民族抗战爆发后，华商股市一度停滞，后几经反复，呈现出多样的变化，留待以后探究。

关于研究范围：以近代上海的华商股市为中心。近代以来，伴随着列强的侵入，有地利之便的上海备受各方瞩目，华洋杂处成为近代上海社会的典型特征。近代上海的股票市场也不例外，既有华商股票市场，又有外商股票市场。并且，外商股票市场先于华商股票市场建立，在外商股票市场的示范与洋务派的推动下，华商股票市场最终诞生。在上海的外商股票市场主要有两个：一个是外商众业公所，另一个是日商上海取引所。

上海的外商"上海股票公所"开办于1891年，1904年在香港正式注册，改名为"上海众业公所"（Shanghai Stock Exchange），采用会员制。其主营业务为：中国特别是上海及远东各地外商股票；南洋的橡皮股票等。③ 1937年"八·一三"事变爆发，该所停业，至12月初，曾短暂复业，1941年太平洋战争爆发后，租界变成沦陷区，众业公所被迫再度停业，自此再未恢复。

日商上海取引所于1918年6月1日成立，12月2日正式营业。与众业公所不同的是，日商取引所为股份有限公司，属于综合性交易所，标的

---

① 华商股票，简称"华股"，最早见于1882年的《申报》。参见《劝华商集股票说》，《申报》1882年6月13日。
② 也称发行市场与流通市场，或一级市场与二级市场，现代西方发达国家还存在第三市场和第四市场。
③ 章乃器：《上海的两个证券市场》，《社会经济月报》第1卷第7期（1934年7月）。

物中既有有价证券，又有生丝、面粉、棉纱、棉花等。多处于亏折状态，到1927年即宣告停业。此外，日商还在天津、汉口、哈尔滨、青岛等地设立过取引所。

中国人自己发行股票，始于1872年。这一年，轮船招商局创立于上海，它是近代中国第一家向社会发行股票集资的股份制企业。轮船招商局业绩优良，股东"获利无算"，于是"风气大开，群情若鹜，斯年之内，效法者十数起"[①]，1882年达到一个高点。1883年上海爆发金融风潮，股票惨跌，无人问津，直到中日甲午战争之后，出现投资设厂热潮，股票市场才开始复苏。1914年，"上海股票商业公会"成立，成为华商股票交易的中心，直到1920年。1920年7月1日，上海证券物品交易所开业，上海股市步入交易所时代，然而好景不长，1921年"信交风潮"来袭，股市又趋冷清，一直持续到1937年抗战全面爆发。全民族抗战爆发后，上海股市投机渐热，出现了"畸形繁荣"的局面，延续至1945年抗战胜利。抗战胜利后，黑市一度猖獗，整顿后不久，股价又随物价飞涨，股市一直处于动荡飘摇之中，于1949年5月5日不得不宣告停业。

上海外商股票市场交易的全是外国股票，而买卖股票的则多为中国人，通过这一市场，许多外商企业争取到了不少中国股民的投资，使本来资金缺乏的中国华商资本市场更为困难了。因此，近代上海外商股市是西方列强对我国进行经济掠夺的重要途径，是任何主权国家不能容忍的，它的出现，表明当时中国主权已遭到破坏。

从概念上讲，外商股票市场与华商股票市场是近代中国股票市场的两个重要组成部分。由于两个股票市场的体制不同，加之外商股票市场资料的匮乏，所以本书将华商股票市场作为主要研究对象，而外商股票市场的论述则较为简单，留待以后作进一步的探讨。

---

① 上海市档案馆编：《旧上海的证券交易所》，上海古籍出版社1992年版，第263页。

第一章 中国最早的股票市场

鸦片战争后，国门洞开，西方列强开始非法在通商口岸开办企业，股份制这种西方盛行的企业组织形式，就自然而然地随着外国资本主义的入侵传入中国。上海自1843年11月17日被迫对外开放、辟为通商口岸之后，便成为外国资本主义势力对华经济侵略的主要据点。到19世纪50年代中期，上海取代广州，成为中国最大的对外贸易中心和通商口岸。[①] 外商股份制企业多数选择在上海发行股票，上海的外商股市随之产生。本书"中国最早的股票市场"就是指中国近代华商股市出现之前的上海外商股票市场。

第一节 西方近代股份制的输入

一 西方近代股份制概况

人类要生存，就要进行生产，即用一定的方式把各种生产要素结合起来，生产出特定的所需产品。这些"一定的方式"就构成了不同类型的生产组织形式。股份制就是其中的一种，[②] 通过发行股票把社会闲散资金聚拢起来，转变为生产资本，统一使用，自负盈亏，按股分红。

---

① 黄汉民、陆兴龙：《近代上海工业企业发展史论》，上海财经大学出版社2000年版，第7页。

② 从经济学的角度看，股份制是一种企业组织制度，即按股份公司形式组建和经营管理企业的制度。从广义上说，凡是通过各种不同份额资本（股份资本）的集中，组织法人企业（公司）从而进行联合生产与经营，并按投入资本的份额参与管理与分配的形式，都可称为股份制。从狭义上说，股份制就是指通过发行股票，建立股份公司筹集资本，进行生产和经营的形式。参见陈伟忠、薛锋《股份制与证券投资》，西安交通大学出版社1993年版，第1页。

股票的发行者拥有资金的使用权，而资金的所有权仍属于股票的持有者。

股份制在西方有较为久远的历史，其渊源可追溯至古罗马时期。当时"合股制"应用很广，尤其是航海等风险较高的行业，以"海事借款"为例，其操作方式是"把海外商业的损失和盈余按比例分配到船只和载运货的所有者以及为这次航行放款的一切资本家"①。而在古罗马，催生股份制产生的还有包收制度。包收制度是一种税收制度，"在包收制度的基础上，一些特殊的企业产生出来，这些企业可以使我们远远地联想到股份公司。有时个别的富豪不拘他们的资本有多么雄厚也包不起某种东西：于是为了包收的权力，就必须先把大宗的款项交给国家。因此，几个包收商人便集合起来组成商号，商号的每一个参加者在这件事业中加入一定部分的资本并取得相应数量的利润。人们用这些'股票'投机，人们买卖它们，利用它们的涨落来赌博"②。可见，古罗马时期的"股票"与现代意义的股票，在形成机理和运行机制上是一致的，应该是世界上最早的股票雏形。③

至17世纪初，出现了股份公司。荷兰东印度公司成立于1602年，是世界上首家股份公司。至1695年英国已有100家股份公司，资本总额达450万英镑。④ 第一次工业革命之后，股份制开始应用到工业领域。19世纪上半叶，股份制在西方主要资本主义国家已开始以法律的形式确定下来。⑤ 19世纪70年代，人类社会开始步入电气时代，电力带动机器生产，新的科学技术又层出不穷，西方资本主义经济呈现爆发式增长。在此背景下，单个私人资本已不能满足社会化大生产的需要，股份公司可通过发行股票迅速筹集巨额资本，刚好符合这一要求。诚如一位德国学者所言：

---

① [德]特奥多尔·蒙森：《罗马史》第三册，商务印书馆2005年版，第335—336页。
② [俄]克瓦略夫：《古代罗马史》，上海书店出版社2007年版，第390—391页。
③ 古罗马时期还有股票交易市场，"公元前二世纪与一世纪时，罗马城发展异常迅速。……在罗马那块大公共场地——广场——中的卡斯托尔神庙附近，每天都进行着交易活动。这里拥挤着成群的人们，他们在买进和卖出包税公司的股票和债券、各种各样的现金交易或信用交易的货物、意大利和外省的农庄和地产、罗马和其他地方的房产与铺面、船只和货栈、奴隶和牲口等等"。参见[美] M. 罗斯托夫采夫《罗马帝国社会经济史》上册，商务印书馆1985年版，第53页。
④ [美]查尔斯·P. 金德尔伯格：《西欧金融史》，中国金融出版社2007年版，第209页。
⑤ 顾海良、郭建春、顾海兵编：《简明帕氏新经济学辞典》，中国经济出版社1991年版，第210页。

"股份公司是一种使其他一切（经营）形式都黯然失色的组织。可以说，以其财政力量，能征服整个世界。"①

就股份公司的组织形态而言，主要包括股份有限公司、有限责任公司、无限责任公司、两合公司和股份两合公司等。发展的结果，股份有限公司最受人们青睐，成为资本主义股份经济的典型形态。股份有限公司之所以受欢迎，同这种公司的组织和运作方式分不开。它建立在委托经营的基础之上，基本原则是股权平等、股份均一、有限责任，可以向全国甚至全世界募集资本。它极大地促进了资本集中的速度，使"生产规模惊人地扩大了"②，加速了资本征服世界的进程。股东可以凭股票依法行使对公司的监督权，亦可转让股票，出让股权。也就是说，股份有限公司不仅筹资范围广，而且筹资手段较为简便，具有独特的竞争优势。

二 西方近代股份制企业的侵入

19世纪初，渊源于西方的近代股份制，输入中国。此时，正值清嘉庆年间，广州一地垄断中外贸易，是中国中外交流最为繁盛之地方。最先侵入中国的是西方的保险业。1835年，宝顺洋行在广州创立谏仁洋面保安行，这是外商在中国设立的第一家股份制企业。③ 1836年，怡和洋行在广州创办谏当保安行。④

鸦片战争以后，随着《中英江宁条约》等不平等条约的签订，"五口通商，海禁大开。外商纷纷来华设肆营业，号称'洋行'"⑤。仅1842年，就有11家洋行在上海创立，⑥ 此后，洋行数量快速增长，到

---

① [美]詹姆斯·W.汤普逊：《中世纪晚期欧洲经济社会史》，商务印书馆1996年版，第601页。
② [德]马克思：《资本论》第三卷，人民出版社1975年版，第493页。
③ 参见田永秀《1862—1883年中国的股票市场》，《中国经济史研究》1995年第2期；[英]格林堡：《鸦片战争前中英通商史》，康成译，商务印书馆1961年版，第157页。
④ 另一说是：1805年达卫森在广州创办谏当保安行，其股份所有者是该行广州经理人及驻加尔各答和孟买的通信员，每五年结算改组一次，由宝顺洋行和渣甸洋行（怡和洋行的前身）轮流担任经理。但此说缺乏史料支撑。
⑤ 陈真编：《中国近代工业史资料》第4辑，生活·读书·新知三联书店1961年版，第57页。
⑥ [美]马士：《中华帝国对外关系史》第1卷，商务印书馆1963年版，第399页。

1852年，上海各类洋行已达41家，[①] 1865年更增至78家，[②] 其投资领域扩展至航运、公用事业、金融、轻工制造等。不过，在上海洋行数量猛增的同时，其贸易量并未成比例地增长。从1850年英国工业品进口总额数据看，与1844年相比，额度不升反降了70万英镑，[③] 连仁记、琼记、宝顺、怡和等老牌洋行也未能实现贸易"成比例地增加"[④]。

洋行的组织形式大多为股份有限公司，也有少数公司开始为独资或股份合伙企业，[⑤] 后因业务发展，资金不足，则"仿欧西成例，在沪集合资本，发行股份证券（俗称股票）"[⑥]，公开招股。如美国旗昌洋行原是一个合伙企业，其创立之初计划购买三艘总价48万美元的明轮，[⑦] 进而"在极短时期内取得长江航运的统治地位"[⑧]。按照当时旗昌的财力，这一计划根本无法实现。旗昌洋行上海经理金能亨和他的合伙人迅速找到了解决问题的办法——发行股票、筹集资金。[⑨] 旗昌洋行首期发行股票32万美元，至1861年8月便完成了认股。金能亨并不满足，认为还应该继续开拓业务，"在1861年8月至1862年3月这几个月中，他又成功地筹集到100万美元资金……1862年3月27日，拥资100万两（相当于135.8万美元）的旗昌轮船公司正式开业了"[⑩]。通过股票融资，旗昌洋行成功转型为股份有限公司，在19世纪70年代以前，它成为美国在华最大的轮

[①] 张国辉：《晚清钱庄和票号研究》，社会科学文献出版社2007年版，第48页。
[②] 孙毓棠编：《中国近代工业史资料》第一辑，上册，科学出版社1957年版，第188页。
[③] [英] 伯尔考维茨：《中国通与英国外交部》，商务印书馆1959年版，第17页。
[④] B. P. P. Report of Commercial Relations With China Ordered by The House of Commons，1847，p. 358.
[⑤] 如旗昌洋行，早在鸦片战争前就已同行商伍浩官关系密切，并在资金上得到了伍浩官的支持。鸦片战争后，伍崇曜入伙旗昌，由自挂牌号的行商变成旗昌洋行的投资人。参见 [美] 刘广京《英美航运势力在华的竞争》，邱锡荣、曹铁珊译，上海社会科学院出版社1988年版，第9页；徐珂《清稗类钞》，中华书局1984年版，第2332页。
[⑥] 陈真编：《中国近代工业史资料》第4辑，生活·读书·新知三联书店，第57页。
[⑦] [美] 刘广京：《英美航运势力在华的竞争》，邱锡荣、曹铁珊译，上海社会科学院出版社1988年版，第9页。
[⑧] [美] 刘广京：《英美航运势力在华的竞争》，邱锡荣、曹铁珊译，上海社会科学院出版社1988年版，第8页。
[⑨] [美] 刘广京：《英美航运势力在华的竞争》，邱锡荣、曹铁珊译，上海社会科学院出版社1988年版，第11页。
[⑩] [美] 刘广京：《英美航运势力在华的竞争》，邱锡荣、曹铁珊译，上海社会科学院出版社1988年版，第21页。

船公司。

招股成功的旗昌轮船公司，成为在华洋行效仿的榜样。1862年3月，英商天祥洋行率先筹组股份公司，拟收资本30万英镑，首期招股15万英镑，每股10英镑，共计15000股，其中中国股份2500股。[1] 此后，美国琼记洋行也筹组了省港澳轮船公司，1865年10月开始营业，股票发行总额75万美元，每股100美元，共计7500股。[2]

新式轮运业的发展，也促进了保险业、银行业的扩张，直接刺激了码头船坞行业的发展。到1872年轮船招商局成立之前，仅华商附股的外国企业已达25家（见表1-1），表明外商股票市场已初具规模。整体上看，市场中主要是英国、美国、法国和日本公司股票，没有中国人的企业。这是因为从理论上讲，公司是具有法人地位的企业组织，公司的法人地位是由国家颁行的《公司法》所规定的，但当时清政府根本就没有这类法律。[3] 这些外国公司或注册于本国，或注册于香港，[4] 而它们在中国境内的活动，受到治外法权的庇护，中国政府不能干涉。从行业来看，这些公司主要集中于金融、交通及能源领域，具体包括保险、银行、轮运、船坞、天然气等行业。轮运业上市公司最多，有9家，其次为保险业，有8家。从创办时间来看，保险银行等金融行业最早开始募股。第二次鸦片战争后，随着中国内河航运的开放，轮运、船坞和码头公司快速崛起。

---

[1] 聂宝璋编：《中国近代航运史料》第一辑（1840—1895）上册，上海人民出版社1983年版，第284—285页。

[2] 聂宝璋编：《中国近代航运史料》第一辑（1840—1895）上册，上海人民出版社1983年版，第287页。

[3] 近代中国的第一部公司法是清政府商部在1904年1月21日奏准颁行的《钦定大清商律·公司律》。同治时期（1862—1874），西方股份公司裹挟于通商条约中输入中国，而西方股份有限公司筹资时依据的则是西方法律。参见［澳］黎志刚《超越家族的信任与合伙》，《中外法学》2000年第3期。

[4] 注册地在香港的有汇丰银行、公和祥码头有限公司、会得丰有限公司、上海自来火公司、上海英商公共汽车公司、怡和纺织有限公司、正广和有限公司等等；注册在英国本土的有上海英商电车公司、开平煤矿公司等。而美国国内由于一时还没有类似的法律，在华美商企业不能向美国政府注册，多数是到香港向英国政府注册。

表 1-1　　1872 年前华商附股的主要外国企业统计

行业	中文名称	英文名称	成立年份	资本统计年份	实收资本（两）
保险业	於仁洋面保安行	Union Insurance Society of Canton	1835	1895	178750
	谏当保安行	Canton Insurance Office	1836	1895	357500
	扬子保险公司	Yangtze Insurance Association	1863	1895	298784
	保家行	North China Insurance Co.	1863	1895	851465
	保宁保险公司	China Traders' Insurance Co.	1865	1895	429000
	香港火烛保险公司	Hongkong Fire Insurance Co.	1868	1868	286000
	宝裕保洋险公司	China & Japan Marine Insurance Co.	1870	1870	300000
	华商保安公司	The Chinese Insurance Co.	1871	1871	214500
银行业	丽如银行	Oriental Bank	1847	—	—
	有利银行	Chartered Mercantile Bank of India London & China	1857	1893	6365714
	汇丰银行	Hongkong & Shanghai Banking Co. Ltd	1864	1895	715000
轮运业	上海琼记洋行	A. Heard & Co.	1859	1859	71500
	清美洋行	Holmes & Co.	1860	1860	63750
	旗昌轮船公司	Shanghai Stream Navigation Co.	1862	1872	2250000
	香港琼记公司	A. Heard & Co.	1863	1863	121550
	省港澳轮船公司	Hongkong Canton & Macao Steamboat Co.	1865	1895	1144000
	公正轮船公司	Union Steam Navigation Co.	1867	1867	170000
	北清轮船公司	North China Steamer Co.	1868	1868	194000
	华海轮船公司	China Coast Steam Navigation Co.	1872	1872	325000
	中国太平洋轮船公司	China Trans-Pacific Steamship Co.	1872	1872	893750
其他	上海大英自来火房	Shanghai Gas Co.	1864	1895	200000
	耶松船厂	S. C. Earnham & Co.	1864	1895	750000
	厚益纱厂		1871	1971	14300
	吴淞道路公司	Woo Sung Road Co.	1872	1874	100000
	公和祥码头公司	Shanghai & Hongkew Wharf Co.	1872	1895	286700

资料来源：《申报》《捷报》《字林西报》等，主要数据摘录于汪敬虞《唐廷枢研究》，中国社会科学出版社 1983 年版，第 98—105 页。

第二节　华商附股与上海外商股市的初步发展

一　华商的最初态度：排斥与观望

19世纪50年代，上海已经成为中国最大的通商口岸，外国公司早期发行股票的地点多选择在上海。当时，股票由股份公司直接发行，一些公司还在报纸上刊登广告募集股份，告诉华人搭股者可写信或者直接到公司认购，如1864年8月27日《上海新报》刊载的《港沪银公司同启》云："倘有华人愿与本公司搭股分者，可于本年十月初二日以前写信送来本公司可也，并可先来宝顺洋行面议。"① 外商企业股票多数以"两"为单位，较少以"元"为单位。初期股票面值最低都是500两，最高达3000两。如，1862年旗昌的股票面额为1000两，后为吸引中小商人投资，1868年2月改为股票面额100两。其他公司纷纷仿效，100两面值的股票逐渐多起来，成为上海股票市场上的标准面值。②

外商股票交易开始的具体时间，尚不可考。但可以想见，从1805年谏当保险行创立，有了近代西方股份制企业，就有可能存在股票的交易或股权的转移。19世纪三四十年代，於仁洋面保安行、丽如银行等相继创立，应该可以确定有股票的交易了，但只是在外国商人之间偶尔地、个别地、零星地进行。19世纪60年代初，外商股票发行速度加快，上海的外商股票交易逐渐增多。《上海新报》上出现了出让股份的广告云："兹者今有新做火轮船生意股分，目下将自己一股欲照股顶出。如各客商倘或合意顶者，请至公司洋行末士爹鼻臣面议价目可也。"③ 这是目前所发现的关于上海早期外商股票买卖的最早的文字记载。

1853年太平军占领南京后，威慑江南，并多次攻打上海，④ 自然会对19世纪60年代上海股市产生一定的影响。加之当时风气未开，对外商股市知之甚少，华商"向来开张店铺纠集股东，凡有财者无不轻疑寡断"，

---

① 《港沪银公司同启》，《上海新报》1864年8月27日。
② 彭厚文：《上海早期的外商证券市场》，《历史档案》2000年第3期。
③ 《上海新报》1862年7月19日。
④ 1860年6月至1862年6月，太平军曾先后三次大规模进军上海，以图夺取富庶的上海县城。

他们认为"经手之人非至公划一也,将来私自挪移,必致亏空累及股东"①,担心"在股之人大半不相识,经理之友非尽与财东习熟,或嫌事不能亲自稽察,或又恐股东太多不能自我作主,而况事系初创,难保将来之利害,人非素信,安知伙友之公忠"②,可见,多数华商对股份制企业和股票并不了解,对外商也缺乏基本的信任,因而参与股票买卖者,"除久于洋行生意者外,他人皆裹足不前,未敢问鼎"③。对于华人当时的心理,《申报》进一步分析道:"股份一端,华人昔视为畏途,谓以有用之金银,付托于素不相识者之手,生意进出,无从而询之,伙友臧否,不得而问之,且必数年以后,利则获分其余,钝则须增其股本,为自己之资财,反听他人之主宰,且事多西人为政,言语不通,嗜欲不同,保无我诈尔虞乎?"④

基于以上原因,在1865年以前,外商企业股票的认购情况并不理想。不少外商企业的股票难以推销出去,如上海煤气公司在1866年6月,由赫欧主持召开全体股东大会,大会的中心议题是如何避免公司倒闭,该公司以资本10万两开办,1864年曾决定再发行股票5万两,但认购的只有224股,计银22400两,1865年2月董事会授权就未经认购的276股借款27600两;同年10月为了维持公司的事业,又授权借款15000两。⑤《申报》后来回顾这段历史,亦有评论:"溯自来火之设已及二十年,当日上海寓公,岂无三江股富,楚粤巨商,而西人创行此事,未闻有人乐从而买股票者。"⑥

二 理性选择:华商附股

第二次鸦片战争之后,来华的外国商人增多,他们开办企业或拓展业务,需要筹集资金,外国商人希望华商参与投资;一些华商拥有资金,也在寻找投资机会。结果是,外商企业中各个行业均有华人附股,涉及行业包括纺织、榨油、制糖、轮船航运、银行保险等,华商附股已经成为一个

---

① 《开矿宜兼筹运道论》,《申报》1882年12月19日。
② 《论争买电灯股票》,《申报》1882年6月19日。
③ 《论叭喇糖公司之利》,《申报》1882年9月17日。
④ 《论叭喇糖公司之利》,《申报》1882年9月17日。
⑤ 孙毓棠编:《中国近代工业史资料》第一辑,上册,中华书局1962年版,第175页。
⑥ 《论争买电灯股票》,《申报》1882年6月19日。

显著的现象。① 这一切表明股票作为一种新的投资工具，已被一些中国人所认可。

上海早期股市，都是西方企业的股票。华商购买西方企业股票的时间，有关华商附股的研究成果显示，"至迟在 50 年代就已开始"②。1859 年，琼记洋行订购一艘"火箭号"轮船，其造价中 10%的资金来自中国商人的投资。③ 购买股票的外国人，主要是外商企业的创办者及船长、工程师等外商。1868 年北清轮船公司创办时，"资本十九万四千两，其中三分之一为悖裕④自己认购，三分之一为上海的船长、工程师所认购，三分之一为华商附股"⑤。华海轮船公司售出的 5000 股中，"怡和有 2950 股，计 191750 两……洋商股东除怡和外，有沙逊 100 股，福源行 20 股（Vincent & Co. 汕头）广源洋行 10 股（Davidson & Co. 宁波），共计 585 股"⑥。至 19 世纪 60 年代末 70 年代初，华商对洋行股票的认购渐趋踊跃，主要原因是洋行"苦心经营"⑦，利润丰厚。

1865 年 11 月旗昌轮船公司的股票市价涨至 500 两，人们"争相购买"。1867—1872 年旗昌轮船公司每年股息高达 12%，1871 年，它的仓库和船运的净收入就有 94 万两，⑧ 公司股价大幅攀升。同一时期，保家行的每年固定股息为 10%，额外红利高达 60%—80%。⑨ 购买自来火公司股票，"无不岁分巨息，以今日计之自来火之利，收过其本者已有多次"⑩。1872 年 7 月 5 日，《上海新报》公布了上一年度的外股股息，14

---

① 严中平主编：《中国近代经济史（1840—1894）》，人民出版社 1989 年版，第 394—410 页。
② 汪敬虞：《十九世纪外国侵华企业中的华商附股活动》，《历史研究》1965 年第 4 期。
③ 张后铨：《招商局史（近代部分）》，中国社会科学出版社 2007 年版，第 14 页。
④ 悖裕，即悖裕洋行，主要为德商资本，1868 年为新创办的北清轮船公司收买。参见聂宝璋编《中国近代航运史料》第一辑（1840—1895）上册，上海人民出版社 1983 年版，第 295 页。
⑤ 聂宝璋编：《中国近代航运史料》第一辑（1840—1895）上册，上海人民出版社 1983 年版，第 295 页。
⑥ 聂宝璋编：《中国近代航运史料》第一辑（1840—1895）上册，上海人民出版社 1983 年版，第 298、299 页。
⑦ 包括贩卖人口、走私贩毒、偷税漏税等非法活动。
⑧ 张国辉：《洋务运动与中国近代企业》，中国社会科学出版社 1979 年版，第 153 页。
⑨ 汪敬虞：《十九世纪西方资本主义对中国的经济侵略》，人民出版社 1983 年版，第 499 页。
⑩ 《论争买电灯股票》，《申报》1882 年 6 月 19 日。

种有股息股票中，10种股票的股息达12%以上，其中琼记保险公司股息最高达到47.5%，仅有4种股票的股息低于10%。① 股票收益较高，"此华人之所以踊跃也"②。

除此而外，洋行还会为华商提供方便，劝诱华商入股，"西人在于中国其所为之事，往往欲华人之效法，推诚布公，诱掖奖励，亦尝煞费苦心"③；其有不便于华人者，"稍稍斟酌而损益之固其所也"④，故"今日华人之附股者多不啻西人之教之"⑤。像旗昌轮船公司，公司经理金能亨，为了引诱华商入股，他在紧靠上海县城，邻近华人商业区的地方购得金利源码头，以便利华商。以上措施的实施，为旗昌轮船公司争取到了大量投资，仅"在1861年8月至1862年3月这几个月中，成功地筹集到100万美元资金"⑥。

附股的增多，致使股票价格的上涨。有的洋行股票因供不应求，市价溢出原价好几倍。华商"尝以未获入股为憾"，故"刻下西人举事益觉易易"⑦。有的洋行虽然名义上是外国公司，实际上"亦只有此名而已"⑧，因为公司华商附股的份额远超外商。到1866年，在上海上市交易的外商股票已达24种，涉及轮运、银行、保险、公用事业等领域，其中银行股票就有11种。随着股票数量和交易的增加，1869年，英商在上海创办了首家股票专营机构——长利洋行。⑨ 其后，"柯希奈司密斯（Cushny & Smith）、苏利文勃资（Sullivan & Bates）及格来享安得生（Graham Anderson & Co.）诸家相继开幕，店多成市，该业始稍发达"⑩。这些股票专营商号的出现，标志着上海的外商股票市场已初具规模。至1871年，出现了一个外商股票交易的高潮。股票价格普涨，大多数外股的市价都超

---

① 《上海股份行情纸》，《上海新报》1872年7月5日。
② 《论争买电灯股票》，《申报》1882年6月19日。
③ 《论争买电灯股票》，《申报》1882年6月19日。
④ 《中西公司异同续说》，《申报》1883年12月31日。
⑤ 《论争买电灯股票》，《申报》1882年6月19日。
⑥ [美]刘广京：《英美航运势力在华的竞争》，邱锡荣、曹铁珊译，上海社会科学院出版社1988年版，第21页。
⑦ 《论赛兰格锡矿》，《申报》1882年6月25日。
⑧ 《裕国当筹其大局论》，《申报》1877年11月6日。
⑨ 一说为"常利洋行"，参见《银行周报》第3卷24号，1919年9月16日，第38页。
⑩ 更生：《上海西商证券交易所之略史》，《银行周报》第3卷第24号，1919年9月16日，第38—39页。

出面值，个别股票涨幅惊人。此等情形之下，为了及时给人们提供股票信息，扩大长利洋行的影响力，从 1871 年 2 月 23 日起，长利洋行开始在报纸上登载《上海股份行情纸》，在报纸选择方面长利洋行也颇为用心，专门选择了中文报纸《上海新报》，目的是吸引更多的华商购买外商股票。起初，仅登载了上市的股票名称及面值，1871 年 3 月 14 日开始刊登资本得利及刻下行情。上市的股票包括：轮船股 3 只（旗昌轮船公司、公正轮船公司、悖裕轮船公司）；保险股最多，共有 8 家（宝裕保险公司、保安行保险公司、保家行保险公司、香港火险公司、洋子江保险公司、仁记火险公司、琼记火险公司、琼记保险公司）；自来火股 2 只（法自来火公司、英自来火公司）；船厂公司股票 2 只（浦东船厂公司、虹口船厂公司），此外，还有汇丰银行旧股又新股、驳船公司、大桥公司、同孚码头等。对比以上股票 1871 年 3 月 14 日与 1872 年 10 月 31 日市价，[①] 可以看出，除保安行保险公司、琼记保险公司、保家行保险公司 3 只股票略有下降，大桥公司、同孚码头两只股票价格持平外，其余股票价格都上涨了。

附股的华商，主要是买办或买办化商人。[②] 如华海轮船公司发行股票 5000 股，华商拥有 935 股，福州买办阿唯 235 股，大买办唐廷枢自带"南浔号"轮船作价 400 股，唐廷枢动员亲朋好友购买 300 股。[③] 旗昌轮船公司成立时，认购股票的华商有 9 人，其中 3 人曾是旗昌洋行的买办，即阿雍（Ahyune，音译）、昌发（Chongfat，音译）、顾丰新，[④] 此外还有四位本地富商王永益、阿友、阿开、陈怡春，他们皆与旗昌关系密切，陈后来还担任了旗昌的总买办。[⑤] 1867—1879 年间，中国买办商人还投资了四家外商轮船公司（扬子、公正、华海、北清），它们资本中的全部或大部分是募集于上海，募集资本总额高达 98.4 万两。[⑥]

---

① 参见《上海股份行情纸》，《上海新报》1871 年 2 月 23 日。后又增加华商保险公司、公和祥码头等，参见《上海股份行情纸》，《上海新报》1872 年 10 月 31 日。
② 买办化商人指虽无买办名义，但与外商企业结成直接的资本合作关系的华商。
③ 聂宝璋编：《中国近代航运史料》第一辑（1840—1895 年）上册，上海人民出版社 1983 年版，第 298—299 页。
④ 聂宝璋编：《中国近代航运史料》第一辑（1840—1895 年）上册，上海人民出版社 1983 年版，第 529 页。
⑤ ［美］刘广京：《英美航运势力在华的竞争》，邱锡荣、曹铁珊译，上海社会科学院出版社 1988 年版，第 174 页。
⑥ 汪熙：《从轮船招商局看洋务派经济活动的历史作用》，《中国近代经济史论文选》（下），上海人民出版社 1985 年版，第 548 页。

其他拥有轮船的大小洋行，如英国的马立师洋行、美国的同孚洋行等均有大量华商附股。1872年在华洋行多达343家①，其中不少洋行是通过先向华商募集资本，然后设置轮船公司或配备轮船从事轮运业务。1859—1872年，外商在香港、上海设立的轮船公司共9家，共有资本5233550两，其中相当一部分是通过华商筹集的。② 华商附入资本最多的洋行是旗昌洋行。1862年旗昌轮船公司创立时，资本金100万两，其中60%多为华人资本；扬子保险公司亦为旗昌创办，资本金40万两，其中华人资本为34万两。故时人评论道，"中国人是最大的股东"③，更有甚者，认为旗昌是"采取中外合办的形式"④。应当说，这里的所谓"合办"，合作双方的地位并不是平等的，在旗昌等外国洋行附股的华商，实际上是居于依附地位，他们虽然"股份居其大半"，但存在着"本利不肯结算，暗受洋人盘折之亏，官司不能过问"等问题⑤。据统计，至1872年华商附股资本至少400万两，涉及航运码头、银行保险等外商企业近25家。⑥

华商附股，为何买办居多？一方面，买办的收入丰厚。1842年《南京条约》规定："彼等（指英商）自由雇佣仆役、买办、通事等合法行为，中国政府之地方官不得干预。"⑦ 自此，买办能被外国企业自由雇佣，中国政府不能干预，买办主办华洋贸易，薪水500—2000两不等，平均年薪在1000两左右。⑧ 据张国辉初步估计，1840—1860年间，买办商人在这一阶段积累的资金为2000万—3000万元，这还不算他们从非法的鸦片买卖中获取的巨额佣金。⑨ 这笔资金相当于清政府1877—1881年五年所设立的民用企业创办资本总和的10倍以上。⑩ 第二次鸦片战争后，中外

---

① 姚贤镐：《中国近代对外贸易史资料》，中华书局1962年版，第859页。
② 汪敬虞：《唐廷枢研究》，中国社会科学出版社1983年版，第99页统计表合计。
③ [美]刘广京：《英美航运势力在华的竞争》，邱锡荣、曹铁珊译，上海社会科学院出版社1988年版，第29—31、35页。
④ 王洸：《中华水运史》，（台北）商务印书馆1982年版，第214页。
⑤ 顾廷龙、戴逸：《李鸿章全集》，《译署函稿》卷1，安徽教育出版社2008年版，第390页。
⑥ 汪敬虞：《唐廷枢研究》，中国社会科学出版社1983年版，第98—105页。
⑦ 中国海关：《中外旧约章大全》（第一分卷），中国海关出版社2004年版，第353页。
⑧ 郝延平：《十九世纪的中国买办：东西间桥梁》，上海社会科学院出版社1988年版，第107页。
⑨ 张国辉：《洋务运动与中国近代企业》，中国社会科学出版社1979年版，第123页。
⑩ 该资本总和为244万元，见杜恂诚《民族资本主义与旧中国政府》，上海社会科学院出版社1991年版，第29页。

贸易迅速增加，更给买办带来巨额财富。到19世纪70年代初，买办已是最富有的商人阶层。此外，买办还有传统商人不曾具备的特征，懂得西方企业较为先进的组织管理制度，有较强的投资风险意识。

另一方面，除供职于洋行，买办一般有自己的生意，买办附股于洋行，可以"冒充洋商，拒不交税纳厘，并于买土货后沿途销售，任意偷漏税饷"[1]，从而达到"附洋股图骗捐厘"[2] 的目的。这是当时一些华商积极附股的重要原因。此外，买办为外商经手贸易，对外商企业比较熟悉，最易投资近代新式企业。

除附股投资外，华商经常进行诡寄经营活动。一种形式是华商自购轮船挂洋旗行驶。19世纪60年代的长江航线上，像"惇信号""洞庭号""汉阳号"等轮船，华商出资占大部分，但悬挂的均为外国国旗。[3] 另一种形式是华商向外商租雇轮船经营。据统计，1865年，外籍船只到过牛庄的共274艘，其中37艘是外商自己经营的，其余237艘则是由华商租雇的。[4]

华商之所以要诡寄经营，一方面是因为清政府没有相关政策，华商不能自行购买轮船；另一方面，在进出口报关纳税时，华商既要完税，又须报捐，如果由洋行出面，"只须完税，并无捐项"，于是，"华商避捐，因托洋行，洋商图利，愿为代报"[5]。诡寄经营使华商与洋行均获得了好处，而清政府的关税等项收入损失巨大，如当时官员所述，一些华商"冒充洋商，拒不交税纳厘，并于买土货后沿途销售，任意偷漏税饷，各关口无从稽查，殊于内地税课有碍"[6]。丁日昌曾上奏清政府"漫无稽查，诚恐日久弊生"，认为必须加强对华商经营活动的监管。[7]

综上所述，我们可以对19世纪60年代初开始的上海股市有一个基本了解，大致以太平天国运动结束为界，可以分为前后两个时期。1862—

---

[1] 张后铨：《招商局史（近代部分）》，人民交通出版社1988年版，第17页。

[2] 李鸿章：《李文忠公全书》（朋僚函稿），卷11。

[3] 聂宝璋编：《中国近代航运史料（1840—1895）》第一辑下册，上海人民出版社1983年版，第1351—1353页。

[4] 南京中国第二历史档案馆与海关总署办公厅：《海关贸易报告》，京华出版社2003年影印版，牛庄，第14页；烟台，第36页。

[5] "中研院"近代史研究所：《海防档·购买船炮（三）》，台湾艺文印书馆1957年版，第809—810页。

[6] 李鸿章等编：《通商章程成案汇编》，光绪十二年铅印本，卷8，第15页。

[7] 《海防档·购买船炮（三）》，第809页。

1865年，交投清淡，股市低迷，主要是受清政府与太平军的战事影响，1862年清政府借师助剿，中外势力联合镇压太平天国运动，太平军转战上海，战争影响，局势不稳，外商股价下跌。从1866年开始，一直到1872年，股市日趋活跃，华商附股踊跃，主要是因为太平天国运动结束，政局稳定，不少外商企业的经营业绩良好。早期的外商股市，是外国列强掠夺中国有限的宝贵资本的重要手段，客观上也培养了近代中国第一批股票投资者。同时，近代西方在华股份制企业，亦为华商企业的创立起了示范作用，许多买办商人积极尝试创办企业，但均遇政策瓶颈，无果而终。

第二章 华商股票市场的诞生与初步发展

西方资本主义势力入侵后，中国原有的经济结构受到冲击，发生了剧烈变动，传统的生产方式逐渐衰落和解体，由此产生的一系列问题，清政府必须设法解决。正是在这种社会背景和经济条件下，经过十几年的酝酿，在洋务派和买办势力的推动下，[1] 19世纪70年代初，中国第一股——轮船招商局诞生了。这是中国近代第一家股份制企业，标志着近代西方股份制的正式引入，其后，迅速出现了一批股份制企业，它们通过发行股票筹集资金，促使中国近代华商股票市场诞生。在招股实践中，受传统商事习惯的影响，移植于西方的近代股份制发生了具有一些中国特色的变化。

第一节 中国第一股：轮船招商局

两次鸦片战争后，外国轮船在不平等条约庇护下，侵入中国近海、内河，不仅挤垮了传统的航运业，而且直接危及清代的"三大政"之一——漕运，在洋务派的直接推动下，为了解决漕运问题，同时也为了与洋人争利，"于是试学其法，亦为股分之集"[2]，这样，中国第一股——轮船招商局应运而生。用招股方式解决轮船招商局的融资问题，经过了漫长的酝酿过程。

---

[1] 张国辉认为轮船招商局是清政府及其代理人为了解决漕运困难，又目睹轮运利润优厚而兴办的，并非由买办势力的推动。（参见张国辉《洋务运动与中国近代企业》，中国社会科学出版社1979年版，第143页）、但笔者查阅史料，认为买办势力亦是推动力量之一。

[2] 《中国股分极宜整顿说》，《申报》1883年10月21日。

一 穷困而思变

（一）外轮兴起 沙船衰落

1842年第一次鸦片战争结束后，8月中英签订了《江宁条约》，这是近代中国作为战败国签下的第一个不平等条约，其第二条规定："自今以后，……准英国人民带同所属家眷，寄居大清沿海之广州、福州、厦门、宁波、上海等五处港口，贸易通商无碍"①，即清政府开放五口通商，英国商船可往来各口。1844年7月，美国谈判代表顾盛通过讹诈手段，诱迫清政府代表耆英签下《中美五口通商章程》（亦称《望厦条约》），其条款中有，"嗣后合众国人民，俱准其挈带家眷，赴广州、福州、厦门、宁波、上海共五港口居住贸易。其五港口之船只，装载货物，互相往来，俱听其便。但五港口外，不得有一船驶入别港，擅自游弋"②。获得与英国同等通商权利。不仅是英美，各国列强依据"片面最惠国待遇"，一国获利，众国能"一体均沾"③，因此，中国沿海航行权实际上已为各国列强所"均沾"。

第二次鸦片战争结束不久，列强又凭借不平等条约获得长江航运权，并逐步扩大到沿江和内河。④恰逢太平天国运动期间，长江航运受阻，上海至汉口的运费高得惊人，客位每人75两，货运每吨25两，"往返一律"。下水还可拖带本地帆船四艘，每船装货五六百吨，每吨水脚又可得十五两，"往返一次，所收水脚，足敷成本"⑤。轮运业的良好前景，不仅促使一些大洋行增添轮船，一些二流洋行也想挤进这个新行业，"分得一杯羹"⑥。1862—1863年间，在上海拥有轮船的洋行已不下20家，而长江航运为大部分洋行所青睐，至1864年，"同时就有十余家洋行在这条河流

---

① 王铁崖：《中外旧约章汇编》（第一册），生活·读书·新知三联书店1957年版，第31页。
② 王铁崖：《中外旧约章汇编》（第一册），生活·读书·新知三联书店1957年版，第51页。
③ 参见王铁崖《中外旧约章汇编》（第一册），生活·读书·新知三联书店1957年版，第36、51、64、72页。
④ 聂宝璋编：《中国近代航运史资料》第一辑（1840—1895年）上册，上海人民出版社1983年版，第96、97页。
⑤ 徐润：《徐愚斋自叙年谱》，《中国近代史资料丛刊·洋务运动》第8册，上海人民出版社2000年版，第96页。
⑥ 《北华捷报》（*China North Herald*），1877年3月29日。

中航行，每家拥有一艘或一艘以上的轮船"①，这其中主要是英美洋行（见表2-1）。

表2-1　　　1864年英美洋行定期在长江航运的轮船一览表

国别	公司	船名
美 国	旗 昌	浙江号（Chekiang）
		江西号（Kiangse）
		四川号（Szechuen）
		山西号（Shanse）
		湖广号（Huquong）
		九江号（Kiukiang）
	同 孚	鄱阳号（Poyang）
		大江号（Takiang）
		江龙号（Kiangloong）
	琼 记	火箭号（Fire Dart）
英 国	怡 和	罗纳号（Rona）
		快捷号（Express）
	广 隆	爆仗号（Fire Cracker）
		快也坚号（Fire Queen）
	宝 顺	飞似海马号（Fusiyarmca）
	吠礼查	慕容号（Moyune）

资料来源：据1864年《北华捷报》（上海）行业动态。

新式航运业在中国兴起，不仅打击了中国传统的帆船航运，也沉重打击了中国旧式的沙、宁船业。外国商船没有盗贼风波之患，货客无不乐从，中国传统的帆船"根本没办法与轮船竞争"②，船户尽行失业。③ 同样地，中国旧式的沙、宁船业也无法与新式航运业竞争。轮船的快捷、安全、保险、运价低及不受节气影响等长处是沙船无法比拟的，"沙船自沪达津以月计，轮船自沪达津以日计"④，使很大一部分中国商人已不再雇

---

① ［美］刘广京：《英美航运势力在华的竞争》，邱锡荣、曹铁珊译，上海社会科学院出版社1988年版，第36页。
② 陈梅龙、景消波：《近代浙江对外贸易及社会变迁（宁波温州杭州海关贸易报告译编）》1865年附录，宁波出版社2003年版，第131—132页。
③ 《筹办夷务始末》（咸丰朝），卷30，第29—30页。
④ 《筹办夷务始末》（同治朝），卷86，第19页。

佣老式沙、宁船了。及至"豆石开禁"①，外国轮船优势更是一览无余，传统的沙、宁船运输业遭受灭顶之灾，沙、宁船"谋生之路，……一网打尽"，立即陷于覆灭的境地。②

不少沙船无货可运，不得不停船歇业，实际上是"坐以待毙"，因为这种船只"以运动为灵，若半年不行，由朽而烂，一年不行，即化有为无矣。将来无力重修，全归废弃"③。结果，几年功夫，曾拥有3000余号的沙船业，至1872年衰落到"仅四百余号"④。而宁波的宁船，到70年代中，已仅剩120余号。⑤ 外国轮船开始"垄断沿海航运"⑥。

让清政府忧心的是，沙、宁船业的衰落直接危及清廷的漕运。而漕粮关乎俸米旗饷，计日待食，在清代被视为"天庚正供"，"为一代之大政"⑦，因此，漕运"事关仓储根本，必须计策完全"⑧。在1865年年初，清政府对沙船业主"格外体恤"⑨，决定对沙船的"捕盗银""助饷捐"酌减三成，即便如此，沙船业依然萧条。1866年应宝时提出"清政府收买全部沙船保漕运"的建议⑩；随后，户部也提出"官船和商船共担漕运任务"的方案⑪，但均被否决。一时间，如何解决运漕问题，成为清政府内部争议的焦点，同时也是关乎清廷统治安危的不得不解决的大问题。

（二）洋船暴利 买办附股

长江腹地轮运开始后，上海港的外国船舶和对外贸易量迅速增长。在上海港从事进出口业务的外国商船，1855年为589艘次，1863年增加到6947艘次，八年间增长了近12倍；上海港的外国船舶进出口数量总吨位，1855年为157121总吨，1863年增长到1961199总吨，八年间增长了

---

① 传统的"豆石运输"是由沙、宁船承运的，即将我国山东、东北的大豆从牛庄、登州运至上海，然后行销东南诸省，这是沙、宁船业的生计行业。1862年清政府被迫对外开放这一运输线，"许开豆禁"。

② 李鸿章：《李文忠公全书》（奏稿），卷1，文海出版社1980年版，第40页。

③ 《筹办夷务始末》（同治朝），卷28，第41页。

④ 李鸿章：《李文忠公全书》（朋僚函稿），卷12，第28页。另一说"减至四五百号"，参见《申报》1874年2月12日。

⑤ 樊百川：《中国轮船航运业的兴起》，四川人民出版社1995年版，第181页。

⑥ 姚贤镐：《中国近代对外贸易史资料》第三册，中华书局1962年版，第1408页。

⑦ 刘锦藻编：《皇朝续文献通考》，卷75，国用考，商务印书馆1936年版，第13页。

⑧ 《海防档》，第861页。

⑨ 《上海新报》，1865年1月11日。

⑩ 《海防档》，第861—862页。

⑪ 《海防档》，第861—862页。

近 13 倍①。拥有轮船的洋行和专业轮船公司，在此期间都攫取了巨额利润。

在中国江海航线，各国轮船公司的竞争也在加剧。几年之内，旗昌轮船公司凭借雄厚实力，采用多种竞争手段，几乎垄断了中国江海航运，积累了大量资本。在 1867—1872 年间，旗昌轮船公司取得了骄人的经营业绩。如表 2-2 所示。

表 2-2　19 世纪 60 年代末 70 年代初期旗昌轮船公司经营发展情况表

项目	1867 年	1872 年
利润（两）	810023	3380872 或 4682885
股价（两）	1866 年：600	2000
股本（两）	1200000	2500000
资产总额（两）	1961727	3323901
轮船数（艘）	12	17
吨位（吨）	17388	27769

注：利润为 1867—1872 年间总和，3380872 两是净利润，4682885 两则是包含折旧；初始股价为 1000 两每股。

资料来源：1. [美] 刘广京：《英美航运势力在华的竞争》，邱锡荣、曹铁珊译，上海社会科学院出版社 1988 年版，第 101—105 页、第 153 页；

2. 杨在军：《晚清公司与公司治理》，商务印书馆 2006 年版，第 163 页。

洋船暴利，吸引华商竞相附股，挤垮中国民船，此等现象时人也颇为忧虑。如太常寺卿陈兰彬在光绪二年（1876）曾感叹，"计十余年来，洋商轮船日增，中国民船日减，获利之后，得步进步，始而海滨，继而腹地，终必支河小水，凡舟楫可通之处，皆分占之"②，表达了他对于中国沿海内河航运一步步被外国轮船侵占的担忧。李鸿章的认识更为深刻，他说："中国内江外海之利，几被洋人占尽，且海防非有轮船不能逐渐布置，必须劝民自置，无事时可运官粮客货，有事时装载援兵军火，借纾商民之困，而做自强之气，且各口华商，因无官办章程，多将资本附入洋商

---

① 黄苇：《上海开埠初期对外贸易关系研究》，人民出版社 1979 年版，第 175 页。
② 中国近代史资料丛刊：《洋务运动》第 6 册，第 9 页，转引自夏东元编《洋务运动史》，华东师范大学出版社 1992 年版，第 177 页。

轮船股内，尤非国体所宜。"① 表明，此时李鸿章已经认识到发展轮船的重要性，但是他的解决方案是"劝民自置"轮船，而非官办。

二　艰难的探索：思想与实践

（一）从"自强"到"求富"

19世纪60年代洋务运动兴起之初，洋务派提出了"自强"的目标。他们认为"中国文武制度，事事远出西人之上，独火器万不能及"②，因而，必须大力发展新式武器，编练新式军队，并坚信"我能自强，则彼族尚不致妄生觊觎"③。然而，随着洋务运动的不断深入，他们当初的这种看法，也慢慢地在事实面前幻灭了，因为仿制成功的枪炮船只质量低劣、极端落后，不仅如此，随着军事工业的建立，洋务派面临两大难题，亟待解决。否则，他们就不可能把这些军事工业维持下去。

一是资金困难。我们知道，军事工业的建立和维持都是需要巨额经费的，但是，两次鸦片战争使清政府被迫支付巨额战争赔款，加上开始于20世纪50年代初的镇压农民战争的军费耗费已经高达4.22亿两，④ 国库空虚。同时，大量的军队，除各省练勇以外，还有"京师各省驻防兵二十万有奇，各省绿营兵六十六万一千六百余人"⑤，因此军费开销很大，只就绿营兵一项来说每年军饷便需"二千万两"⑥，估计当时"养兵养勇之费，总计愈五千万"⑦，再加上外国商品大量输入，更使中国利源日竭，民穷财尽。在此情况下，清政府虽然"在丁漕课税正供之外，添出厘金、捐输二款"，然"百方罗掘，仍不足用"⑧。

二是军事工业原料上的困难。由于当时中国工业落后，在洋务新式军事工业建立以后，所需原料大多购于国外，机器不用说，煤铁甚至连木材也要到外地去买，成本高昂。如福建马尾船政局所需"一铁一木皆取材

---

① 李鸿章：《李文忠公全书》奏稿，第20卷，第33页。孔经纬：《洋务运动与中国资本主义》原载《文汇报》1962年7月8日。转引自阮芳纪《洋务运动史论文选》，人民出版社1985年版，第177页。
② 《筹办夷务始末》（同治朝），卷25。
③ 李鸿章：《李文忠公全集》（朋僚函稿），卷3。
④ 彭泽益：《十九世纪后半期的中国财政与经济》，人民出版社1983年版，第136页。
⑤ 郑观应：《盛世危言》，第六卷《练兵》。
⑥ 李鸿章：《李文忠公全集》（奏稿），卷39，第34页。
⑦ 郑观应：《盛世危言》，第六卷《练兵》。
⑧ 李鸿章：《李文忠公全集》（奏稿），第24卷，第20页。

于外洋","每造一船,计值实昂于外购"①。

在"自强"过程中,洋务派认识也在发展。李鸿章从筹款的困难中察觉到民富是自强的根本,他认为创办造船厂、枪炮局,耗资巨大,"非有大宗巨款,不能开办"②,而"古今国势,必先富而后能强,尤必富在民生,而国本乃可益固"③。同时,自强必须发展商业,"欲自强,必先裕饷;欲浚饷源,莫如振兴商务"④,这样才能有钱来购买或仿造外洋枪炮船只。

在此情况下,洋务派的发展思路逐渐发生了转变,转而"求富",发展新式民用工业,并希冀"寓强于富",但正如洋务派代表人物张之洞后来所言:"本欲阜财,必先费财"⑤,"理财以先赔钱为主义"⑥。显然,清政府要"求富"必先有资金投入。

一方面,"求富"必须首先解决资金问题;另一方面,政府财政不可能解决求富所需资金。除了政府财政外,可供政府选择的方案包括利用外债、洋股,但当时这些都还没有提上议事日程。⑦ 中国近代资本原始积累不可能依靠暴力进行残酷的殖民掠夺。在此情况下,清政府必须另辟蹊径方能缓解洋务运动兴办新式企业的资金燃眉之急。

除了资金问题以外,洋务人才也是洋务运动发展新式民用企业迫切需要解决的问题之一。实际上,第一次鸦片战争后,魏源就已经提出"师夷长技",指出应该严格限制官员参与经济活动,实行民营为主的方针。⑧ 在19世纪60年代,洋务军用新式企业已把政府办企业的弊端暴露无遗,买办的经营管理才能开始引起清政府,尤其是洋务派的注意。其实,早在1865年官办江南制造总局成立之初,官方就被迫任用了"以诸生充洋商雇用"的买办丁日昌为总管。⑨ 但是1866年福州船政局创设之

---

① 刘铭传:《筹议天津机器局片》。转引自阮芳纪《洋务运动史论文选》,人民出版社1985年版,第173页。
② 中国史学会:《洋务运动》第1册,上海人民出版社1961年版,第29页。
③ 李鸿章:《试办织布局折》,《李文忠公全书》(奏稿),卷43,第43页。
④ 李鸿章:《议复陈启照条陈折》,《李文忠公全书》(奏稿),卷39,第32页。
⑤ 张之洞:《张文襄公全集·奏议》,卷54。
⑥ 张之洞:《张文襄公全集·电牍》,卷200。
⑦ 清政府的军事借款始于1853—1854年镇压上海小刀会起义,此后亦有"西征借款"、福建台防借款,以及中法战争借款等,而民用企业借款直到19世纪80年代才逐渐为清政府所接受。外国直接投资则是《马关条约》以后的事,洋股更迟至《矿务铁路公共章程》之后。
⑧ 魏源:《海国图志·筹海篇三》,卷2。
⑨ 容闳:《西学东渐记》,中州古籍出版社1998年版,第68页。

初，郭嵩焘向总理衙门提出了依靠商人造船和发展内外贸易的主张，然而此次清政府却采纳了左宗棠官办的做法。① 可见，清政府虽然已经开始利用买办发展新式企业，但依然有所顾虑。

随着内忧外患的加剧，清政府要"求富"，利用买办为主的新式商人资金与经营管理才能发展民用企业，就必须分权让利于他们，对原有的官商关系进行调整。

（二）轮运业的认识与实践

早期维新思想家对发展轮运业的重要性有清醒认识，有的还提出了发展策略。薛福成说：办轮船公司，不仅航行于中国江海，且"渐可驶往西洋诸埠，隐分洋商之利"②。王韬也认识到："西洋诸国以兵力佐其行贾，于是其利日巨，而其害日深"，"彼能来而我不能往，何能以中国之利权归诸中国！"③ 因而他主张大力发展近代航运，振兴商务，从洋商手中夺回利权。郑观应认为，"洋船往来，实获厚利，喧宾夺主"，他提出"凡西人之长江轮船，一概给价收回"，使"长江商船之利，悉归中国独擅利权"④。当时《申报》发表评论称，"当此之时，识时务者皆叹息痛恨于有权者，尚执成见……犹寓拘而不化之意，故知其利之所在而不能逐事举行，即知其利之必兴而不肯决然定计。二十年来虽有富强之机而尚未至富强之会，职此故也"⑤。

1862年，李鸿章雇用了7艘英国兵船，把9000名淮军从安庆运到上海⑥，目的是镇压太平天国革命，这次安全、快捷的大规模运兵，使李鸿章"完全体会到轮船的重要性"⑦。接着，清政府曾试行向欧西购船的方案，但后来李泰国事件发生，⑧ 中国在这一事件中蒙受了巨大损失，购买轮船的计划中止。

---

① 郭嵩焘：《郭嵩焘日记》卷二，湖南人民出版社1981年版，第608—609页。
② 薛福成：《应诏陈言》，光绪元年，《庸庵文编》卷1。
③ 王韬：《代上广州府冯太守书》，《弢园文录外编》卷10。
④ 夏东元编：《洋务运动史》，华东师范大学出版社1992年版，第195页。
⑤ 《商船兴废论》，《申报》1884年8月14日。
⑥ ［美］马士：《中华帝国对外关系史》卷2，第80页。
⑦ ［英］莱特：《中国关税沿革史》，姚会廙译，商务印书馆1963年版，第327页。
⑧ 1862年，总理衙门曾委托李泰国购买兵轮，7月，李泰国在英国与阿思本非法签订统带轮船合同13条，私自决定中国水域内的各种轮船"由阿思本一律管辖调度"，遭到中国朝野的一致反对。1863年11月，清政府解除了李泰国总税务司职务并将他与阿思本先后遣送回国。史称"李泰国事件"。参见《海防档·购买船炮（一）》，第158—159页。

19世纪60年代末,漕运问题更为突出,旧式沙船业渐趋衰亡。面对这一问题,李鸿章提出由官倡导,商人承办,发展轮运业,认为这样可以维护清政府的利益。他在奏疏中进一步阐明了这一主张的可行性,认为"各省在沪殷商,或置轮船,或挟资本,向各口装载贸易,俱依附洋商名下,若由官设立商局招徕,则各商所有轮船股本,必渐归并官局"①。总理衙门认为,"立定章程,准令内地商人购造,既可免隐射之弊,亦可辅转运之穷"。曾国藩对华商造买洋船的态度也开始转变。②综上可见,清政府内部对华商购置轮船的态度渐趋统一。经过总理衙门与曾国藩、李鸿章等的反复磋商,已经议论两年之久的《华商买用洋商火轮夹板等项船只章程》,终于在1867年10月3日以上海通商大臣曾国藩的名义,明令公布实行。③

1867年,中国第一位留美学生,曾在英商宝顺洋行当过买办,候补同知容闳率先提出《联设新轮船公司章程》,这是华商筹划组织轮船公司最早的一个章程,由应宝时转呈曾国藩,再转致总理衙门。容闳在章程的序文中,阐明了他的具体设想,强调新轮船公司必须由中国人持股,还要与旗昌竞争长江航运。容闳一向为曾国藩所倚重,并且与其他洋务派官僚如李鸿章、丁日昌等有密切交往。有学者认为,容闳发起筹组华南轮船公司,"可能受到地方最高当局的暗示"④。

容闳所拟章程,内容大致模仿西方公司及其在华企业的办法,共16条,⑤ 其中有一条款为:"公司聘请主事、副主事各一人(系外国人),须在公司内有百股之份者,主持公司事务。"⑥ 曾国藩与总理衙门在审阅该

---

① 《李文忠公全书》(奏稿),卷20,第32页。
② 曾国藩说:"以后凡有华商造买洋船,或租或雇,无论火轮夹板,装货出进江海各口,悉听自便。"参见樊百川《中国轮船航运业的兴起》,四川人民出版社1985年版,第193页。
③ 《海防档·购买船炮(三)》,第862—881页。
④ 吕实强:《中国早期的轮船经营》,三民书局,1976年,第157页。
⑤ 其主要内容包括:(1)公司本银必须40万两,分为4000股,每股100两,分4年交清,派股时每股先交25两,余俟通知如期交出;(2)先设轮船2只,专走长江,载运中外商人货物。如生意畅旺,随时酌加轮船2只,走天津、烟台、牛庄等处,一走福州、香港等处。其船舱位至小须容2000吨;(3)公司聘请主事、副主事各一人(系外国人),须在公司内有百股之份者,主持公司事务,其余所有司事人等,亦必均系有股份者,皆由众人抽签公举,每股著一签。(4)每年十二月十五,公司众人宜会集,听主事人报明本年公司生意如何,即会议来年公司事务。主事人并将本年各相账簿呈出众人阅验,如有利息,立即照股摊派,限以五日内派清。参见《海防档·购买船炮(三)》,第873—875页。
⑥ 《海防档·购买船炮(三)》,第873—875页。

章程时发现容闳聘请公司主事、副主事均系外国人,疑有洋商、买办参与其事,表示了较大的怀疑与保留,① 容闳的倡议最终被束之高阁。

1868年春,曾国藩、丁日昌进行了夹板洋船运输米石的试验。承运方是船商郭德盛,双方约定"设有盈绌,归揽者自认"②,郭德盛雇用了美国"满洲号"商船,成功将3万担大米从上海运到天津。但是此时曾国藩对于由华商创办新式轮运企业的态度却发生了逆转,他从维护清政府统治的角度分析,担心"用轮船,则沙船尽革,于官亦未得计"③。1868年,沙船商人赵立诚向曾国藩递呈关于兴办轮船的禀帖,未获批准。与此同时,前任常镇道许道身也向曾国藩递说帖,"亦系招商集资购买轮船,其说以春夏承运海漕,秋冬揽装客货"。许道身是淮南名绅,李鸿章、丁日昌对他一向倚重。但曾国藩持有异议,他当面告诉许道身:"海漕仍须先尽沙船。其次或用轮船或用夹板,并未许以全漕概用轮船"④,许道身的建议也就化为泡影。而丁日昌则极力主张创办轮船公司,他分别于1869年和1870年两次提出过设立轮船公司的建议,均无果而终。

中国航运界经过数十年的艰苦探索,遭受了无数挫折与失败,到19世纪70年代初才找到在中国兴办轮运业的途径——"轮船招商"。

三 招股融资:轮船招商局的创举

(一)轮船招商局正式开局

曾国藩去世后,李鸿章成为中国轮运早期发展的官方最主要的推动者。1870年李鸿章继曾国藩出任直隶总督,深得清廷的赏识,后又兼北洋通商大臣,筹办洋务,手握兵权,统领一方,"坐镇北洋,遥执朝政",权倾朝野。李鸿章对外国轮船公司的态度非常鲜明,他指出,"洋轮攘利已久,当筹抵制,⑤ 必须劝民自置轮船,"无事时可运官粮客货,有事时装载援兵军火"⑥。1872年夏,李鸿章指示道员朱其昂等,"酌拟轮船招商章程,设局招徕,俾华商原附洋商股本,归并官局,购造轮船,运粮揽

---

① 《海防档·购买船炮(三)》,第866—876页。
② 王毓藻辑:《重订江苏省海运全案》,续编,卷3,第46页。
③ 《曾国藩未刊信稿》,第285页。
④ 《曾文正公全集·批牍》,卷6,第75页。
⑤ 中国史学会编:《洋务运动》(五),《李鸿章奏折》,上海人民出版社1961年版,第88页。
⑥ 李鸿章:《李文忠公全书》(奏稿),第20卷,第33页。孔经纬:《洋务运动与中国资本主义》原载《文汇报》1962年7月8日。转引自阮芳纪《洋务运动史论文选》,人民出版社1985年版,第177页。

货以济公家之用，略分洋商之利"①。

1872年12月23日，轮船招商局已筹办半年之久，李鸿章奏呈《试办招商轮船折》（全文参见附文1），明确创办轮船招商局的目的是"分运漕米，兼揽客货"，同时强调虽然该局借官款作为设局商本，但是"所有盈亏，全归商认，与官无涉"。同一天，李鸿章致函总理衙门，转呈了朱其昂等拟定的条规。李鸿章在信函中再次申明，创办轮船商局目的"一则为领用官船张本，一则为搭运漕粮起见"。李鸿章的奏议照顾了各方关切，不论是洋务派还是顽固派均能接受，因此，三天后即获清廷批准，②同意创办轮船招商局。

1873年1月17日，轮船招商局正式开局，局址设在上海洋泾浜南永安街。开业的这一天，洋行商人、绅商以及地方官员等均前往祝贺，上海各大报均做了报道，《申报》报道称，"车马盈门"，十分热闹。③李鸿章就此札饬招商局。④关于轮船招商局的性质，其章程中有清晰的阐述，"轮船之有商局，犹外国之有公司也"⑤。在轮船招商局创办之初，刘坤一就有类似看法，认为该局"系仿泰西各国设立公司"⑥。可见，轮船招商局虽名曰"局"，其实际是中国近代首家股份制公司。⑦

招商局的成立，从制度层面上来看，标志着西方近代股份制的正式引入，虽然它依然处于微弱的地位，但它是一种具有重大意义的制度创新与

---

① 李鸿章：《李文忠公全书》（奏稿），第20卷，第33页。孔经纬：《洋务运动与中国资本主义》，载《文汇报》1962年7月8日。转引自阮芳纪《洋务运动史论文选》，人民出版社1985年版，第177页。

② 中国第一历史档案馆藏《洋务运动·招商局档案》，《设局招商试办轮船分运江浙漕粮由》（李鸿章奏）。

③ 《招商轮船开局》，《申报》1873年1月18日。

④ 参见中国第一历史档案馆藏《洋务运动·招商局档案》，《李鸿章札饬招商局》1873年1月17日。

⑤ 聂宝璋编：《中国近代航运史资料》第一辑（1840—1895）下册，第771页。

⑥ 聂宝璋编：《中国近代航运史资料》第一辑（1840—1895）下册，上海人民出版社1983年版，第940页。

⑦ 李鸿章明确说道："轮船招商局，本仿西国公司之意。"参见朱寿朋编《光绪朝东华录》（二），中华书局1984年版，总第1768页；盛宣怀的阐释更为透彻，指出轮船招商局，"实系已成之公司，从前称公局者，即系公司之谓也。"参见"中研院"近代史研究所《盛宣怀致招商局股东公启》，王尔敏等编《盛宣怀实业函电稿》，第122页；《申报》发表评论称："今日中国所设立之轮船招商局，公司也，此局为中国公司创始之举。"参见《阅轮船招商局第二年帐略书后》，《申报》1875年9月7日。

突破，使大批股份制企业的出现成为可能。从轮运业发展的角度看，"招商之功居多"，既利于国又利于商，时人评论道："其有益于国家者大也，即在商贾诸人，向来只有外洋轮船行海行江，利源独擅，而中国商贾莫不仰洋人之鼻息，附搭轮船颇受欺侮。自招商局创设以来，中国轮船日多，不但足以分西人之利，而且有以便华商之用，往来于江海间，莫不称是；招商局之有益于商贾者亦多也，边陲有事载兵前往，迅速便利不难争捷足之登，即如台湾山海关及日前高丽一役之明效，在海运漕粮上以备天庾之正供者，亦较便于河迅速，而且运漕米无潮湿之患，即仕宦行旌以及计偕公车，现皆舍陆从舟，而接轸连樯迅捷无比，其所益实有不胜指屈者。"[①]

（二）招商局股本来源与股东构成

轮船招商局首任总办朱其昂，"既于外洋情形不熟，又于贸易未谙"[②]，在轮船招股的实践中表现平平。这一时期私人股份投资者主要是官员与沙船业主，其中李鸿章投资5万两，朱其昂的投资约有7.2万两，沙船商人郁绳熙投资1万两。[③] 为了招股，虽然朱其昂"努力向前，不遗余力，力排众议，独任其难"，还出台了奖励措施，发布公告"有能代本局招商至三百股者，准充局董，每月给薪水规银十五两。如自行赴局搭股者，能满三百股，该得薪水即归本人自领"[④]，但其他华商仍"无人过问"[⑤]，并非如朱其昂向李鸿章禀告的那样，"各帮商人纷纷入股"[⑥]。李鸿章深虑"股份过少，恐致决裂"[⑦]，决定"随时设法变通"，最终，李鸿章选择了唐廷枢等买办商人，"以求经久"[⑧]。

唐廷枢果然不负所望，至1873年6月，他向李鸿章报告股商入股招商局数量，"计应需之数，已得其半"[⑨]，7月，唐廷枢等正式入主招商

---

① 《阅光绪八年招商局办帐略书后》，《申报》1882年10月21日。
② 刘坤一：《查议招商局员并酌定办法折》（光绪七年正月十五日），《刘忠诚公遗集》，奏疏，卷17，第20页。
③ 1873年7月，招商局改组时，亏损部分由朱其昂认领，共计4.2万两，除此之外，朱其昂还拥有招商局股票60股，每股500两，计3万两，两项合计约7.2万两。参见樊百川《中国轮船航运业的兴起》，四川人民出版社1985年版，第234页。
④ 《海防档·购买船炮（三）》，第921页。
⑤ 《轮船招商局股东大会演说》，《盛世危言后编》卷10，船务，第75页。
⑥ 李鸿章：《李文忠公全集》（奏稿），卷20，第33页。
⑦ 李鸿章：《李文忠公全集》（朋僚函稿），卷13，第13页。
⑧ 李鸿章：《李文忠公全集》（朋僚函稿），卷12。
⑨ 《招商局档案》，转引自《唐廷枢研究》，第178页。

局，招商局的筹资情形大为改观，"上海银主多欲附入股份者"①。李鸿章也颇为满意，他赞许道："唐廷枢为坐局商总，两月间入股近百万，此局似可恢张。"②到1874年8月第一届结账期，实收规银47.6万两，实际招得952股，加上朱其昂保留的60股，第一次招1000股的任务已经完成。③

1874年9月11日，招商局召开股东会议，重订入股章程，决定继续招收新股。1873—1881年历年招股情况看，如表2-3所示，招商局在1881年已招足100万两，1882年再发新股100万两，第二年即已招足，股份总额升至白银200万两。时人评论道："目前仿西法之事，若招商局者最著矣。"④

表2-3　　　　　　　1873—1883年招商局股份统计表

年份	招股规银数（两）	合计股份规银数（两）
1873—1874	476000	476000
1874—1875	126400	602400
1875—1876	82700	685100
1876—1877	45100	730200
1877—1878	20800	751000
1878—1879	49600	800600
1879—1880	29700	830300
1880—1881	169700	1000000
1882—1883	1000000	2000000

资料来源：1. 轮船招商局第1—11届帐略。
　　　　　　2.《国民政府清查整理招商局委员会报告书》（下册），第19—30页。

轮船招商局投资者主要是买办。1873—1874年间，轮船招商局实收资本中买办资本占总股本的77.8%。徐润在招商局两期招股中，入股总计48万两，堪称第一大股东，徐润招揽亲友入股也有五六十万两。⑤唐廷枢携"南浔"轮船入局，入股资金8万两左右，其胞弟唐廷庚也有入

---

① 《招商局情形》，《申报》1873年7月29日。
② 李鸿章：《李文忠公全集》（朋僚函稿），卷13，第13页。
③ 《轮船招商局帐略》，《申报》1874年9月17日。
④ 《论合股经营》，《申报》1882年6月6日。
⑤ 徐润：《徐愚斋自叙年谱》，第86—87页。

股，且为广州分局商董，受唐氏兄弟影响的商股亦不下数十万。① 陈树棠入股 10 万两。盛宣怀股份约 4 万两。② 朱其昂早期购买 60 股，价值 3 万两。郑观应未入局时即购买了招商局股份。③ 此外，范世尧、郑涉山、唐静庵、陈雨亭、宋晋、朱其纯、朱其诏、郑聘三、刘树庭、汪子述、黄灼棠、王渊如、吴左仪等人作为商董，在招商局都占有股份，几个商董中除朱其纯、宋晋（天津知府）外，都有买办背景。

招商局还在南洋华裔商人及普通侨民中招股。1879 年，李鸿章曾委派候选知县温宗彦到南洋一带，专事招股一事。这一年在南洋募集到股本 115200 两，超过首期股本的 10%，股东 67 人。④ 其中，在暹罗（泰国）招股 5 万两，入股者有刘元荣、陈金钟等 28 人，任暹罗官职者 11 人；⑤ 在新加坡、三宝垄、葛罗吧及泗水等地招股 65200 两，入股者有蔡江发、胡岳东等 38 人。⑥ 此举不仅为招商局募集了资本，而且扩大了招商局在华侨中的影响力。

少数政府官员也曾入股轮船招商局，比如盛宣怀投资 4 万两，还有上文提及的朱其纯、朱其昂、天津商董宋晋等。而旧式商人投资于轮船招商局的并不多，除了最初投资于轮船招商局的沙船商人郁绳熙外，其他旧式商人的投资尚无法确定。

轮船招商局的股东与公司经营决策人员往往有血缘、朋友关系。时人评论招商局股份"皆唐徐诸公因友及友，辗转邀集"⑦。不仅如此，入股者还具有明显的地域性。招商局虽在上海，然"江浙之富商股户，多有附重资于西人货船者"，故"闻此事之成，殊为不悦。以招商之船既夥，

---

① 《国民政府清查整理招商局委员会报告书》，下册，第 35 页；《教会新报》1873 年 6 月 8 日《洋务运动》，（六），第 38 页。

② 《轮船总办入局办事》，《申报》1887 年 10 月 7 日。

③ 郑观应：《盛世危言后编》，卷 10，第 1 页。

④ 南洋所招股份 115200 两，估计在招商局 1880—1881 财务年度经李鸿章批准后才入账。因为从招商局档案来看，1878—1879，1879—1880 财务年度入账股份分别为 49600 两和 29700 两，显然不是，而 1880—1881 年则突然暴增为 169700 两，故疑其中有 1879 年在南洋募集的 115200 两。参见招商局档案《轮船招商局第 9—11 届帐略》；张后铨：《招商局史》（近代部分），人民交通出版社 1988 年版，第 48 页。

⑤ 中国第一历史档案馆藏《洋务运动·招商局档案》：《禀报游历南洋情形》，1879—1880 年。

⑥ 中国第一历史档案馆藏《洋务运动·招商局档案》：《禀报游历南洋情形》，1879—1880 年。

⑦ 经元善：《居易初集》卷 2。

则彼不能获利也"①。在公司股东中,广东籍的买办商人反而占有重要地位,一方面,各省商人"惟广帮最富,亦惟广帮最与西人相习,熟悉西商谋利之法,故凡议此等生意者,大都粤人为多"②;另一方面,也是因为"招商局内之执事者,尽系粤人,他省外府者未闻有一人于其内"③。比如唐廷枢、徐润、郑观应均为广东香山人,总局、分局、各船各栈的总管以及早期的商董亦"非唐即徐"④。李鸿章是安徽人,盛宣怀是江苏人,故安徽和江苏商人也有股份。而其他一些省份投资者很少,且投资不多。对于这一点郑观应后来评论说:"当时风气未开,除广东、江苏、安徽及南洋华侨认股占多数外,其余各省绅商入股者寥如晨星。盖因盛、朱二君乃江苏人,唐、徐、陈(树棠)三君乃广东人,北洋大臣乃安徽人故也。"⑤

可见,招商局虽然采取了向社会公开招股的形式,但由于股东多是出于对总办或会办等公司经营管理者的忠心和信任才入股的,所以其资本构成的"资合"性质并不明显,相反体现出明显的"人合"性质。这也是中国近代的第一批股份制企业共有的特点。

第二节 清末华商股票的发行

华人创立公司,是向西人学习的结果,⑥而效法者中,"最有成效者,莫如轮船招商局"⑦。招商局系首创,它"开其端,一人倡之,众人和之,不数年间,风气为之大开,公司因之云集"⑧。时人评论道:"中国从无纠

---

① 《汇报》1874年9月14日。
② 《论合股经营》,《申报》1882年6月6日。
③ 《来书》,《申报》1875年3月31日。
④ 中国史学会:《洋务运动》第6册,上海人民出版社1961年版,第125页。
⑤ 郑观应:《盛世危言后编》卷10《船务》。
⑥ 时人评论曰:"自泰西通商以来,华人见西人数万里而来,道路之远风涛之险皆所不顾,而挟巨资以往来,营运规模气象与中国判若天渊,于是乎细思其故,而知西人之经营恢廓资本巨万者,大都皆系集公司纠股分而成,以千万之财力聚于一处经之营之,自与一人一家之力大相径庭。华人见而羡之,遂从而效法之。"参见《中西公司异同续说》,《申报》1883年12月31日。
⑦ 《商船兴废论》,《申报》1884年8月14日。
⑧ 《中国股分极宜整顿说》,《申报》1883年10月21日。

合公司之举，自招商局开其先声，而后竞相学步，……于是（对）济和保险、开平煤矿、平泉铜矿、机器织布、机器缫丝、长乐铜矿……莫不争先恐后，踊跃投股。"① 迄1883年年初，中国自办之股份制企业达20余家。② 到1887年，曾在《申报》登载过股票价格的企业共计36家，③ 从名称来看，不少企业虽然宣称"仿西国公司之例"，但仍以"局"冠名，这与企业"官督商办"的性质紧密相关。④ 从行业领域看，涉及金融、保险、能源、交通、纺织等，矿业所占比例最高，达1/3以上。⑤ 这些股票是中国第一批近代股份制企业发行的，它们的出现标志着华商股票发行市场已初具规模，中国产业近代化的序幕拉开了。然而，1883年近代第一次股市风潮来袭，这批企业首遭重创，至1887年上市股票仅剩12家，⑥ 股价低落，几乎无人问津，华商股市发展进入了一个低潮期。

1887—1903年，这一时段关于中国股份制企业数量缺乏统计资料。直到1904年《公司律》颁布前后，关于公司数量的统计才引发人们的关注。根据茶圃的统计，1903—1908年，在商部登记注册的公司共265家，

---

① 《公司多则市面旺论》，《申报》1882年8月24日。
② 田永秀：《1862—1883年中国的股票市场》，《中国经济史研究》1995年第2期。
③ 它们是旗昌浦东栈码头、金州煤铁矿、施宜铜矿、开平煤矿、电灯、长乐铜矿、招商轮船、点铜、电线、济和、牛乳、仁和保险、自来水、赛兰格点铜、平泉、织布、公平缫丝公司、鹤峰铜矿、中国玻璃股份、叽喇糖公司、电报、顺德铜矿、驳船公司、三源公司、新造纸公司、上海保险公司、承德三山银矿、白土银矿、徐州煤铁矿、池州煤矿、平泉铜矿、沙岑开地公司、荆门煤铁矿、贵池煤铁矿、火车糖、烟台缫丝。参见《申报》1882年6月9日至1887年1月13日。
④ 对于这种现象，郑观应批判道："按西例，由官设立者谓之局，由绅商设立、为商贾事者谓之公司，……公司总办由股董公举，各司事由总办所定。……今中国禀请大宪开办之公司，虽商民集股，亦谓之局。其总办稍有牵涉官事者，即由大宪札饬之，不问其胜任与否，只求品级较高，大宪合意即可。所以各局总办，道员居多。"参见夏东元编《郑观应集》上册，上海人民出版社1982年版，第612页。
⑤ 矿务企业比例较高，原因有二，一是矿务开采禁绝很久。明代曾大兴过矿务，但官府借此招摇生事，鱼肉乡民，"其后鉴于前车，仍一律停采以苏民困"。二是因为风气转变。中国很多矿务，"惑于风水之说，向来禁止开采，惟云南之铜矿及各处煤矿，或尚有听民间开挖者"，但自轮船盛行制造渐广，风气与从前大有不同，人们亦知"资煤于外洋，则中国自失其利权，而中国自有之矿，反令货集于地，爰亦创为开矿之说，有作于前，自必有绳于后，以致日增月盛，除煤矿而外，又有铜铁铅锡金银各矿，莫不次第开办，纠股购地，争先恐后，不遗余力"。参见《矿务箴言》，《申报》1883年4月9日。
⑥ 朱荫贵：《近代中国的第一批股份制企业》，《历史研究》2001年第5期。

其中股份有限公司154家。① 股份有限公司占公司总数的58%左右。根据1912年《第一次农商统计表》数据测算，1904—1911年，全国范围内，正式登记注册的公司共410家，② 若按茶圃统计的1903—1908年股份有限公司占公司总数的58%比重推算，截至1911年，全国注册的股份有限公司大约238家。

一 清末股票新秀：铁路股与银行股

（一）铁路修筑权的开放与商办铁路公司的兴起

1901年《辛丑条约》签订之后，列强觊觎中国铁路建设，不断向清政府施压，清政府既不愿铁路利权落入洋人之手，又无力修建铁路，在此背景下，决定开放路权，利用地方、民间资本修筑铁路。1903年10月，清商部颁布《铁路简明章程》24条，③ 明确规定，"各省官商，自集股本"，不论是修筑省干路还是省支路，都必须绘制地图贴说，并将详细情形禀告至商部，"呈明集有的实股本若干万"④。华商请办铁路，如系附搭洋股者，除具禀本部批示外，应禀由外务部查核。其洋商出名请办，除递呈外务部听候批示外，仍应禀由本部察夺。至洋商愿承办或情愿附搭股本，即系愿认此项各条订定章程，一律遵守勿越。⑤ 此外，还规定：集股如全系华股，业将请办路工悉数办竣，续请展办他路，而原集之股本固已罄尽，拟添借洋款以资接展，应具禀本部，听候酌核情势，分别准驳。⑥

《铁路简明章程》各款规定表明，清政府已经向民间、地方开放了铁路修筑权，不仅可以修支线，干路民间亦可申请承办；同时强调：民间修路，要依照《公司律》的规范，设立商办的铁路公司；无论华洋，均可

---

① 茶圃：《中国最近五年间实业调查记》，《国风报》1910年第1号。
② 张忠民：《艰难的变迁——近代中国公司制度研究》，上海社会科学院出版社2002年版，第251页。
③ 宓汝成编：《中国近代铁路史资料（1863—1911）》第三册，中华书局1963年版，第926—927页。
④ 《铁路简明章程》第三条：各省官商，自集股本，请办何省干路或枝路，须绘图贴说，呈明集有的实股本若干万，详细具禀。听候本部行咨该官商原籍地方官，查明其人是否公正，家资是否殷实，有无违背定章各情。俟咨覆到部，以定准驳。参见宓汝成编《中国近代铁路史资料（1863—1911）》第三册，第926页。
⑤ 《铁路简明章程》第五条。参见宓汝成编《中国近代铁路史资料（1863—1911）》第三册，第926页。
⑥ 《铁路简明章程》第十一条。参见宓汝成编《中国近代铁路史资料（1863—1911）》第三册，第927页。

申请铁路公司，地方官应一体保护，但集股总以华股独占多数为主，洋商所办公司，总须留出股额 3/10 供华商购买。《铁路简明章程》颁行后，各省官员、绅商及爱国人士积极筹款，申请承办铁路，各省铁路公司兴起如雨后春笋，如表 2-4 所示。

表 2-4　　　　　各省铁路公司一览表（1903—1907）

公司名称	创设年月	创议者	性质
川汉铁路总公司，1907 年改组为商办川汉铁路有限公司	1903.7，1904 年注册	署理四川总督锡良创议	先官办后商办
广东潮汕铁路有限公司	1903.10	张煜南（华侨商人）、张榕轩等	商办
湖南全省枝路总公司	1904.7	龙湛霖（湘绅）、王先谦等	商办
广东新宁铁路公司	1904.7	不详	商办
江西全省铁路总公司	1904.11	江西京官李盛铎等	商办
滇蜀铁路总公司	1905.5	（士绅）陈荣昌、罗瑞国等	官督商办
安徽全省铁路有限公司	1905.7	安徽京官李佩芳等	商办
同蒲铁路公司	1905.8	（士绅）解荣辂、李廷凤等	商办
浙江全省铁路有限公司	1905.8	浙省京官黄绍箕等及本地士绅	商办
广东全省粤汉铁路总公司	1905.8	广州总商会、九善堂等	商办
福建全省铁路有限公司	1905.9	福建省京官张亨嘉等	商办
陕西铁路有限公司	1906.2	陕西巡抚曹鸿勋	官办
湖北商办粤汉、川汉铁路股份有限公司	1906.2	湖广总督张之洞	官督商办
江苏省铁路股份有限公司	1906.5	恽毓鼎（在籍官绅）等	商办
湖南全省铁路有限公司	1906.8	商会协理陈文玮、商会坐办周声洋等	商办
广西铁路公司	1906.9	广西京官陆嘉晋等	商办
（黑龙江省）齐昂铁路	1907.4	黑省官绅	官办
河南铁路公司	1907.9	士绅王安澜等	商办

资料来源：1. 宓汝成编：《中国近代铁路史资料（1863—1911）》第三册，第 1147—1148 页；2. 金士宣、徐文述：《中国铁路发展史（1876—1949）》，中国铁道出版社 1986 年版，第 228—230 页。

从表中可以看出，1903—1907 年，全国共兴办铁路公司 18 家，其中 13 家为商办公司，官办 2 家，官督商办 2 家，先官办后商办 1 家。川汉铁路总公司创立最早，创设时间为 1903 年 7 月，而多数公司创立于 1905—1906 年，共有 11 家之多。铁路公司覆盖面较广，涉及省份 15 个，申办者主要是地方官员与绅商。

(二)"因铁路不能不办银行"

洋务运动开始后,要求创办新式银行的呼声就已经出现。如维新派的代表人物郑观应就曾疾呼:"洋务之兴莫过于商务,商务之本莫切于银行""为今之计,非筹集巨款,创设银行,不能挽救商情而维市面也。"[1] 1895年甲午战争以后,民族危机空前加剧,变法图强,挽救危局的呼声高涨;清政府要支付战争赔款,国家收支已严重失衡。在此严峻形势下,1896年10月,盛宣怀建议清廷创办银行,[2] 他还进一步阐释了创办铁路和设立银行的先后次序问题,认为"华商必欲铁路银行并举"[3]。

盛宣怀积极协助李鸿章创办各种洋务事业,[4] 深得李的信任,是显赫一时的清末洋务官僚买办。盛宣怀长期经办企业实务,对近代银行与企业的发展关系认识深刻,认为"今因铁厂不能不办铁路,又因铁路不能不办银行"[5]。盛宣怀创办银行提议还得到封疆大吏张之洞、王文韶等人支持,引起清政府的重视,同意创办银行,1897年5月27日,中国第一家银行——中国通商银行在上海正式开张。

中国通商银行章程中载明,要"招集商股,合力兴办"银行,要实现"权归总董,利归商股"的目标。但考察中国通商银行的股东构成,我们可以看到事实上其仍与"官"有着千丝万缕的联系。中国通商银行额定资本为500万两,先收半数250万两,于1898年收齐。1897年中国通商银行的投资者中,招商局、电报局等机构投资者的投资额合计达90万两,占银行实收资本的42.9%,其余为个人投资,其中盛宣怀个人持股达73万两。上述两者明显具有官方背景的投资额合计达163万两,占银行实收资本的76.5%,剩余23.5%的股份持有者为中小商人。可见,张之洞评价中国通商银行"不官不商,亦官亦商",是有所依据的。

---

[1] 夏东元编:《郑观应集》,"银行上",上海人民出版社1982年版,第679—682页。
[2] 盛宣怀认为:"英、法、德、俄、日本之银行,乃推行来华,攘我大利。近年中外士大夫灼见本末,亦多见开银行之议,商务枢机所系。现今举办铁路,造端宏大,非急设中国银行,无以通货商之气脉,杜洋商之挟持。"参见盛宣怀《请设银行片》,《愚斋存稿》第1卷,1914年刊,第14页。
[3] 《愚斋存稿》第25卷,第5页。
[4] 盛宣怀1873年任轮船招商局会办,后升为督办;1880年筹办中国电报局,任总办;1896年从湖广总督张之洞处接办汉阳铁厂、大冶铁矿,后经办芦汉铁路。
[5] 《愚斋存稿》卷25,第15页。

从中国通商银行开始到1911年辛亥革命，清末创设银行的步伐加快，这期间创办银行数量达到了23家。① 清末成立的这23家银行，既有国家银行，也有地方银行；多数是商业银行，几家专业银行也几乎都兼营商业银行业务。这些银行多数效仿外商银行的组织形式，采用股份有限公司形式，发行股票募集资金，最大股本达1000万两（户部银行），最小股本仅10万两（志成银行），而股本为100万元（两）的银行最为普遍。因此，清末出现了大量银行股票。不过到辛亥革命前夕，这些银行已经倒闭8家，仅存15家，② 市场退出率达34.8%，由此可见，投资清末银行股票风险较高。从茶会时期交易组织的记录看，银行股票的交易记录也很少。由此可以推测，清末银行股票虽然大量涌现，但主要活跃在股票发行市场。

二　集股筑路与保路运动

各省铁路公司成立以后，开始着手筹款开工。截至1911年，各省铁路公司预筹股额与实收股额状况，如表2-5所示。

---

① 1897年设立于上海的中国通商银行，股本500万两；1903年设立于天津的志成银行，股本10万两；1904年设立于天津的新茂银行，股本不详；1905年设立于北京的户部银行，股本400万两，1908年改组为大清银行，资本增至1000万两；1905设立于成都的浚川源银行，股本50万两；1906年设立于上海的信成银行，股本100万元（初创时资本50万元）；1907年设立于天津的中东银行，股本不详；1907年设立于上海的浙江兴业银行，股本100万两；1907年设立于北京的交通银行，股本500万两；1907年设立于镇江（或上海）的信义银行，股本不详；1908年设立的北京储蓄银行，股本10万两；1908年设立于上海的裕盛（商）银行，股本100万元；1908年设立于上海的四明商业储蓄银行，股本150万两；1909年设立于杭州的浙江银行，股本54.2万两；1909年设立于北京的厚德银行，股本100万元；1909年设立于昆明的云兴银行，股本不详；1910年设立于桂林的广西银行，股本100万两；1910年设立于天津的北洋保商银行，股本400万两；1910年设立于天津的直隶省银行，股本102.4万元；1911年设立于福州的福建银行，股本不详；1911年设立于天津的垦业（殖业）银行，股本150万两；此外，还有1911年前创立于上海的宁波商务银行和中国华商银行，股本不详。参见桑润生《简明近代金融史》，立信会计出版社1995年版，第99页；黄鉴晖《山西票号史》，山西经济出版社2002年版，第420—422页；姜宏业《中国地方银行史》，湖南出版社1991年版，第18、208、217页。

② 许涤新、吴承明主编：《旧民主主义革命时期的中国资本主义》，人民出版社2003年版，第914页。

表 2-5　　　　各省铁路公司集股情况表（截至 1911 年）　　　单位：万元

铁路公司	预筹股额	实收股额	实收占预筹的百分比
川路	2099	1645	78.4
粤路	2000	1513	75.7
浙路	600	925	154.2
湘路	2000	652	32.6
苏路	1000	410	41.0
赣路	699	219	31.3
鄂路（粤汉、川汉两段）	3600	212	5.1
闽路	600	170	28.3
皖路	—	124	—
黑省	140	445	32.1
同蒲	280	32	11.4
洛潼	1500	30	2.0
西潼	559	—	0
桂路	3000	—	0
滇路	—	—	0
湘省（枝路总公司）	1189	—	0

注：各省铁路公司所集股金，有银两、银元、港币之别，银两又有不同成色。这里为求统一简明起见，对银两成色未加细别，统按 0.715 两折合成银元一元。

资料来源：宓汝成编《中国近代铁路史资料（1863—1911）》第三册，中华书局 1963 年版，第 1149 页。

从表 2-5 中可以看到，截至 1911 年，实收股额最多的是川路公司，为 1645 万元。川路、粤路、浙路实收股额均占到预筹股额的 75% 以上，其中浙路最高，达到 154.2%。这是因为浙江社会经济发展水平较高，乡绅和城市工商业者认购股份居多。浙路公司 100 元为一整股，10 元为一零股，年息 7 厘，仅 1906—1907 年就已收到股银 484 万余元。[①]广东因为是华侨之乡且对外贸易发达，故大部分股份为商人和华侨认购。内地省份招股相对较少，实收股额均占到预筹股额的 50% 以下，且绝大多数在

[①]《商办浙江全省铁路有限公司股东会第一次议事录》，中合印书公司 1906 年印。转引自金士宣、徐文述《中国铁路发展史（1876—1949）》，中国铁道出版社 1986 年版，第 235 页。

35%以下，洛潼铁路公司仅募集30万元，实收股额只占到预筹股额的2%，西潼、桂路、滇路因为资金太少，都没有开工。这是因为内地省份，商人主动认股有限，主要依靠各种捐税，甚至向商民强行摊派股票。[①] 如湖南有地方租股、出境米捐、盐斤加价、滞销盐厘、房租派捐、薪俸派捐等；江西有出口米捐、土货捐、盐斤加价等；湘路有商股、房租股、租股、薪股、米股、盐股等；四川有农田租股、土药股、盐茶股、差缺之员所认之股等。至1911年6月，湘路公司仅募得资金380万两，所募资金中，米捐、盐捐即占59%之多；成立最早的川路公司，实收股额1645万元，集股最多，其中租股多达70%，然而至清朝灭亡川路公司也未筑成一公里正式通车之路，效率极为低下。

各省铁路公司为保护本省路权，均自筹资金，拒绝外国资金，而自筹资金又极为有限，这也是资金短缺的一个重要原因。如湖南粤汉铁路招股章程中规定："公司股票只招华人，凡洋人概不得附股。如有代购或转售抵押与洋人，以及本为华人，而购票后改注洋籍者，均作为废纸。"[②] 川汉铁路公司集股章程也明确规定："不招外股，不借外债，专集中国人股份；其非中国人股份，一概不准入股，并不准将股份售与非中国人。"[③] 而清政府在利用外资修筑铁路方面，则更为开放，并未禁绝，但亦强调地方铁路公司招收外股须禀报商部核准。[④]

观察各省铁路公司筹集资金，到1911年，总额不足6500万元，而当时京张、粤汉等路的每公里造价约为3万—5万元，[⑤] 可以测算各省共可筑路也就2000公里左右。从各省筹款的规模推测，各省筑路计划一般都较庞大。实际状况是，仅浙江、广东、江苏三省取得了较好的筑路成绩，其余大多数省份均徘徊不前，始终处于筹议阶段。

事实表明，诸多内地省份商力有限，仅依靠自身财力，修筑耗资巨大的干线铁路，显然是力不从心。正是在此等情形之下，1911年清政

---

① 事实上，沿海省份亦有摊派之股。如浙江曾出现因摊认铁路股票致兵丁困苦的报道。参见《杭乍两防生计之困难浙江》，《申报》1910年2月25日。
② 宓汝成编：《中国近代铁路史资料（1863—1911）》第三册，中华书局1963年版，第1034页。
③ 《轨政纪要初编，轨3》，第1页。
④ 《铁路简明章程》第十一条。参见宓汝成编《中国近代铁路史资料（1863—1911）》第三册，第927页。
⑤ 金士宣、徐文述：《中国铁路发展史（1876—1949）》，中国铁道出版社1986年版，第231页。

府提出了"干路国有政策",并决定要首先将粤汉、川汉两路收归国有。"干路国有"与1903年12月商部颁布《铁路简明章程》是自相矛盾的,清政府朝令夕改,出尔反尔,激起了粤汉、川汉两路铁路股东的无比愤慨。因此,与粤汉、川汉两路相关的粤、川、湘、鄂民众迅速掀起了保路运动。

保路运动目的在于通过合法斗争,来维护铁路股东自身的权益。其组织就是股东大会,按照《公司律》规定,股东大会是公司的最高权力机关,公司重大决策,都必须要经股东大会同意。铁路公司要实现"国有化",首先应由铁路公司股东大会议决通过,然后根据股东大会决议与政府谈判、协商。然至1911年6月中旬,清政府未与股东协商,便出台了购股方案,该方案对川路公司尤为苛刻,不仅不发还现银,连公司700多万两存款亦被扣留,激起了川路公司的激烈反对。大批的租股股东更是无法接受清政府的方案,四川的局势紧张,保路运动进入罢市罢课阶段。川路公司特别股东大会呈请川汉铁路暂缓国有,清政府不予理睬,并酿成"成都血案",川民忍无可忍,揭竿而起,清政府转而妥协,但为时已晚。

一张张铁路股票,承载的是民众的切身利益与民族情感,从另一角度讲,也承载着民众渴望富强的铁路梦想,而清政府置若罔闻,粗暴处理,最终引发全川的保路风潮。清政府大为紧张,迅速调集云南、湖北等地军队赶赴四川,湖北等地相对空虚,革命党人趁机发动了武昌起义,清政府迅速覆亡。1912年1月1日中华民国建立,华商股票市场迎来了新的春天。

第三节 近代华商股票市场的本土化

晚清股份制企业仿行西方股份制企业创立,其肇始之功不容忽视。但是从传统社会走来的商民尚难深入理解与体验近代股份制的精妙,而更习惯于独资、合伙与借贷等经营融资方式。于是,近代西方的股份制与传统经营理念的融合,便产生了有中国特色的华商股票市场组织形式。

一 特色股息:官利

在近代中国华商股票中大多含有一种特别的股息——官利。所谓官利,就是股本利息,又称"官息",也称"股利""股息""正息""额息""正利"①，与"余利""红利"对应称呼。官利与西方股份制企业实行的股息视利润多少而定的分配方式有着明显的不同，它通常在股票发行之前，便已在华商股份制企业章程中载明，更接近于中国的传统投资分配方式②。

关于官利的研究，散见于近代中国公司制度、工业史研究的论著中。③ 也有学者对官利产生的原因、官利制度及其利弊进行了深入探讨。④ 观察以上学者的研究，不难发现，这些研究多站在股份制企业的角度，或从传统的社会因素来分析官利的成因、利弊，而较少从投资者的角度去考察。有鉴于此，笔者拟在前人研究的基础上，系统地分析官利与投资者的关系，并对官利的历史作用作一评价。

（一）官利的源起

"官利"一词，首见于同治十一年（1872），朱其昂拟定的轮船招商局条规，其第三条云："每股官利，定以按年一分起息，逢闰不计，年终凭股单按数支取不准徇情预计。"⑤ 此后，清末官督商办企业纷纷效仿轮船招商局，企业章程中均有"官利"相关规定，如1876年，开平煤矿章程中规定："第一年总以煤铁见着后十二月为期，即将每年所得利息，先提官利一分"⑥；1882年，上海机器织布局章程中规定："股本宜提官利，今集股四十万两，官利照禀定章程周年一分起息。"⑦ 实际上，不仅仅是在清末，其后中国的华商股份制企业股票莫不实行官利，诚如近代著名会计专家潘序伦所言："我国旧习商人营业，于其出资，不论决算盈亏，每年必计算额定之利息，名曰官利或曰股息，列入开支项下。故我国公司

---

① "官息""正息""股息""股利"这些称呼较为常见。而"额息""正利"之说，参见张忠民《近代中国公司制度中的"官利"与公司资本筹集》，《改革》1998年第3期。

② 这一方面研究可参见朱荫贵《引进与变革：近代中国企业官利制分析》，《近代史研究》2001年第4期。

③ 参见张忠民《艰难的变迁——近代中国公司制度研究》，上海社会科学院出版社2002年版；孙毓棠编《中国近代工业史资料》第1辑下册，科学出版社1957年版；张謇《张謇全集》第3卷"实业"，江苏古籍出版社1994年版。

④ 参见李玉、熊秋良《论中国近代的官利制度》，《社会科学研究》1996年第3期；张忠民《近代中国公司制度中的"官利"与公司资本筹集》，《改革》1998年第3期；李玉《中国近代股票的债券性》，《南京大学学报》（哲学社会科学版）2003年第3期；朱荫贵《引进与变革：近代中国企业官利制分析》，《近代史研究》2001年第4期等。

⑤ 聂宝璋：《中国近代航运史资料》第一辑（1840—1895）下册，第755页。

⑥ 孙毓棠编：《中国近代工业史资料》第1辑下册，第630页。

⑦ 孙毓棠编：《中国近代工业史资料》第1辑下册，第1044页。

会计中除股利科目外，另有股息或官利科目。照发股息之后，再行分派红利。此种习惯极为普遍，即大规模之公司及银行，亦往往如此。"① 也正因为官利在近代中国的华商股票中广泛存在，所以有学者认为官利即是一种制度，如严中平所言："根据我们所找到的资料来看，官利制度显然是这个时代的通行制度，各公司无不如此。"② 笔者收集的近代中国公司章程中有关官利的规定也可以对此进行佐证（参见附表3），限于篇幅，依时序摘录部分如下（参见表2-6）。

表2-6　　　　近代中国部分公司章程所定官利举例

公司名称	创设时间	官利年率	资料来源
开平矿务局	1877	一分	孙毓棠编：《中国近代工业史资料》第一辑下册，科学出版社1957年版，第630页
上海机器织布局	1878	一分	孙毓棠编：《中国近代工业史资料》第一辑下册，科学出版社1957年版，第1044页
电报局	1880	一分	《津沪电报总局公启》，《申报》1883年3月3日
金州骆马山煤铁矿	1882	一分	《接录开金州骆马山煤铁矿章程》，《申报》1882年11月20日
顺德铜矿	1882	一分	《顺德铜矿局条例》，《申报》1882年10月26日
平泉铜矿总局	1883	一分	孙毓棠编：《中国近代工业史资料》第一辑下册，科学出版社1957年版，第672页
徐州利国矿务局	1883	一分	《徐州利国矿务招商章程》，《申报》1883年1月14日
邢内银煤矿务局	1883	一分	孙毓棠编：《中国近代工业史资料》第一辑下册，科学出版社1957年版，第1099页
登州铅矿	1883	一分	《登州铅矿禀案》，《申报》1883年7月13日
云南铜矿	1887	六厘	孙毓棠编：《中国近代工业史资料》第一辑下册，科学出版社1957年版，第708页
漠河金矿	1887	七厘	孙毓棠编：《中国近代工业史资料》第一辑下册，科学出版社1957年版，第724页
山东招远矿务公司	1891	一分	"中研院"近代史研究所编《矿务档》第2册，总第1337页
湖北织布局	1894	一分五厘	汪敬虞编：《中国近代工业史资料》第2辑，上册，第573页

---

① 潘序伦：《公司会计》，商务印书馆1934年版，第248页。参见张忠民《艰难的变迁——近代中国公司制度研究》，上海社会科学院出版社2002年版，第388页。
② 严中平：《中国棉纺织史稿》，科学出版社1955年版，第159页。

续表

公司名称	创设时间	官利年率	资料来源
汉阳铁厂	1896	八厘	孙毓棠编：《中国近代工业史资料》第一辑下册，科学出版社1957年版，第832页
萍乡煤矿有限公司	1901	八厘	于宝轩辑：《皇朝蓄艾文编》卷23，矿政2，第27页
川汉铁路公司	1904	六厘	戴执礼编：《四川保路运动史料》，第67页
安徽全省矿务总局	1906	五厘	《安徽全省矿务总局章程》，《东方杂志》第3年第3期，"实业"，第81页
启新洋灰有限公司	1907 1912年后	八厘 四厘	南开大学经济研究所、南开大学经济系编：《启新洋灰有限公司史料》，生活·读书·新知三联书店1963年版，第37、127页
上海永安有限公司	1916 1927年后	一分 八厘	上海社会科学院经济研究所编：《上海永安公司的产生、发展和改造》，上海人民出版社1981年版，第29、184页
民生实业股份有限公司	1925	一分	凌耀伦主编：《民生公司史》，人民交通出版社1990年版
新中工程股份有限公司	1927	八厘	上海市工商行政管理局：《上海民族机器工业》，中华书局1979年版，第211页
交通银行	1935	七厘	交通银行总行、中国第二历史档案馆编：《交通银行史料》第1卷，中国金融出版社1995年版，第173页
上海美亚绸厂	1939	八厘	徐新吾主编：《近代江南丝织工业史》，上海人民出版社1991年版，第381页

注：表中部分近代中国公司章程所定官利举例截至1939年，因为20世纪30年代后，"官利""余利"大多已改称为"股息"和"红利"了。

由表2-6我们可以看出：从19世纪70年代初至20世纪30年代末，一般中国公司股票均有官利相关规定，从分布领域看，涉及交通、金融、纺织、民生和各种矿业，领域相当广，其中矿业在初期处绝对优势，[①] 以后逐步扩展到其他行业领域。官利一般以年利计算，多数企业官利是固定不变的，也有少数企业会中途调整，如启新洋灰有限公司的官利，1907年为八厘，1912年后降至四厘。官利利率因时间推移、企业情况和行业领域不同而有差异，大体19世纪70年代和80年代初是年利一分，1883年金融风潮之后，在六至八厘左右徘徊，19世纪90年代初有一分甚至一分五厘的记录，民国初年亦有四厘的记载。

总体观之，19世纪70年代初至20世纪30年代末，随着中国经济近

---

① 1883年6月3日《申报》也有记载，当时股份制企业"各色皆有，而矿务为最多"。

代化的逐步深入，整个近代中国官利利率在初期普遍一分的基础上有所松动，① 依银根张弛在八厘左右上下波动，并呈现缓慢下降态势。20 世纪 30 年代以后，官利大多改称为股息或红利，官利名称虽在 1947 年出版的《中国股票年鉴》一书中仍可见到，但已较为少见。②

（二）近代股票投资者与官利

1. 投资者需要官利来降低投资风险

与国外自然发展形成的股市相比，近代中国华商股市具有明显的先天不足。近代西方股份制的产生，是商品经济和社会化大生产发展的结果。除此之外，若要建立股票市场，还需要有大量闲置的货币资本和高度发达的信用经济。洋务运动以前中国基本上还是自然经济，商品经济仅有微弱发展，更不用谈社会化大生产。华商股票产生之时，近代信用制度在中国还是一片空白，传统的融资方式如高利贷、当铺和钱庄等依然盛行，且利息率普遍较高，据杨联陞先生估计，晚清时期的当铺和钱庄的年利率为 15%—25%。③ 各主要城市的银行放款利率虽有不同，但"其平均利率大约在 12%—14% 之间，与欧美各国比较来看，其利率之高，实在惊人。……安徽省召集地方债，其利率，第一年 7%，第六年高至 12%，而日本地方债一律是年利 6%"④。两相比较，差别显而易见。

当时中国资金的短缺是借贷市场高利率的主要原因。西方资本主义国家靠血腥的掠夺，完成了资本原始积累，而中国资本主义工业化早期，国家积弱积贫，不可能像西方那样，凭借船坚炮利，以掠夺方式获得早期工业化所需要的资金，不仅如此，外国侵略者依靠武力施压，攫取巨额战争赔款，贩运鸦片、倾销商品，致使中国民穷财尽。因此，在近代中国，筹集资金一直是多数工业企业的难题，而资金的严重匮乏又致使利率居高不下，张謇曾说："上海资本家挟母财以营汇兑存放之钱庄，基本不出十万金，获利则称是，或十之四五，或十之二三。"⑤

---

① 1904 年颁行的《公司律》第一百一十一条明确规定："公司结账必有盈余方能分派利息，其无盈余者，不得移本分派"，虽然一般企业为拉拢投资者并未执行这一规定，官利的计算依然是从投资者自股金缴纳之日算起，跟《公司律》颁行之前一样，但这一规定从法律上动摇了官利制存在的基础，从法律层面讲官利利率已由固定利率变为浮动利率，从而为官利的松动提供了法律依据。

② 朱荫贵：《引进与变革：近代中国企业官利制分析》，《近代史研究》2001 年第 4 期。

③ [美] 费维恺：《中国早期工业化》，中国社会科学出版社 2001 年版，第 73 页下注。

④ 汪敬虞主编：《中国近代史工业史资料》第二辑下册，第 1016 页。

⑤ 张謇：《拟组织江苏银行说》，《张季子九录·政闻录》卷 3。

以上分析表明，从国外股票市场产生的基本条件来看，当时的中国不可能自发产生股票市场。洋务派利用国家力量，积极推动，引进了西方近代股份制，并依据中国国情，创造了官利制，有了这种创造，投资者购买企业股票可以获得8%左右的官利，加上红利，投资人的平均收益才能达到社会平均收益水平，在一定程度上，降低了投资者的投资风险，保证了他们拥有固定的收益，投资者才有可能将资金投向公司股票。即使西方近代规范的股份企业中的股票，亦是高风险的投资对象，像近代中国这样的不具备基本条件产生的股市，风险之高不言而喻。如果没有官利作保，投资者怎敢投资近代中国股市呢？

2. 投资者多元投资收益催生官利

在中国传统社会，投资土地风险小，收益稳定。19世纪八九十年代，中国各主要地区的土地收益率为10%左右。[1] 如安徽霍邱，"拥田宅享租人者，利什之一"；直隶旗地买卖的计价方法为："以租为利，以价为本，大率合一分有余之利。"[2] 正因为如此，故买地置产为多数富商所青睐，即通常所说的"以末致富，以本守之"。连近代民用企业的主要推动者李鸿章也不例外，其兄弟六人在合肥拥有土地"每人平均有十万亩，其在外县者更无论矣"[3]。中国近代，为了与土地投资争夺资金，各类独资、合伙企业被迫普遍采用类似于官利的股息制度，[4] 如近代上海五金商业企业，不管独资企业还是合伙企业，股息年率高达15%，低者亦有8%—9%[5]。由此可以推演，既然投资土地、传统合伙企业均可以获得稳定的收益，投资早期中国股份公司股票，必须要有类似收益才可能争取到投资者。可以想象，如果不能保证投资者平均收益达到社会平均水平10%甚至更高，投资者就不可能把资金投向股份公司的股票。可以说，正是官利制度的实施，才使股票投资有可能为投资者所选择。

3. 官利必付，坚定了投资者的信心

股息是发行股票公司扣除经营运作成本之后，为投资者提供的"或

---

[1] 邹进文、姚会云：《近代股份公司的"中国特色"之———试论清末股份企业的官利制》，《中国经济史研究》1996年第4期。
[2] 严中平主编：《中国近代经济史》下册，人民出版社1980年版，第926—929页。
[3] 李文治编：《中国近代农业史资料》第一辑，第182页。
[4] 张忠民：《艰难的变迁——近代中国公司制度研究》，上海社会科学院出版社2002年版，395页。
[5] 上海五金机械公司等编：《上海近代五金商业史》，上海社会科学院出版社1990年版，第142—143页。

大或小的利息"①。投资者投资购买公司股票，投资者和企业之间形成的是风险共担、利益共享的关系。投资者获取股息多少，"视当年企业利润的多少而定，盈利多则分红多，盈利少则分红少，股息率视利润的多少而上下浮动，并不固定"②。正如马克思所言："股份公司有一个共同点：每个人都知道自己投入什么，但是不知道自己取出什么。"③

官利与红利不同在于，官利的支付明显具有强制性，即不问企业是盈是亏，官利必须定期支付。因为"官利必付"，所以企业年终结账，一般先派官利，然后结算盈余，再分红利，若没有盈余，即谓之亏损。一般官利利率载于公司章程和股票上，如期支付官利成为一项必须遵循的原则。

轮船招商局一直都非常重视官利的支付。"历年商股，均照一分付息，即上年生意亏折，余利仅有五厘，该局仍筹给商息一分"④，其目的在于保证"议定商股按年一分，未使失信"。李鸿章在 1877 年的一份奏稿中说："设局本意，重在招商，非万不得已，不可议减商息。"招商局为了支付官利，1875 年、1877 年曾两度亏损。⑤

电报局开办后股息丰厚，成为洋务企业的佼佼者。它投资少、见效快，且具有"独市生意"⑥ 优势，投资者既享有 10% 的固定官利，还有丰厚的红利。电报局第一次增资后 10 年中，每年除官利外，红利分配大都在 7%，个别年份则更高。如 1894 年分派股息 285000 余元，1895 年为 274000 余元，⑦ 股息率都在 30% 以上。再如开平煤矿，1888 年后的几年中，该局红利均保持在 10%—12% 的水平，⑧ 若再加上官利，资本年收益率在 20% 以上了，收益相当可观。仁和济和保险公司每届所派股息，"向

---

① [德] 马克思：《资本论》第三卷，人民出版社 1975 年版，第 268 页。
② 朱荫贵：《引进与变革：近代中国企业官利制分析》，《近代史研究》2001 年第 4 期。
③ [德] 马克思：《资本论》第二卷，人民出版社 1975 年版，第 484 页。
④ 聂宝璋：《中国近代航运史资料》第一辑（1840—1895）下册，第 755 页。
⑤ 1904 年颁行的《公司律》第一百一十一条明确规定"公司结账必有盈余方能分派利息，其无盈余者，不得移本分派"，虽然一般企业为拉拢投资者并未执行这一规定，官利的计算依然是从投资者自股金缴纳之日算起，跟《公司律》颁行之前一样，但这一规定从法律上动摇了官利制存在的基础，从法律层面讲官利利率已由固定利率变为浮动利率，从而为官利的松动提供了法律依据。
⑥ 郑观应：《盛世危言续编》卷 12，第 4 页。
⑦ 张国辉：《洋务运动与中国近代企业》，第 248 页。
⑧ 《官册》，1896 年，天津，第 27 页。参见邹进文、姚会元《近代股份制的"中国特色"之一》，《中国经济史研究》1996 年第 4 期。

定六月初一开支,届期请有股诸君持折至本局收取"①。

而实业家张謇创办的通州大生纱厂,正式开工前5年,"厂之官利无年不付"②,而此时纱厂并无任何收入,还要分配红利,1903年,"其余利(即红利)按股已得二分二厘,合之官息已及三分"③。芜湖安徽铁路公司、川路公司等亦有类似做法,铁路还未开筑,股息已开始发放。川路公司承诺,"自光绪丁未年五月初一日起按六厘付息"④。

这些企业信守承诺,官利必付,持续多年,部分还有红利,投资者获得了丰厚的回报,坚定了他们投资的信心,也使这些近代企业赢得了良好声誉。官利必付的原则,使投资者与公司关系更为复杂,"投资者对于公司的关系,并不是单纯的企业投资人,而是投资人兼债权人",所谓股票,也"不是单纯的投资证券,而又是借贷字据"⑤。

4. 提高官利,成为吸引投资者的手段

伴随着中国最早一批股份制企业的发展,华商股市也开始引起人们的关注,到1882年时"沪上股份风气大开,每一新公司起,千百人争购之,以得股为幸"⑥,狂热投机,引发1883年金融风潮,股票价格一落千丈,此时,民众对公司股票顿生厌恶之情,乃至"公司"二字,"为人所厌闻"⑦。同时亦心存畏惧,"言及公司股票,竟有谈虎色变之势焉"⑧。而矿务股票持有者,打击更甚。矿务股票,跌幅最大,有的形同废纸,《申报》评论,"(去年秋冬)各矿开采,声臭俱已,股分诸人疑畏悚惧,而司事不肖谣诼纷传果有迹,近招摇恶如诈骗者"⑨,许多商民"一言及集股开矿,几同于惊弓之鸟"⑩。1884年,云南矿局"奉奏谕旨招商开办,亦既一年于兹,而投股之人则殊属寥寥,此非该矿局之不足取信于人,实以近来各矿公司每形耗亏,甚或有借开矿之名以售其欺者。堕其其中则资

---

① 《请来取息》,《申报》1884年7月6日。
② 孙毓棠:《中国近代工业史资料》第一辑下册,第357—359页。
③ 南通市档案馆等编:《大生企业系统档案选编》,南京大学出版社1987年版,第17页。
④ 《川路公司付息填换新票广告》,《申报》1910年4月5日。
⑤ 汪敬虞主编:《中国近代工业史资料》第二辑下册,第1014页。
⑥ 《申报》1882年8月12日。
⑦ 中国史学会:《洋务运动》,上海人民出版社1961年版,第316页。
⑧ 《股分转机说》,《申报》1884年12月12日。
⑨ 《商船兴废论》,《申报》1884年8月14日。
⑩ 《股分转机说》,《申报》1884年12月12日。

本虚掷，不但官利毫无，而且连本全失，人皆援为殷鉴，竟至裹足而不敢前"①。而徐州利国铁矿业已见煤，"中西人啧啧称道不绝于口，而今招股未齐"②。直到1893年，一般商人一听到"纠股集资"四字，仍"无不掩耳而走"③。

为了吸引民众投资股票，企业不得不进一步提高"官利"，1894年，湖北织布局招股时规定"本局允为保利一分五厘，每股每年凭折到局领息银十五两"④，比金融风潮之前的企业普遍的一分官利，增加了50%之多。著名实业人物郑观应对此评说道，"中国自矿股亏败以来，上海倾倒银号多有，丧资百万，至今视为厉阶"，故此"集股之法，首当保定官利"⑤。可见，在受到股市冲击后，提高官利，成为吸引投资者的重要手段。

(三) 官利与近代华商股票特性的转变

"官利"产生于近代中国的社会历史土壤中，它的出现，是由近代中国金融市场资金短缺的国情所决定的，在当时筹措资金极为困难的状况下，股份制公司不得不保证官利甚至是抬高官利来吸引股票投资者，是当时中国企业不得已的选择，如两广总督袁树勋所奏："按照定律，公司未有盈余，不得移本作息，然吾国风气未开通，各商办实业公司，自入股之日起，即行给息，以资激劝，而广招徕，已属不得已之办法。"⑥ 从这个角度看，官利的产生有其历史必然性。从传统而来的投资者，面对新生的高风险的股市，心存疑虑，裹足不前，是一种正常心态。而官利的出现，降低了投资者的投资风险，消减了投资者的顾虑，它使股票这种新的投资方式与传统的投资方式相似，或者说缩小了两者的差别，变得易于接受。从这一点来看，它是一种制度创新。

官利是一把双刃剑。一方面，它起到了为中国近代股份企业筹措资金的积极作用。因为有官利作保，使得股票投资至少与传统投资回报持平，因此吸引了众多投资者，从而缓解了国内资金市场供不应求的矛盾，使中国股份公司在与其他企业组织争夺资金的过程中获得启动资金，使清末中

---

① 《股分转机说》，《申报》1884年12月12日。
② 《市面可望转机说》，《申报》1884年5月17日。
③ 洪葭管、张继凤：《近代上海金融市场》，上海人民出版社1989年版，第146—147页。
④ 汪敬虞：《中国近代工业史资料》第二辑上册，第573页。
⑤ 夏东元编：《郑观应集》上册，上海人民出版社1982年版，第686页。
⑥ 汪敬虞：《中国近代工业史资料》第二辑下册，科学出版社1957年版，第1014页。

国的股份制企业成片出现蔚成规模,使中国华商股市从无到有,始成星星之火。如果没有官利,恐怕不会有中国近代第一批近代股份制企业的产生。对于这点,张謇曾深有感触地说:"泰东西各国商业,获利若干,皆以本年营业为准,盈利若干,即派利若干,提奖若干,无所谓官利,亦无所谓余利……虽然,各国自有习惯,与他国之习惯,乃与他国之公例,乌可以概中国,且亦赖依此习惯耳。否则资本家一起畏缩矣,中国宁有实业可言?"① 另一方面,官利及其必付原则,又使股份制企业运营成本提高,积累困难,在解决生存问题之后,即陷入发展窘境。

因为有官利及官利必付的原则,投资者手中的股票既是股权证明,又是债权证明,其性质介于股票与债券之间。初期官利固定为一分,而观察当时中国各公司的营业情况,虽然照例都支付官利,而在官利之外另给红利的并不多,这是必然的,因为支付了一分的官利之后,多数公司已难有红利可以支付了。这表明官利的实行,实际上使股票更接近于债券。不过从发展的趋势看,因为整个近代中国官利的利率呈现稳中有降的趋势,特别是20世纪30年代以后,官利大多已改称为红利,红利逐步成为主导,近代华商股票收益结构发生了质的变化,已经具备了近代意义上的股票特性。所以从动态的角度来看,近代华商股票又呈现出债转股的变化特点。

二 制度的执行:信息披露与股东大会

股东有知悉股份公司经营状况的权利,而定期公布账目则是股份公司的义务。中国早期股份制企业对于账目定期披露的规定,大多出现于企业章程中。轮船招商局《局规》第七条云:"各分局银钱出入数目,……一并寄交总局核收,每届三个月结小总,一年汇结大总,造册刊印,分送在股之人存查;平时在局收付诸帐,任凭在股诸人随时到局查阅。"② 轮船招商局每年结账后,都会在《申报》和《北华捷报》等媒体上公布帐略,类似于现代上市公司的信息披露制度,③《申报》记载:"轮船招商总局,年例于九月初一,将此一年内进出各项做成帐略,邀有股诸君到局查

---

① 陈真、姚洛:《中国近代工业史资料》第一辑,生活·读书·新知三联书店1957年版,第364页。
② 聂宝璋:《中国近代航运史资料》第一辑下册,第845页。
③ 信息披露制度经过发展,已经成为现代各国证券发行法律制度的重要内容,是投资者作投资决定的重要依据,也是维护投资者权益的法律保障。信息披露的本质在于它的真实性、及时性和周知性。

览，其所列各款，如众以为可者仍之，众以为否者易之也，此定意也。"① 关于账目查核的方式，企业之间差异很大。平泉矿务局"每日有流水簿，每月有小结，每年有大结，在股者可随时查核"②。顺德铜矿"各项帐目每届年终汇总，开具清帐"③。津沪电报局亦规定："所有银钱收支……应如各公司之例，刊账传观，不论何时，均准有股之人赴局看账，如果有人侵蚀，皆可诉知总办查究。"④ 湖北荆门煤铁矿规定："局中银钱出入，日有日结，月有月结，年有年结，刊单布告。"⑤ 不过，跟同期的洋行相比，总体而言，华商企业的账目公布还不够规范。时人撰文《中西公司异同续说》评论：

> 夫公司之有帐，此通例耳，中与西似本无所异。不知泰西公司之帐公而显，中国公司之帐私而隐……泰西各公司无论已成未成，已开办未开办，或开办一半或已有成效可见，自集公司之一日起，一收一支备载于簿，其为购机器买地皮造房屋等大用，固一一记之，即毫厘之间凡为有关乎公司者，莫不咸在。其有公司已集股分已齐，而开办尚需时日者，当其未经开乎之时，亦必有收支之处。或月一结算焉，或季一稽查焉，每至半年无不通盘核算，开具清单录供众览。旧公司之缮为册籍装潢成书以分送各股友者，不必言矣，即新公司之尚未开乎者，亦必开一清单以示各股友，如此则有股诸人心无不安，一以见该公司董事诸君之大公无我，一以见该公司之并无丝毫妄用，庶各股友亦无间言，而众志藏乎斯，众擎易举，此所以为公而显也。若中国之公司则不然，除数家大公司按照西法而外，其余各公司则有业已开办者，有未经开办者，有开至一半而中止者，有开至一半而扩充者，有集股已成而一时未便开办尚有所待者，有先行开办小试其端，以俟将来有成效可睹然后大举者，而其收支各帐，则惟公司之司事诸人知之，各股友皆懵然不知也。⑥

---

① 《纪招商局议事情形》，《申报》1882年10月14日。
② 《平泉矿务局招商章程》，《申报》1882年6月11日。
③ 《顺德铜矿局条规》，《申报》1882年10月26日。
④ 交通部、铁道部交通史编纂委员会编：《交通史电政编》第一章，交通部总务司刊本1936年版，第10页。
⑤ 《函请禀送荆门窝子沟煤铁矿务公司招股章程》，《申报》1882年11月17日。
⑥ 《中西公司异同续说》，《申报》1883年12月31日。

此外，必须注意的是近代中国第一批股份制企业多具有官办或官督商办特性，故其还有向官方汇报经营状况的义务，如《轮船招商局第十年帐略》开篇写道："谨将光绪八年七月初一日起至九年六月底止，本局第十届办理情形及各项收支，各船盈绌胪列清册上下两本，呈请北南洋大臣查考暨咨送江津两海关备核"①，账册同时"分存上海、天津、汉口、福州、香港、广州、新加坡七局以便有股诸君就近查览"②。查看《轮船招商局第十年帐略》，内容已颇为详尽，涉及本届经营所遇主要困难及应对策略，主要轮船行驶线路和撞船事故，码头货栈的经营使用状况，各船生意余款、添招新股、官款给付、官利发放等收支状况，保险等。③再如，商办汉镇既济水电有限公司在第二次股东大会召开之后，立即禀报商部及鄂督进行备案。④

晚清企业的股东大会制度执行的如何呢？晚清企业股东大会有关规定，多出现在一些股份公司内部章程中，如京师自来水有限公司招股简章第二十条载，"每年二月各股东在北京本公司开会一次，宣布上年盈亏情形，预筹本年营业方针"⑤；再如平泉矿务局、轮船招商局均规定每年八月初一日，在总局召集股东会议一次，平泉矿务局还规定："如有应行改易者，即可和衷商办，总求于局务有裨。"⑥轮船招商局也有类似规定。⑦轮船招商局等知名公司股东大会制度执行也相对较好。轮船招商局常常在《申报》刊载股东大会公告及会议记录，⑧如1882年10月12日，正值轮船招商总局"第九年看帐会议之期，总办唐景星、徐雨之、张叔和、郑陶斋四观察到会，是日晚六点半钟客齐至，约六七十人，本馆友人亦与其列，爱登楼入座时，则酒肴递进，灯烛通明，每座前置帐略一册，

---

① 《轮船招商局第十年帐略》，《申报》1883年9月15日。
② 《轮船招商局第十年帐略》，《申报》1883年9月15日。
③ 《轮船招商局第十年帐略》，《申报》1883年9月15日。
④ 《商办汉镇既济水电有限公司布告股东会议决事件》，《申报》1910年1月1日。
⑤ 《奏办京师自来水有限公司订期开股东常会并照章付息广告》，《申报》1910年4月6日。
⑥ 《平泉矿务局招商章程》，《申报》1882年6月11日。
⑦ "遇有紧要事件，有关局务，以及更改定章，或添置船只、兴造码头栈房诸大端，须邀在股众人集议，择善而行"。参见聂宝璋编《中国近代航运史资料》第一辑（1840—1895年）下册，第845—846页。
⑧ 《纪招商局议事情形》，《申报》1882年10月14日。

客皆取而阅之"①；开平煤矿也有类似记录。② 不少企业股东大会并非每年召开。一些企业虽然召开了股东大会，但"都是敷衍塞责而已"③。而在实际操作中，不少普通股东"一切惟总办之言是听"④，股东甚至于不得过问局务。⑤ 还有不少股份制企业连名义上的股东大会也没有召开过。上述情形表明，早期华商企业多具有官方背景，等级森严，还未真正形成民主的股东大会决策机制与氛围。

1904年《公司律》颁行之后，股东大会制度执行有所改观。以《申报》刊登清末各省铁路公司股东会启事来看，1906—1910年间，多数省份铁路公司在《申报》刊登了召开股东会的启事，其中浙省铁路有限公司、苏省铁路股份有限公司、广东粤汉铁路总公司股东大会较为规范，一般每年一次定期召开。而其他铁路公司股东会则未能定期召开，其中著名的川汉铁路有限公司直至1909年10月，才召开首次股东大会。⑥ 此外，股东大会召开之前，企业一般会在《申报》等媒体发布启事预告，如江西铁路公司准备在1月4日召开股东大会，其预告1月2日已刊登于《申报》。⑦ 一些企业在股东大会召开之后，亦会登报周知，⑧ 如江苏省铁路曾登报发布股东大会概况。⑨

---

① 《纪招商局议事情形》，《申报》1882年10月14日。
② 如1888年7月17日，开平煤矿在天津办事处"召开股东大会，通过账目"。参见孙毓棠编《中国近代工业史资料》第一辑下册，科学出版社1957年版，第661页。
③ [美]费正清：《剑桥中国晚清史 1800—1911》下卷，中国社会科学出版社1985年版，第475页。
④ 中国史学会：《洋务运动（六）》，上海人民出版社1961年版，第110页。
⑤ "商民虽经入股，不啻途人，即岁终分利，亦无非仰他人鼻息。而局费之当裁与否，司事之当用与否，皆不得过问。虽年终议事亦仿泰西之例，而股商与总办分隔云泥，亦第君所曰可，据亦曰可，君所曰否，据亦曰否耳"。参见杨松、邓力群《中国近代史资料选集》，生活·读书·新知三联书店1954年版，第278页。
⑥ 《川路公司第一次股东总会广告》，《申报》1909年10月15日。
⑦ 《江西铁路股东鉴》，《申报》1910年1月2日。
⑧ 《商办汉镇既济水电有限公司布告股东会议决事件》，《申报》1910年1月1日。
⑨ 《苏省铁路股东大会》，《北洋官报》1906年第1185期，第8页。

第三章　政府缺位：清末民间的股票交易市场

晚清政府通过招商集股，解决了资金难题，创办了中国第一批股份制企业。而企业股票发行之后，清政府对于股票交易却听之任之，缺乏必要的监管，导致1883年上海金融风潮；与政府的缺位形成鲜明对比的是，民间股票交易则相当活跃，并自发组建了交易机构，厘定了交易制度。

第一节　晚清股票交易市场：1870—1911年

一　晚清股票交易市场的初步形成

1843年上海开埠后，外国股份制公司、资本和股票接踵而至，外国人不仅把股票带到了上海，而且开启了上海最早的股票交易。这种最初的股票交易没有固定的场所，交易者也均为外国人，所交易的是大英轮船公司、怡和洋行等外商企业的股票、汇票及英、美各国发行的公债等。[①] 19世纪70年代，上海洋股市场已非常活跃。[②] 有少量的华商也参与其中，在经营茶叶、古董、买办生意的同时兼做"洋股"。当时的华文报纸亦开始刊登股票交易信息，查看1871年10月9日的《上海新报》，可以看到当时交易的外商股票已达23只（参见表3-1）。

---

① 当时，西方企业的股票、汇票及英、美各国发行的公债等，中国人笼统称之为"洋股"。参见陈正书《近代上海华商证券交易所的起源和影响》，《上海社会科学院学术季刊》1985年第4期。而本书中的"洋股"，是指外商股票。

② 李玉：《19世纪80年代初上海股市风潮对洋务民用企业的影响》，《江海学刊》2000年第3期。

表 3-1　　　　　上海外商股票行情表（1871 年 10 月 9 日）

股票名	面值	市价	超出面值额
汇丰银行旧股	125 元	170 元	45 元
汇丰银行新股	100 元	168.9 元	68.9 元
旗昌轮船公司旧股	100 两	196 两	96 两
旗昌轮船公司新股	20 两	23 两	3 两
公正轮船公司	100 两	120 两	20 两
裕轮船公司	100 两	60 两	—
虹口船厂公司	500 两	225 两	—
浦东船厂公司	3000 两	1000 两	—
英自来火公司	100 两	137 两	37 两
法自来火公司	100 两	61 两	—
琼记保险公司	1000 元	3500 元	2500 元
保家行保险公司	200 两	560 两	360 两
保家行保险公司	1000 元	2500 元	1500 元
扬子江保险公司	500 两	970 两	470 两
宝裕保险公司	100 两	210 两	110 两
华商保险公司	200 元	295 元	95 元
香港火险公司	200 元	560 元	360 元
琼记火险公司	100 元	169 元	69 元
仁记火险公司	100 元	170 元	70 元
驳船公司	850 两	400 两	—
大桥公司	100 两	200 两	100 两
同孚公司	600 两	—	—
公和祥码头	100 两	146 两	46 两

资料来源：《上海新报》1871 年 10 月 10 日，转引自彭厚文《上海早期的外商证券市场》。

1871—1882 年间，上海外商股市行情如图 3-1 所示。1871—1875 年间，上海外商股市综合指数一直走低，1875 年后上海外商股票市场综合指数开始回暖，1878 年达到顶峰，后略有回调，1879—1882 年走势基本平稳。

与此同时，华商股票市场的交易状况如何呢？1873 年轮船招商局发行了华商第一只股票，计划首次募集股本 100 万两，然而到 1874 年 8 月

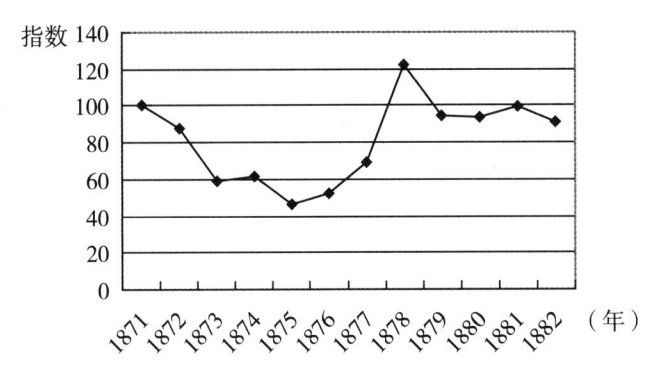

图 3-1　上海外商股票市场综合指数走势（1871—1882）

资料来源：Wenzhong Fan, 2005, "Construction Methods for the Shanghai Stock Exchange Indexes：1870-1940", Working Paper, International Center for Finance, Yale School of Management. 转引自刘逖《上海证券交易所史》（1910—2010），上海人民出版社 2010 年版，第 303 页。

第一届结账期，实际募集资金不足计划一半，实收股本规银仅 47.6 万两，[①] 走完发行程序之后，轮船招商局股票旋即进入股票交易市场，然而表现不佳，股价持续低迷，至 1876 年已经跌至每股 40—50 两。[②] 紧接着，4 家华商股份公司相继公开招股：1876 年仁和保险公司招股 50 万两，1877 年开平煤矿和池州煤矿开始招募股份，1878 年济和保险招股 50 万两。其中开平煤矿计划招收股本 100 万两，实收资本仅 20 万两。[③] 事实上，至 19 世纪 70 年代末，华商股票交易市场中，也仅有上述 5 只股票可供交易，如表 3-2 所示。这 5 只股票，除池州煤矿发行总额不详外，其余 4 只股票募集股金合计不超过 170 万两。表明整个 19 世纪 70 年代，华商股票交易市场容量很小，影响力有限。

表 3-2　　　　　上海股市的华商股票（1872—1878）

股票名称	上市时间	股票面额（两）	计划发行数量（股）	发行总额（两）
招商局股票	1872	100	10000	100 万
仁和保险	1876	50	10000	50 万
济和保险	1878	50	10000	50 万

[①] 《轮船招商局帐略》，1874 年 9 月 17 日。

[②] 张国辉：《洋务运动与中国近代企业》，中国社会科学出版社 1979 年版，第 170 页。

[③] 孙毓棠编：《中国近代工业史资料》第一辑下册，科学出版社 1957 年版，第 629 页。

续表

股票名称	上市时间	股票面额（两）	计划发行数量（股）	发行总额（两）
开平煤矿	1877	100	10000	100万
池州煤矿	1877	100	不详	不详

资料来源：1. 聂宝璋编：《中国近代航运史资料》第一辑（1840—1895）下册，第844、978页；2. 徐润：《徐愚斋自叙年谱》，第18—19、96页；3. 孙毓棠编：《中国近代工业史资料》第一辑下册，科学出版社1957年版，第629页。

总的来看，整个19世纪70年代，上海华商股市交易清淡。其主要原因是股票在当时仍属新鲜事物，华商股票交易市场参与者主要是与洋人打过交道的买办、商人和官员，公众关注度低，企业募股并不容易，股票市场交易清淡，股价低迷。当时《申报》曾发表时评："未闻有人乐从而买股者"[1]，对于股票买卖多数华人"视为畏途"[2]。而对于外商股票，了解的华人更少，所以参与外商股票买卖的华商主要是洋行买办，以及与外商熟络的中国人。[3]

及至19世纪80年代初，情形有了较大改观，在上海上市的华商股票有显著增加，如表3-3所示，在中资股票中，1880—1882年间，共有8家新公司股票上市，1882年招商局还发行了新股。与此同时，外商股票市场中，有确切时间记载的，仅新增一家股票上市，即1881年上海自来水股票。上海华商股市随即迎来了第一个交易高潮。

表3-3　　　　　上海市场上市股票一览表（1862—1882）

外商股票				中资股票			
股票名称	上市时间	票面额（两）	发行总额（两）	股票名称	上市时间	票面额（两）	发行总额（两）
旗昌轮船旧股	1861—1862年	1000	100万	招商局旧股	1872年	100	100万
旗昌轮船新股	1868年	100	87.5万	招商局新股	1882年	100	100万
汇丰银行旧股	1864年	125元	500万元	仁和保险	1876年	50	50万

---

[1] 《论争买电灯股票》，《申报》1882年6月20日。

[2] 《论叭喇糖公司之利》，《申报》1882年9月17日。

[3] 时人有论："故股份之设，除久于洋行生意者外，他人皆裹足不前，未敢问鼎"，"其有投入西人股分者，亦不过洋行买办以及与西人往来诸人，熟知情形，或有附股"。参见《论叭喇糖公司之利》，《申报》1882年9月17日；《股价须知》，《申报》1882年6月9日。

续表

外商股票				中资股票			
股票名称	上市时间	票面额（两）	发行总额（两）	股票名称	上市时间	票面额（两）	发行总额（两）
扬子江保险	1862年	500	42万	济和保险	1878年	50	50万
保家行保险	1865年	1000	60万	开平煤矿	1877年	100	100万
英自来火	1864年	100	10万	池州煤矿	1877年	100	
法自来火	1865年	5000元	3万元	上海织布厂	1880年	100	40万
裕轮船		500		平泉铜矿	1881年	105	10余万镑
公正轮船	1867年	100	17万	长乐铜矿	1882年	100	10万
虹口船厂		500		鹤峰铜矿	1882年	100	20万
浦东船厂		3000		中国电报局	1882年	101元	80余万
琼记保险		5000元		金州煤矿	1882年	50	60万
宝裕保险	1870年	500		荆门煤铁矿	1882年	100	50万
香港火险	1866年	1000元		施宜铜矿	1882年	100	
公和祥码头	1872年	100	13万				
北清轮船	1868年	1	19.4万				
华海轮船	1872年	100	50万				
上海自来水	1881年	20镑	10万镑				
电气灯		100	8万				
沙岩开地		100	40万				
赛兰格点铜		100元	25万元				
叭喇糖公司		50	25万				
上海保险		100	50万				

资料来源：1. 田永秀：《1862—1883年中国的股票市场》，载《中国经济史研究》1995年第2期；2. 汪敬虞：《唐廷枢研究》，中国社会科学出版社1983年版，第107页。

二 制度阙如与股民狂热：19世纪80年代股市风潮

19世纪70年代，中国第一批华商股份制企业通过发行股票，筹集资金，迅速发展，[①] 至19世纪80年代初期，已初具规模。而此时与股份制

[①] 关于中国第一批股份制企业，朱荫贵有专文论述。参见朱荫贵《近代中国第一批股份制企业》，《历史研究》2001年第5期。

企业紧密关联的股票市场却危机四伏，终致股市风潮，华商股份制企业首遭重挫，这些问题，学术界多有关注，内容涉及19世纪七八十年代华商股市发展概况、股市交易高潮、股市危机等方面。① 但华商股份制企业与19世纪80年代的股市风潮的关系还没有专论，笔者拟在前人研究的基础上，考察风潮爆发前后华商股份制企业的发展变化，分析华商股份制企业在股市风潮前后的举措对整个股票市场及企业自身的影响。

（一）企业盈利 股市逆转

华商企业发行股票，始于1872年的轮船招商局，其招股伊始并不顺利。到19世纪80年代初，形势发生逆转，华商股市热闹起来。根本原因在于华商股份制企业利润丰厚，投资者获得丰厚回报。以轮船招商局为例，此局成立之初便获官方垫资，且垄断漕运，实际上在招商过程中轮船招商局"差强人意，非果办理得法也"，然而其"利源绝巨，即无治人更无治法，通盘核算，总有赢余"②，其利润在1873—1874年度为8万余两，到1880—1881年度，则达到29万余两，③ 因而此局"无一岁不分余利也，每届结账提分有股之人，犹得六七厘官利，而局中提存者当余其半"④，于是"自招商局开之于先，招集商股，创成大业，各商人亦踊跃争先，竞投股分"⑤。中外股票纷纷涨价，"招商局原价每股一百两，今则已涨至二百五十两矣，平泉铜矿原价每股一百两，今已涨至二百两及五钱矣，仁和保险公司原价一百两，今已涨至二百二十两矣，其他如济和保险公司原价一百两先收五十两，今涨至七十二两，织布公司原价一百两先收五十两，今涨至一百二十两五钱，及一百十五两点铜原价一百元先收五十元，今涨至七十五元。核算皆有增无减，即西人之自来水公司原价二十磅，今涨至三十二磅五，电灯公司原价一百两，今涨至一百四十五两"⑥。股价的上涨，吸引了众多投资者，形成了一股投资股票的热潮。投资者中

---

① 参见朱荫贵《近代上海证券市场上股票买卖的三次高潮》，《中国经济史研究》1998年第3期；田永秀《1862—1883年中国的股票市场》，《中国经济史研究》1995年第2期；田永秀《试论中国近代的三次股市危机》，《西南民族学院学报》（哲学社会科学版）2000年第10期；李玉《1882年的上海股票市场》，《历史档案》2000年第2期；彭厚文《19世纪80年代上海股票交易的兴衰》，《近代史研究》1999年第1期。
② 《商船兴废论》，《申报》1884年8月14日。
③ 张后铨：《招商局史》（近代部分），中国社会科学出版社2007年版，第84页。
④ 《商船兴废论》，《申报》1884年8月14日。
⑤ 《劝华人集股说》，《申报》1882年6月13日。
⑥ 《劝华人集股说》，《申报》1882年6月13日。

不论中西,"视公司股分皆以为奇货可居,往往一股分票出,争先购买"①。时人评论,"自招商局创办股分以来,风气竟至大开,凡属公司,自刊发章程设局招股之后,不须一两月而股分全行卖完,亦可见人情之善变,而中国富强之效迨即基此矣"②。

(二) 筹资扩股 股市危机

各种股票为人热捧,公司招股筹资变得容易,如徐州利国驿煤铁矿计划招募五千股,"各省殷实诸君纷纷争认,股数至七八千股之多"③。更有甚者,还未发行股票,资金就已入账。1882年11月,承德三山银矿会办李文耀至上海考察,并非招股,"众友知之,蜂拥而来,定欲附股",李文耀以实情相告,而众友固执不允,要求他"先收若干",李文耀无奈,"勉强从众,先收创办银二十万两"④。一批近代工矿企业相继创办,"开平煤矿、牛乳、长乐之铜矿、津沪之电线等,无不竞为举办"⑤。至1882年,上海公司林立,其数"不下二三十处"⑥,且"骎骎乎有日增月盛之势"⑦。公司数量大增,时人以为中国公司"气运之转,机会之来也"⑧,有人据此乐观推测"上海近来公司之多如此,则将来隆隆日上,夫岂让于泰西哉"⑨。

公司数量不少,且"各色皆有",而"矿务为最多"⑩,"一年之间某矿某矿纷出错起"⑪,"矿务之兴以目前买卖股份之处为衡,已不下十五六处"⑫。开矿往往需要大量资金,"独力任之,固觉不胜"⑬,但因"销票之易,而后禀请开矿者愈多,天下何处非矿,即无矿不由土人开采"。

矿务企业众多,不免鱼龙混杂。从创办的时间来看,"惟开平煤矿为

---

① 《论赛兰格锡矿》,《申报》1882年6月25日。
② 《论买卖股票之弊》,《申报》1883年11月1日。
③ 《详述矿务》,《申报》1885年5月2日。
④ 《三山矿事略述》,《申报》1885年6月15、16、17日。
⑤ 《劝华人集股说》,《申报》1882年6月13日。
⑥ 《综论沪市情形》,《申报》1884年1月23日。
⑦ 《中西公司异同说》,《申报》1883年12月25日。
⑧ 《矿务以用人为最要论》,《申报》1882年12月6日。
⑨ 《公司多则市面旺》,《申报》1882年8月24日。
⑩ 《股分长跌无常说》,《申报》1883年6月3日。
⑪ 《股票问答》,《申报》1883年11月5日。
⑫ 《开矿宜兼筹运道论》,《申报》1882年12月19日。
⑬ 《论买卖股票之弊》,《申报》1883年11月1日。

最早，外此则皆创自一二年间"①。众多的矿务公司中，"徐州之利国矿煤已早见铁苗似乎可以有成。云南之铜矿锡矿向来开采，现在不过因其势而利导之，改中国旧法易以泰西新法，其事轻而易举，其佳处信而有证，较之他处之矿毫无把握，随地乱指，相去不啻天渊。故统计中国各矿，惟此二处可以望其有济"，其余各矿"大都不足深恃"②。多数矿务公司，"事未开办，不过矿苗数块……至若开挖之处尚未相定，买卖之器尚未到齐，经办之人尚未前往"③，如，顺德铜矿总办宋吉堂路经上海时，见"开矿风气大开，各商踊跃集股"，遂禀请李鸿章批准开始集股，而年前顺德铜矿还处于勘察阶段。④ 一些矿务公司"其何处开矿，何处采金，事无征兆"⑤。更有甚者"开采无期，资财已罄，与股者积愤填膺，交口唾骂而自居总办者……此非通力合作只是设计骗财耳"⑥。

因为募股较为容易，除了很多新公司成立，狂发股票之外，一些较早成立的企业，也利用这一形势，大量增资扩股。轮船招商局"议将旧股100两，加招新股100两，限于本年年底交清，如有到限未交者，另招别人补足"⑦。平泉铜矿创办于1881年，1882年募足股本12万两，看到募股形势喜人，遂决定续招12万两股本。⑧ 仁和保险公司另招新股一万股，计银50万两。⑨ 天津电报局也于1883年年初乘势提出了扩股增资计划。⑩ 此外，开平煤矿，上海机器织布局等企业均提出了添招股本的计划。⑪

企业增资扩股，进行"圈钱"，必然会使市面上的流动资金日益紧张，最终导致股市"缺血"，股价下跌。如《申报》所评，"中国近来创为纠集公司之举，集腋成裘，固属美事，然资已集成而未即开办，其本银悉存于公司或存于银行，不能行用周转，故市面银根如是之紧。向使无此

---

① 《开矿宜兼筹运道论》，《申报》1882年12月19日。
② 《股分转机说》，《申报》1884年12月12日。
③ 《开矿宜兼筹运道论》，《申报》1882年12月19日。
④ 孙毓棠：《中国近代工业史资料》第一辑下册，科学出版社1957年版，第1156页。
⑤ 《中西公司异同说》，《申报》1883年12月25日。
⑥ 《论致富首在开矿》，《申报》1892年9月23日。
⑦ 《轮船招商局告白》，《申报》1881年1月23日。
⑧ 《续招股份》，《申报》1883年4月18日。
⑨ 《各公司亏耗表》，《申报》1884年1月23日。
⑩ 《津沪电报总局公启》，《申报》1883年3月3日。
⑪ 孙毓棠：《中国近代工业史资料》第一辑下册，科学出版社1957年版，第1057页；《上海机器织布总局催收后五成股银启》，《申报》1882年5月18日。

数十家之公司银根搁起,则市面或尚不至于此极乎"①。

除了中国公司外,一些外国公司也在上海大量发行股票,并上市交易。据统计,仅先后在上海《申报》上刊登过交易行情的中外股票,就有34种之多。②中外股票的大量上市,使上海的股票交易呈现出前所未有的规模。1884年1月,在金融风潮爆发一年后,据《申报》的统计,先后在上海市场发行的各种股票,原本已收者,仍达"银则七百余万,洋银则三百余万"③。各类股票充斥股票市场,良莠不齐,加之投资者缺乏投资经验,盲目购买股票,他们"但知有公司新创,纠集股分,则无论何如竟往附股","至于该公司之情形若何,则竟有茫然不知者"④。且华商投机者居多,"以现有资本置为恒业者,不及一半",这些投机者中一大半为投机的生意人,他们"本无巨资,藉借贷挂宕之项并凑而成,其所希翼者,以为股分涨价,则我可出卖于人,以图厚利"⑤。整个股市潜伏着危机。

(三) 泡沫破裂 企业受挫

1882年年底,由于外国银行对上海金融市场的操控,加上股票市场占据了大量资金,而上海各钱庄"今年收束不比往年,今年十一月二十七日已将洋结价,以致市面倍觉暗中窘迫,各路来洋不能换银行使,银根愈形拮据,故无论大小,店家莫不大受暗亏于市面,今日几几乎有江河日下之势矣"⑥,因而上海银根日益紧张。银根紧,"则市面自疲……银洋不能通融,生意不能活动故也"⑦,于是流入股票市场的资金锐减,股票供大于求,各股无不跌价。据1883年2月21日《申报》所载,轮船招商局股票市价为150两(最高267两),仁和保险股票市价为69两(最高

---

① 《中西公司异同续说》,《申报》1883年12月31日。
② 34种中外股票:自来水、电气灯、长乐铜矿、济和保险、平泉铜矿、招商局、新造纸公司、旗昌蒲东栈码头、叭喇糖公司、仁和保险新股、鹤峰铜矿、中国玻璃粉股份、开平煤矿、织布、赛兰格点铜、公平缫丝、牛奶、上海保险公司、电报、顺德铜矿、驳船公司、三源公司、金州煤铁矿、火车糖、烟台缫丝、池州煤矿、沙岑开地公司、荆门铁矿、白土银矿、徐州煤铁矿、贵池煤铁矿、施宜铜矿、承德三山银矿、点铜。参见1882—1883年间《申报》所刊登股票市价表。
③ 《综论沪市情形》,《申报》1884年1月23日。
④ 《购买股分亦宜自慎说》,《申报》1882年9月2日。
⑤ 《论股票房两案宜立定章以清积牍》,《申报》1885年2月2日。
⑥ 《综论本年上海市面情形》,《申报》1883年1月30日。
⑦ 《论市面清淡之由》,《申报》1883年10月19日。

72.5两），开平煤矿股票市价为169两（最高240两），电报局股票市价为160.05两（最高205两），平泉铜矿股票市价为126两（最高257.5两），顺德铜矿股票市价为107.5两（最高112两）。一些股票跌到了面值以下，如金州煤矿市价为92.5两，其面值为100两；荆门煤铁矿市价为21.5两，其面值为25两；施宜铜矿市价为98两，其面值为100两（更多的数据详见附表2）。

上海股市的崩落，轮船招商局等公司企业深受其害。在轮船招商局生意畅旺时，管理者借贷购买招商局股票，及至1883年春，股价大跌，这些人又以股票向招商局押款，后无人取赎，所押股票成为招商局的沉重负担，给招商局的经营带来严重困难。上海机器织布局也遇到类似情况，股票风潮发生后，其原本百金之股，跌至十余两，股票抵押者"莫肯来赎"，织布局的筹建工作被迫陷入停顿，该局创办人之一的经元善每每提起此事，就觉"愧对同胞，心常恶劣"①。鹤峰铜矿"创办之初，商股踊跃，未及数月，沪上银根忽然艰涉，商人须用银两，请将股票存局，取回原本"，当时鹤峰铜矿"尚有存款"，遂决定"体恤商情，暂允所请"②，然而直到1885年，也没有股东来赎抵押的股票。③ 其他企业无不受到上海股市风潮的巨大冲击，"亏倒之行号店铺，日有所闻，讼案累累不能清结。其未至倒闭者，亦复竭蹶万分，左支右绌，时时以不能周转为虑，所以不即歇业者幸也"④。

（四）内因与外患

1. 华商股市自身的问题

对于股市风潮的原因，时人多认为是因股票买卖所致，所谓"今中国公司之所以有弊无利者，大都以股票相买卖，与钱庄卖空买空无异，故市面至于如此之疲敝耳"⑤，因此，他们认为"必须妥筹善法以绝其弊，然使仍旧买卖则弊终不绝，或者严禁代客买卖，凡欲退股者，仍以原票还之，公司期以一月或半月为之另招新户，给还原本，此外概无私相买卖之人，则一切刁滑之徒，无计可施，而股分市面不敢明目张胆，如从前空盘

---

① 虞和平：《经元善集》，华中师范大学出版社1988年版，第288页。
② 《湖北鹤峰矿务局（启事）》，《申报》1885年6月5、7、9日。
③ 《湖北鹤峰矿务局（启事）》，《申报》1885年6月5、7、9日。
④ 《湖北鹤峰矿务局（启事）》，《申报》1885年6月5、7、9日。
⑤ 《书某公整顿矿务疏后》，《申报》1884年5月13日。

之纷纷,且退归公司股票必不大涨落"①,有激进人士甚至认为:"欲使市面有所转机,莫如禁止此事,与买卖空盘一例同禁,庶事归实际而财不虚压。"②

时人有这样的观点,表明当时一般民众的认识水平有限,不了解通过股票融资是现代企业发展的必由之路,要发展现代企业,对于股票市场不能"堵",禁绝股票买卖,而应当采取"疏"的办法,用合理的制度来规范,使股票市场健康运行。而厘定合理的制度,政府责无旁贷。

19世纪80年代初上海股市的兴盛,为华商股份制企业的募股集资带来了极大的便利,催生了不少新式企业。然而清政府在解决华商股份制企业的筹资难题后,对股市并未持续关注,对股票交易市场更是采取完全放任态度,缺乏最基本的监管,任由投机蔓延。

股市是高风险市场,政府的职责是制定规则,严格监管,让优质企业发行股票,股市才可能健康发展。清末的情形是,不管任何人,只要找到一两个地方官牵头,打出官督商办的牌子,就可领到清政府颁发的执照,并无严格的审查手续,因为当时主政的洋务派官员李鸿章等认为,"……其官督商办,不请公项,以民间之本,取民间之利,而国家岁增税饷,亦可靳而不允哉"③。公司一旦成立,是否发行股票、股票发行的额度则由公司自定。这样一来,一些问题公司便得以成立。一公司初集,"数日之间招股已经满额,后至者无由得附股,则愿加价以购股票,一加再加,登时飞涨。而考其实,则不特所创之业绝无眉目,而且所集之股本,半归于总办经手之腰囊",开工遥遥无期,而且资本"每形耗折"④。

此次股市风潮反映出,在近代股票发行与交易市场已经出现的状况下,传统的清政府转型缓慢,未能发挥"近代政府"的应有作用,特别是在股票交易市场,监管全无,处于真空状态,缺乏最基本的制度与规范,这是19世纪80年代股市风潮爆发的重要原因。当时的有识之士对此亦有深刻见解:"兴利诸事,西国所重莫如矿物,今年纷纷开采而股分通行,买卖有如空盘,奸人谋利不计成败,而当事诸公又复假公营私,因之事无端绪而出入盈绌之间被累,商民几于全国震动。推原其故,则经事者

---

① 《论买卖股票之弊》,《申报》1883年11月1日。
② 《论市面清淡之由》,《申报》1883年10月19日。
③ 《股票问答》,《申报》1883年11月5日。
④ 《股分转机说》,《申报》1884年12月12日。

不知泰西办法，本国任意妄行而当道诸公又不深究厉害轻于允准，弊实至此。"①

在政府监管缺失的背景下，一些人便借公司之名，行骗财之实。主要是通过公司发行股票，以牟取暴利。其方法多样，比如：股票发行之初，仅在市场投放少量股票，并拉抬股价以"昂其值"，接着卖出"自匿大半"的股票，"值百金者，已多卖数十金"②，待股价自然跌落，又"贱价暗中收回"，"一出入间巨费中饱，如某公所谓事如不成，归还原本，此乃就外面而言，而不知精于牟利者，早已将本票收回，虽有退股之名，已无还银之事，不操戈矛而杀人，不待居积而骤富，古无其事，今见其人"③。有的则是借开矿为名，以招股为利，其"矿苗之旺盛与否犹未可知，而股票已遍行于沪上，指一矿地，延一矿师，乌有子虚，毫无实际，虽甚慧黠，亦多有受其欺而被其害者，卒至一败涂地，不可收拾而公司股分之法，遂不复行"④。

综上，华商股份制企业通过发行股票获得了启动资金，然而无序发展，盲目扩张，滥发股票，致使1883年中国股票史上第一次股市风潮爆发，反过来又伤及华商股份制企业自身。由史鉴今：股市是一把双刃剑，我们在利用股市进行融资的同时，必须加强对股市的监管，防止股市危机的爆发，而预防工作，一方面要靠政府严格监管，制定严格的股市准入制度，让真正的优质企业脱颖而出，融资发展；另一方面还要加强对投资者的教育，增强投资者的风险意识，避免盲目投资。由市场这只"看不见的手"和政府这只"看得见的手"共同呵护的股市，有理性投资者参与的股市，才能走得更长、走得更远。

2. 外商股市对资金的争夺

当时中国存在两个股票市场：外商股票市场和华商股票市场。对投资者而言，是多了一个投资选项，而对于华商股票市场而言，则多了一个竞争对手，外商股票市场和华商股票市场对资金的争夺，加剧了华商股市的波动和金融市场的动荡。1883年金融风暴发生之后，资金加速从华商股市撤离，涌入外商股市，一方面促使了外商股市的上扬，另一方面也加速了华商股市的快速回落。

---

① 《商船兴废论》，《申报》1884年8月14日。
② 《股票问答》，《申报》1883年11月5日。
③ 《书某公整顿矿务疏后》，《申报》1884年5月13日。
④ 《述沪上商务之获利者》，《申报》1889年10月9日。

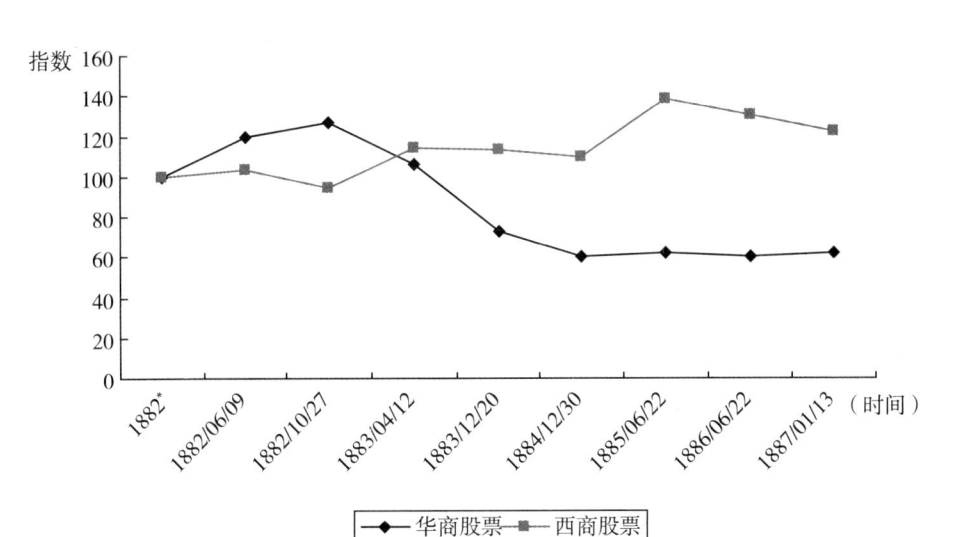

第三章 政府缺位：清末民间的股票交易市场 75

图3-2 华商与外商企业股票简单平均股价走势（1882—1887）

注：*表示月份缺失。

资料来源：William N. Goetzmann, Andrey D. Ukhov, and Ning Zhu, "China and the world financial markets 1870—1939：Modern lessons from historical globalization", Economic History Review, 2007, 60, 2. 转引自刘逖《上海证券交易所史》（1910—2010），上海人民出版社2010年版，第50页。

如图3-2所示，观察1882—1887年华商与外商企业股票简单平均股价走势，可以看到两个市场股价总体趋势呈现负向相关关系。从两个股票市场的股价总体趋势上看，从1882年3月开始至1882年10月27日，华商股市股价持续上涨，外商股市股价则处于下降通道，当1882年10月27日，华商股市股价处于最高位时，外商股市处于最低位；从1882年10月27日到1885年6月22日，当华商股市股价持续跌落，外商股市股价就处于上升通道，1885年6月22日，华商股市股价跌入低谷时，外商股市股价则处于最高位；1885年6月22日至1887年，当华商股市股价在低位趋稳，外商股市股价则虽然在持续下跌，但下跌幅度不大，依然处于高位。当时，中国资本市场刚刚起步，投资者有限，投入资本市场的资金也相对较少。综上所述，华商股市与外商股市具有明显的竞争关系，当资金涌向华商股市时，外商股市就下跌，但资金涌向外商股市时，华商股市就下跌，两个市场呈现出典型的"跷跷板"效应。不过，从整体运行态势看，新兴的华商股市波动较大，总体趋势向下，而外商股市波动较小且总体趋势向上。表明在华商股市与外商股市竞争中，总体而言，华商股市处于劣势，落后于相对成熟的外商股市。尤其是1885年以后直至20世纪初，上海证券市场已完全被外商股市所控制，上海证券市场中的交易，"仅限于外来股票，为西商所独占"①。

三 清末民间股票交易组织

（一）上海平准股票公司

19世纪70年代末80年代初，各种中外股票在上海大量上市，股票交易异常火爆，②其中自然不乏虚涨虚跌。《申报》对此亦有关注，认为此等虚涨虚跌行情，"积而久焉，其弊有不可胜言"，其解决方案是设立一个"平准股票公司"③。

在上述背景下，1882年10月24日，在上海股票交易处于高潮之时，上海平准股票公司宣告成立。④从该公司的章程看，其采用的是股份公司形式，资本金10万两。⑤担任公司董事者必须是"事理通达声望素著"之人，而日常事务则由"廉明勤慎"的正副执事负责。⑥而公司最主要的业务是代客买卖股票，从公司章程（18则）⑦看，上海平准股票公司制定了详细的交易规则：（1）代客买股票前，双方必须签订书面合同，约定买哪只股票，最高限价，以及买入时间；如果以信函委托公司代买股票，且与公司"素昧平生者"，必须先付1/10的定金。⑧（2）委托公司代卖股票，必须先将股票交于公司，并与公司签订合同，约定期限与价格，如果需要先取回部分银两，待股票售出结算时会按照押款收取利息。⑨

---

① 上海市档案馆编：《旧上海的证券交易所》，上海古籍出版社1992年版，第307页。
② 当时，"每创一局，数千号股分不旬日而已满，买股之人，甚为踊跃"，"除竞附股分而外，又以股分票互相买卖，其行情亦时有涨跌，逐日不同"。参见《论股票房两案宜立定章以清积牍》，《申报》1885年2月2日；《股价须知》，《申报》1882年6月9日。
③ 《上海平准股票公司叙》，《申报》1882年9月27日。
④ 陈善政：《我国证券市场之发展史》，转引自上海市档案馆编《旧上海的证券交易所》，上海古籍出版社1992年版，第395页。
⑤ 《接录平准公司章程一十八则》，《申报》1882年9月28日。
⑥ 上海平准股票公司章程第四条："公司公举事理通达声望素著者为董事，又公请廉明勤慎者两位为正副执事，常川驻扎，综理一切"。
⑦ 上海市档案馆编：《旧上海的证券交易所》，上海古籍出版社1992年版，第263—265页。
⑧ 上海平准股票公司章程第十条："门庄买票者欲买何项股票，订期限价，书立合同。定票如到期而照限兑进，毋得毁议。如远处函托素昧平生者，须先付定银一成。"
⑨ 公司章程第十一条："门庄卖票者须先将股票送到本公司，给与合同，收票订期限价代售，如欲先取几成银两，售出后照押款算息。"

第三章　政府缺位：清末民间的股票交易市场　77

（3）公司向股票买卖双方收取一定的中介费，其中一部分给经纪人，因为公司所扮演的是股票买卖中介角色，故股票涨跌与公司无关；①公司还规定，股票交易完成三个月之后，公司将履行协议，"扣还回用十成之二"②。

除此之外，该公司还有一些与股票买卖相关服务业务。如对在公司交易的"植基稳固"各上市公司股票，派出专人进行调查，并加盖戳印，"务使行情涨跌真实不虚"③。再如股票抵押业务，公司规定不仅押款要收取利息，而且限定期限为一个月，"期满不赎，照市出卖"，为了防止此项业务累积风险，公司特别强调要禁绝囤积股票，以"预防日后流弊"④。该业务也是上海平准股票公司仅有的两项资金运用业务之一，另一项资金运用业务是投资新创办的新式企业。

上海平准股票公司的主要业务是代客买卖股票，是一家以公司形式组织的股票自营商；同时也有学者认为它是"中国证券交易所的滥觞"⑤，根据是它有证券交易所的一些功能，比如每天发布股票价格行情信息，根据公司章程厘定股票交易秩序等；上海平准股票公司还办理股票抵押融资业务，公司给予抵押者一定的现金，仅收利息，具有银行或钱庄的特性；⑥对各新创办的近代企业进行投资，又有当代投资银行或投资公司的特征。所以，以当今的观点来看，它是一个混合经济组织。

从1882年10月27日起，上海平准股票公司开始在《申报》上刊登在该公司交易的股票价格，当日在该公司交易的股票共19只。1883年4月12日，已达30种。之后金融风潮影响，股票价格暴跌，股票交易日趋

---

① 公司章程第十二条："远处绅商如欲买进卖出，照上两条章程寄信前来，仅可代理，惟行情逐日不同，设或买进而隔日已跌、卖出而隔日又涨，各凭财运与本公司无咎。"
② 《接录平准公司章程一十八则》，《申报》1882年9月28日。
③ 公司章程第十三条："各项公司股票，凡植基稳固而由本公司过手者，均加戳印并专派爱友遍访各底细，务使行情涨跌真实不虚。"
④ 上海市档案馆编：《旧上海的证券交易所》，上海古籍出版社1992年版，第263—265页。
⑤ 中国人民银行总行金融历史研究室编：《近代中国的金融市场》，中国金融出版社1989年版，第430页。
⑥ 叶世昌依据《申报》资料认为，上海平准股票公司经营失败的主要原因是股票抵押。参见叶世昌《上海股市的第一次高潮和危机》，《复旦学报》（社会科学版）2008年第2期。

清淡，上海平准股票公司也销声匿迹了。①虽然上海平准股票公司在中国股票市场发展史上存在时间不长，但是，它的地位非常重要，因为它是华商股票首个公共交易场所，开创了华商股票公开交易之先河，②在我国股票交易的规范化发展方面做了有益的尝试。

（二）茶会时期

上海平准股票公司之后，上海又出现了一家从事股票买卖的自营商——公平易公司。从《申报》上刊登的广告看，1883年11月，公平易公司在做股票押款生意，其广告主要内容为"中外各矿务局及各公司股分单，欲抵押银两或买卖者诸公，请到抛球场后马路杨泰记巷公平易公司面议"③。而跟踪其在《申报》上刊登的广告，不难发现，从1884年4月27日开始，其广告内容出现了明显变化，公平易公司开始"买卖中外矿务及各公司股分票"④。表明公平易公司已经开始为股票买卖提供服务。

1885年6月22日，从《申报》登载的股票信息来看，在该公司上市交易的股票尚有25种，此后，迅速减少，至1886年年初，减少至12种。⑤1887年1月13日，是公平易公司最后一次在《申报》上刊登股市行情，其刊登的股票价格如表3-4所示。

表3-4　　　　公平易公司各股份价格（1887年1月13日）

股票名称	面值	市价
招商局新股	100两	59两
中国电报	100元	65元
织布局	100两	17.5两
平泉铜矿	105两	46两
开平煤矿	100两	49.5两

---

① 有学者认为上海平准股票公司在1883年上海股市风潮中倒闭了，但叶世昌依据《申报》资料提出上海平准股票公司并未立即倒闭，直到光绪十一年（1885）上半年还在勉强维持。参见叶世昌《上海股市的第一次高潮和危机》，《复旦学报》（社会科学版）2008年第2期。

② 邓华生：《旧上海的证券交易所》，载自《上海文史资料选辑》第60辑，上海人民出版社1988年版，第319页。

③ 《股份单交易》，《申报》1883年11月17日。

④ "远近诸君欲买卖中外矿务及各公司股分票者，即请至英大马路集贤里内敝公司经理人孙晴山面议"。参见《公平易买卖股票公司》，《申报》1884年4月27日。

⑤ 《十二月初二公平易股价》，《申报》1886年1月7日。

续表

股票名称	面值	市价
自来水老股	20 镑	29 镑
电气灯	100 两	3.5 两
赛兰格点铜	100 元	1.7 元
旗昌栈码头	100 两	98 两
叭喇糖公司	50 两	14.5 两
上海保险公司	—	23 两
沙岑开地公司	—	1.5 两

资料来源：《申报》光绪十二年十二月二十日（1887年1月17日）。

1895—1913年间，我国资本主义获得初步发展。这期间，我国的投资总额共达到11775.2万元，新开设的资本在1万元以上的工矿企业有706家，① 平均每年增加37家。与此同时，华商股票市场开始复苏，一些实力雄厚的公司股票也在这一时期上市，如以交通银行、中国银行为代表的银行股，以江浙铁路公司为代表的铁路股票，以大生纱厂为代表的著名企业股票。股票增加，股票流通渐广，于是出现了华商股票掮客，他们人数不多，股票交易是副业，他们的主营业务是皮货、古董、杂货、茶等，或者本就是钱商。②

起初，股票数量少，无人问津，交易清淡，也没有固定的场所。后来，股票品种增多，优质股票引发众人关注。股票交易价格需要买卖双方协商，而在人员比较集中的茶馆既可以喝茶品茗，又可以洽谈股票交易，因此茶馆成为股票买卖双方易于接受的洽谈场所，逐步在商圈中固定下来，相沿成习，名曰"茶会"，无人管理，自由交易，类似松散的股票掮客组织。1910年茶会设于"荟芳楼"③，位于繁华的南京路上，但此时来茶会做股票交易的人很少。④ 中华民国建立之后，情况逐步好转，1913年

---

① 吴承明：《中国资本主义发展史》第2卷，人民出版社1990年版，第680页。
② 杨荫溥：《中国交易所论》，商务印书馆1932年版，第132页。
③ 据刘逖考证，荟芳楼共有惠芳茶楼、惠芳茶馆、慧芳茶楼、荟芳茶楼四种说法，根据《上海商业名录》记载，荟芳楼则更为可信。参见刘逖《上海证券交易所史》（1910—2010），上海人民出版社2010年版，第65页。
④ 最初来茶会的只有何世葆、周韶笙、吴川如、孙子瑜、方鹊臣、王向梅等商人。参见邓华生《旧上海的证券交易所》，《上海文史资料选辑》第60辑，第320页。

迁至四马路大兴街口。①茶会发展出了一套约定俗成的交易规则，股票交易在上午即已完成，均为现货交易，价格由双方商定，下午则拜会客户，延揽生意。交易标的多为轮船招商局、大生纱厂等著名企业的股票，江苏铁路公司、浙江铁路公司、粤汉及川汉铁路公司等铁路公司股票等。②

第二节　1883—1911 年的洋股市场

一　上海股份公所

　　1883 年上海金融风潮爆发后，许多华商公司股票一蹶不振，外商公司股票所受打击相对较小，股市行情很快回暖。上海股份公所就是在此背景下创办的"以买卖各国股票为其专业"的机构，实际上是股票捐客公会，③ 类似于现代的证券交易机构，名曰"上海股份公所"④。它是中国第一个证券交易所，但并不是中国人创办的，而是由欧美商人建立的。此后数年，股票市场总体平顺，未出现大的金融风潮，偶尔有暴涨暴跌情形，"然其影响甚小，无足为患"⑤。19 世纪末，在该公司上市的外国公司股票有 24 种之多。上海股份公所实行会员制，无额定资本。上海股份公所章程规定，会员需缴纳入会费和常年费，"专备印刷册件及租赁房屋等用途"⑥。起初费用低廉，每个会员缴纳入会费仅 25 元，常年费 10 元；1898 年，修改为常年费每人增至 30 元，入会费改为 30 元，后骤增至 300 元。当时的佣金标准定为 1%，但会员必须先注册，才有资格参与买卖股票。

---

① 奇良：《上海话说证券交易所概况》，《20 世纪上海文史资料文库》（5）"财政金融"，上海书店 1999 年版，282 页。
② 龚彦孙：《民国初期上海的证券交易》，《民国春秋》1992 年第 6 期。
③ 各捐客"为谋本业前途之发展计，联络同业，组织一会"。参见更生《上海西商证券交易所之略史》，《银行周报》第 3 卷第 24 号，1919 年 9 月 16 日，第 38—39 页。
④ 其英文名为"Shanghai Sharebrokers' Association"。参见陈善政《我国证券市场之发展史》，上海市档案馆编《旧上海的证券交易所》，上海古籍出版社 1992 年版，第 393 页。
⑤ 更生：《上海西商证券交易所之略史》，《银行周报》第 3 卷第 24 号，1919 年 9 月 16 日，第 38—39 页。
⑥ 更生：《上海西商证券交易所之略史》，《银行周报》第 3 卷第 24 号，1919 年 9 月 16 日，第 38—39 页。

1903年，该所外籍会员克莱登、白杰明等提议，以上海股份公所为基础，组建一个证券交易所，获得多数会员的认同。后经反复磋商，1905年，上海股份公所遵循香港股份公司条例规定，改组为"The Shanghai Stock Exchange"，意即上海证券交易所，[①] 在香港正式注册，[②] 华人称上海众业公所。这是上海首家按照近代公司法要求设立的证券交易所。因该所由欧美人所创建、主导，华商会员人数始终较少。起初，会员人数额定为100名，其中华人会员仅13人；[③] 1935年，会员人数变更为98名，而华人会员更减少至9人，外籍会员却增至89人。[④] 著名的华商会员有蔡慕贞、袁扎初、俞开龄等。[⑤] 该所主要交易偏于洋商股票及橡皮股票两种，此外还交易在华洋商公司债券和中国政府发行的金币公债等。[⑥]

1883年上海金融风暴之后，至1912年中华民国建立之前，上海外商股票市场综合指数走势如图3-3所示。1883年开始，上海外商股票市场综合指数迅速蹿升，上涨了约5倍，此后略有回调，但仍维持在200点左右的高位，直到1889年，指数开始下跌，1893年跌至100点左右，1893—1900年指数略有起伏，在100—150点之间徘徊，1901年《辛丑条约》签订之后指数开始上涨，尤其是上海众业公所成立之后，至1906年涨至290左右的高点，直到1909年指数又开始下跌，紧接着1910年便爆发了橡胶股票风潮。

二 橡胶股票风潮

1910年，上海爆发橡胶股票风潮，[⑦] 并引发了一场金融危机，这次风潮过后，外国资本家们从中国攫取了白银约2000万两。此次风潮影响面之广，延续时间之长，史上罕见。关于上海橡胶股票风潮的研究成果不少，但一些基本史实依然说法不一，本书依据1910年前后《时报》《申

[①] 上海市年鉴委员会编：1935年《上海市年鉴·商业》，上海市通志馆，1935年，第38页。
[②] 杨荫溥：《中国交易所论》，商务印书馆1932年版，第37页。
[③] 陈善政：《我国证券市场之发展史》，转引自上海市档案馆编《旧上海的证券交易所》，第394页。
[④] 章乃器：《货币金融所反映出来的中国社会》，《中山文化教育馆季刊》第2卷第1期。
[⑤] 邓华生：《旧上海的证券交易》，《上海文史资料选辑》第60辑，第322页。
[⑥] 冯子明：《民元来上海之交易所》，载朱斯煌编《民国经济史》上册，第153页。
[⑦] 时人把橡胶称为橡皮，故称"橡皮股票风潮"，而后人多称之为"橡胶股票风潮"。

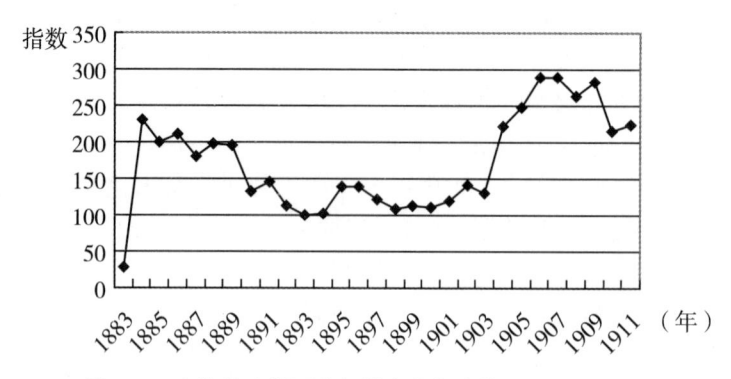

82　近代华商股票市场制度与实践（1872—1937）

图 3-3　上海外商股票市场综合指数走势（1883—1911）

资料来源：Wenzhong Fan, 2005, "Construction Methods for the Shanghai Stock Exchange Indexes: 1870 - 1940", Working Paper, International Center for Finance, Yale School of Management. 转引自刘逖《上海证券交易所史》（1910—2010），上海人民出版社 2010 年版，第 303—304 页。

报》《北华捷报》的报道，试图按照时间顺序还原上海橡胶股票风潮发生的过程。对于橡胶股票风潮的成因，学界也众说纷纭，有的归因于外国橡胶股票公司的欺骗，有的归因于外国银行的停止押款，有的归因于中外投机者的疯狂，有的认为是上述因素综合作用的结果，① 笔者通过查阅相关史料，从制度角度检视橡胶股票风潮的成因，给出了一些新的解释。

（一）橡胶股票风潮始末

20 世纪初，新式交通工具快速发展，尤其是汽车、自行车等交通工具对橡胶的需求量增大，而橡胶树的生长周期较长，橡胶产量有限，出现了供不应求的局面，因此，吸引了不少公司投资于橡胶产业，并通过发行橡胶股票融资。至 1908 年，上海市面上的橡胶股票主要有：Lakeg 股票、Senawang 股票、Tebong 股票、Perak 股票、Kalumpong 股票等，但此时，橡胶股票并未出现整体异动，有的橡胶公司甚至仍募股困难，如 1908 年 6 月，Senawang Rubber Estates Co., Ld. 决定发行 1250 股新股，每股 100 两，先付 10 两，直到 1909 年 1 月，仅募集到 382 股。②

1909 年开始，伦敦市场上的橡胶价格迅猛上涨，同年年底，每磅橡

---

① 参见张国辉《20 世纪初期的钱庄和票号》，《中国经济史研究》1986 年第 1 期；闵杰：《"橡皮股票风潮"始末》，《中国金融家》2004 年第 11 期；张秀莉：《橡皮股票风潮再研究》，《社会科学》2009 年第 4 期；叶世昌：《创设蓝格志公司的麦边考》，《中国钱币》2015 年第 4 期。

② 《北华捷报》1910 年 10 月 7 日，第 39—40 页。

第三章 政府缺位：清末民间的股票交易市场

胶已涨至153便士，相比1908年的价格整整翻了5倍，由此也带动了橡胶股票价格的飙升。南洋橡胶资源的投资者蜂拥而至，到1910年年初，在当地设立的公司已达122家。① 上海虽然远离南洋各地，但南洋各地华侨众多，与国内联系紧密，金融市场也出现了躁动。首先是对国际橡胶价格比较熟悉的外国银行的介入，如花旗银行、汇丰银行、麦加利银行等，同意橡胶股票可以在银行押款。外国银行对橡胶股票的认可，进一步刺激了橡胶股票价格的上涨，同时押款资金又继续回流到股票市场，进一步抬高了股票价格。上海的钱庄、银号效仿外国银行做法，亦开展橡胶股票押款业务。在社会各界普遍看好橡胶股票的情形之下，其涨势更是无法遏制。其中，兰格志股票价格最高达每股1625两，Senawang股票最高达每股1675两。1910年1—7月，每月都至少有几种橡胶股票在上海上市交易，招股广告在上海各大报纸都可以看到。据《泰晤士报》估计，设于上海的南洋橡胶公司有40余家，额定资本合计2500万两。② 1910年7月，国际橡胶投机出现转折，伦敦橡胶股票难以为继，盛极而衰，股价暴跌，上海橡胶股票价格跟跌，而购买上海橡胶股票的主要是华人，损失惨重。而一些提前抛售股票的外国冒险家和商人获利丰厚，掠去的银款车载斗装。

橡胶风潮发生后，上海少数橡胶公司直接倒闭。如志摩合众橡树地产公司，Kalumpong公司等。③ 多数公司仍继续营业，但普遍面临资金难题，还要面对股东的抱怨，一般民众更是避之不及。为维持生存，公司不得不节约开支，努力增加产品收益。尽管如此，至1912年，上海所有的橡胶股票已跌至票面价值以下。④

（二）原因探析

关于橡胶股票风潮的成因可谓众说纷纭，莫衷一是。从制度角度检视，依据文献资料，笔者认为列强强迫清政府签订的不平等条约及其引起

---

① 《广告》，《时报》1910年4月3日。
② 《泰晤士报》：《论橡皮种植会》，载《时报》1910年6月17日。还有一说，华商在橡皮股票交易中，投入上海市场的资金有2600万—3000万两之多，投入伦敦市场约为1400万两，两者合计4000万—4500万两。参见汪敬虞主编《中国近代经济史》，人民出版社2000年版，第2184页。
③ 《北华捷报》1911年4月15日，第159页；1911年4月29日，第293页。
④ 《申报》1910年7月29日、9月2日、9月8日、9月17日、9月21日、9月22日、9月24日、9月27日；《北华捷报》1912年7月6日、7月27日。详见张秀莉《橡皮股票风潮再研究》，《社会科学》2009年第4期。

的连锁反应才是致使橡胶股票风潮爆发的最重要的深层次原因。

1. 不平等条约规定：中国人买卖外商股票合法

鸦片战争之后，西方股份制企业及其股票开始登陆中国，最初的外商股票交易及华商附股行为，均未获得清政府的正式许可，故此阶段的外商股票发行与交易事实上都是非法的。1901年《辛丑条约》签订，列强通过这一不平等条约，获得了在华"修订商约、扩大通商特权"的权利。1902年英国援引这一权利，正式提出中国应引入公司法等西式商事法律制度，并于同年9月5日与清政府签订了《中英续议通商行船条约》。①

这一不平等条约签订后，因为列强享有所谓"一体均沾"特权，结果是相关列强的股份制公司都取得了在中国合法发行股票的权利，中国人亦可合法买卖外国公司股票，换言之，上述不平等条约签订后，橡胶股票公司可以合法发行股票，并获得了大量潜在的合法中国投资者，而中国投资者所面对的又是一个几乎没有监管的股票投机市场，在此市场环境下，橡胶股票风潮可谓一触即发，只是时间早晚而已。橡胶股票风潮之后，据上海商务总会估计，在上海发行的橡胶股票，80%为华人所购买，②而华人投资者多为股市新手，盲从跟风又缺乏足够的风险意识是其典型特征，亏赔累累是大概率事件。

2. 监管缺失：外国橡胶公司与中外投机客肆意妄为

从1908年起，国际市场橡胶紧缺，价格暴涨。外商洋行纷纷在上海组建新的橡胶公司，公司数量一度达到40余家，③据学者研究测算，其额定资本也比较庞大，合计2600万—3000万两。④橡胶公司的数量增长很快，但公司的质量实际上是参差不齐的，有的已经栽上树苗等待出胶，有的刚刚购买土地准备作地产交易，有的"只在新加坡圈定地皮，未种橡树"，有的"竟只有一块空招牌而已"⑤。这些橡胶公司创办历程有不少

---

① 王铁崖编：《中外旧约章汇编》第二册，生活·读书·新知三联书店1959年版，第108页。
② 《总商会集议挽救市面事补录》，《时报》1910年10月12日。
③ 《泰晤士报》：《论橡皮种植会》，载《时报》1910年6月17日。
④ 还有一说，日本东亚同文会的调查报告认为，橡胶股票的投资总额约为6000万两，其中，中国人的投资额占70%—80%。参见《上海市场的恐慌》，《支那调查报告书》第1卷第9号。
⑤ 陈善政：《我国证券市场之发展史》，上海市档案馆编《旧上海的证券交易所》，第394页。

相似之处，它们多由位于上海的洋行经营管理，账户则开设于上海的知名外国银行。例如，公益洋行管理志摩合众橡树地产有限公司，公司账户开设于德华银行。① 汇通洋行管理爪哇橡树地产有限公司，公司账户开设于麦加利银行。② 这些橡胶公司在上海筹资方式，也基本相同，都由上海洋行具体经办和代售股票。他们大做广告，捏造经营事实；又以每季发放股息相诱，抬高所发股票的市场价格，造成橡胶股票持续上涨的局面。

当大批外国招股者涌入上海之际，中国的一些商人、买办、官僚、地主及"在华之勤苦西人"等，"以其利厚，倾囊争购"③，并不了解当时的国际投资早已演变为投机。后来"臭名昭著"的设立较早的蓝格志橡胶公司，至1910年3月底，投机客大幅拉升股价，股价一度被爆炒至票面价27—28倍之多④；还有不少的设立较晚的橡胶公司股票也备受推崇，股价扶摇直上，超过票面五六倍甚至于十几倍。

对上述橡胶股票的各种虚假宣传、投机行为，清政府却无所作为，任由外国橡胶公司与中外投机客肆意妄为。一方面是腐朽的清政府对股票市场监管缺乏基本的认识；另一方面，根据1902年《中英续议通商行船条约》，清政府处理英民华民股票诉讼问题，须遵照英国股份公司章程和英国公堂解释该章程办法。也就是说，即便是清政府在股市监管方面有足够的认识，但在这样一个不平等条约框架下，其自主权事实上也极其有限，也无法对在上海的外国股票市场进行必要的有效监管。

3. 落井下石：外国银行资金突然收紧

1910年7月，伦敦橡胶股票出现暴跌，迅速波及上海。原来参与橡胶股票押款的外商银行快速做出反应，停止接受股票抵押，不仅如此，这些银行为减少损失，宣布追索之前所做股票抵押放款。国际国内橡胶股票形势急转直下，一时间股票价格猛跌，"一落千丈，视同废纸"⑤，橡胶股票风潮被引爆。

此次风潮中，华人到底购买了多少橡胶股票呢？据当时的日本人研究统计，上海市场的金额为4200万—4800万两；另据当时上海报纸《北华

---

① 《志摩合众橡树地产有限公司节略》，《时报》1910年5月5日。
② 《英国爪哇橡树地产有限公司章程》，《新闻报》1910年4月8日。
③ 中国人民银行上海市分行编：《上海钱庄史料》，上海人民出版社1960年版，第75页。
④ 1903年，蓝格志（Lankets）拓殖公司在上海成立，以经营橡胶园、采伐木材以及采掘煤和石油等为主要业务。
⑤ 中国人民银行上海市分行编：《上海钱庄史料》，上海人民出版社1960年版，第75页。

捷报》的估计，伦敦市场的金额约 1400 万两，两者合计在 5600 万—6200 万两之间。① 而此次风潮中，这些橡胶股票额定资本约为 2500 万两，股民八成为华人，测算下来华人投资额度至少约 2000 万两。考虑到多数股票持续上涨，不少股票票面价格已低于交易价格数倍的现实，② 那么，华人的投资额度应是远超 2000 万两。不仅如此，橡胶股票风潮的扩散，直接波及上海钱庄，导致钱庄倒闭风潮及金融恐慌。那些开展股票押款业务的钱庄，更是首当其冲，正元、谦余等钱庄应声而倒，被称为上海钱庄的第一次倒闭风潮。上海道台蔡乃煌认为形势紧急，于 1910 年 7 月 18 日连夜向两江总督张人骏禀告，并建议向外商银行借钱。获准后，橡胶股票风潮得以缓解，但之后，又因庚子催款事件，导致以源丰润等为代表的第二次钱庄倒闭风潮和以义善源为代表的第三次钱庄倒闭风潮接连发生，橡胶股票风潮的影响急剧扩大，金融市面发生极大的恐慌，对上海的经济造成了严重影响。为了平息事态，清政府不得不两次同汇丰、麦加利等外商银行订立"维持上海市面借款"合同，共计借款 650 万两。③ 这样，自然进一步加深了清政府对外国银行的依赖。

综上所述，上海橡胶股票风潮的破坏性，在金融史上是极为罕见的。其成因众说纷纭，从制度的角度看，列强强迫清政府签订的不平等条约及其引发的连锁反应，致使外商股票在中国可以合法买卖、外国橡胶公司与中外投机客肆意妄为、清政府股市监管缺失以及外国银行资金突然收紧等多因素共振，合力促成了橡胶股票风潮的爆发。

---

① 上海的投资额见《通商汇纂》明治 44 年第 22 号，伦敦的投资额见《北华捷报》1910 年 9 月 23 日。
② 例如：1910 年 2 月 19 日，地傍橡树公司股票在上海股份公所的开盘价为 25 两，到 4 月 6 日，相隔一月有余，即涨至 50 两。见《时报》1910 年 2 月 20 日、1910 年 4 月 7 日。
③ 陈旭麓、魏建猷等主编：《中国近代史词典》，上海辞书出版社 1982 年版，第 747 页。

第四章 1937年前华商股市的律法与实践

股票市场包括股票发行市场与股票交易市场两部分，股市立法亦区分为股票发行立法和股票交易立法。1937年前，有关股票发行的主要法律依次为：《公司律》（1904）、《公司条例》（1914）、《公司法》（1929）；股票交易的主要法律有：《证券交易所法》（1914）、1929年国民政府工商部颁布的《交易所法》及其施行细则和1935年国民政府实业部颁行的《修正交易所法》《交易所交易税条例》等。它们共同构成了抗战前华商股市的法律体系。

第一节 《公司律》到《公司法》：近代华商股票发行制度与实践

近代中国，没有股票发行的专门法，股票发行只能依据公司法。至1931年抗日战争爆发，涉及中国股票发行的主要法律依次为：《公司律》（1904）、《公司条例》（1914）、《公司法》（1929）。因此，研究近代公司规制或近代证券法制均有可能会涉及近代中国股票发行制度，[①] 如张忠民、李玉、江眺对近代公司制度的研究，[②] 李本森、王志华、刘志英等关

---

① 如前文所述，近代中国并无专门的证券发行或证券交易的法律，仅有《证券交易所法》（1914）、《交易所法》（1929）、《修正交易所法》（1935）等交易所法律，用于规范交易所运行。故上述关于近代中国证券立法研究中"证券法"之称呼，均为"以今例古"之说。

② 参见张忠民《艰难的变迁——近代中国公司制度研究》，上海社会科学院出版社2002年版；李玉《晚清公司制度建设研究》，人民出版社2002年版；江眺《公司法：政府权力与商人利益的博弈》，博士学位论文，中国政法大学，2005年。

于近代证券法制的研究,① 对公司股票发行条款均有涉猎。综合来看,上述学者主要关注的是近代公司规制与影响、证券的法制进程等,而近代中国股票发行制度研究方面尚无专题论文。鉴于此,笔者拟在前贤研究的基础上,以近代公司法的演进为线索,从近代中国股票发行制度与实践互动的角度,对近代中国股票发行制度的引进与实践、本土化及其影响略作探讨,以加深学界对于近代中国社会经济制度变迁与制度实践关系的认识。

一 《公司律》:近代中国股票发行制度的引进

(一)《公司律》出台的背景

晚清《公司律》颁行之前,没有近代的民商法,更没有专门的公司法。清廷适用的《大清律例》,为清初所订立,且"诸法合体,民刑不分"②。19世纪70年代初开始,不论是具有官方背景的新兴洋务企业还是其他普通中外公司,其能否设立权在清廷中央,在此之前,这些公司还必须请求地方衙门和中央官署代为呈报申请材料,颇为不易;而申办公司时,没有"统一之法律"可资借鉴,至于公司最终能否开办,全依上意。最终被批准设立的公司,其创立及经营所依据的只能是:"交涉之约章也,立案之合同也,试办之奏咨也,批准之章程也";至于公司创立后的监督管理,"亦未尝有完全之办法"③。每一新公司产生,就有一新章程,是该公司运营的准则,该准则仅适用于该公司,并无普遍约束力。股份公司一旦获准成立,即可发行股票,股票发行的数量、面额等均无法律规定。可见,在中国近代之初的几十年中,中外公司的创立及股票发行,并无相关的法律可供参考。因为无法可依,那些在中国境内的外国公司,清政府也"无法"对它们进行有效的管制。它们或注册于本国国内,或注册于香港,④ 虽在中国境内运营,依据的却是其他主权国家或地区的公司法,享有治外法权。因为没有公司法,中国的各类公司缺乏相应的法律保护;公司的运营也很不规范,股东会、董事会名不副实;公司也无法履行近代

---

① 参见李本森《中国近现代证券立法的特点及启示》,《法学》1996年第3期;王志华:《中国近代证券法律制度研究》,博士学位论文,中国政法大学,2003年;刘志英:《近代上海华商证券市场研究》,学林出版社2004年版。
② 陈金钊编:《法理学》,北京大学出版社2002年版,第518页。
③ 姚成瀚:《公司条例释义》,商务印书馆1914年版,第4页。
④ 1865年,港英当局颁行了《公司组织法》,一些英商公司便将香港作为公司注册地的又一选择。注册于香港的公司,在中国影响较大的有上海自来火公司、汇丰银行、公和祥码头有限公司等。

法律意义上的责任,与传统企业最大的区别仅仅是资本筹集方式不同而已。

中日甲午战争以后,官办、官督商办企业日益败落,而"实业救国"呼声高涨,清政府也颇为重视,商办企业进入一个快速发展时期。具体发展情况参见表4-1。

表4-1　　　　历年商办工矿企业(1878—1903)

年份	商办企业家数	资本额(万元)
1878	1	70
1879	4	134
1881	2	35
1882	5	692
1883	3	206
1884	4	561
1885	1	30
1886	7	766
1887	6	666
1888	10	780
1889	8	459
1890	9	763
1891	8	623
1892	10	1644
1893	13	1105
1894	12	2087
1895	29	3571
1896	17	1802
1897	17	4170
1898	28	5684
1899	28	4169
1900	8	873
1901	9	574
1902	27	4188
1903	13	4888
合计	279	40540

资料来源:据杜恂诚《民族资本主义与旧中国政府(1840—1937)》第33页表改制。

从表 4-1 统计来看，截至 1903 年，国内共设立过的商办企业，总资本约 40540 万元。① 通过统计对比，我们发现，1878—1894 年，这 17 年间清末商办工矿企业共有 103 家，资本额总计为 10621 万元，而 1895—1903 年，短短 9 年时间，清末商办工矿企业共有 176 家，资本总额达到 29919 万元，商办企业数、资本总额均有大幅增加。

商办公司日益增多，亟须公司法来保障交易安全，协调投融资各方的利益。否则，投资者会有强烈的不安全感。如上海机器织布局招集商股时，时人虑及当时的近代法律缺失状况，曾质疑道，中国"尚无商律，亦无宪法"，这样的法制环境，再加之又处于皇权专制的国家中，"各股东无如之何"②? 没有公司法的约束，公司集股过程中欺诈现象也较为严重。张之洞曾一针见血地指出，"招集股份，竟有诳骗，事未办成，资已用罄，遂至人人畏避。公司难集，商务莫兴，实缘于此"③。同时，商事纠纷日繁，也须有国家法律的调整，否则会影响公司招股集资，陈炽曾感慨道："前此矿务诸公司亏闭卷逃，有股诸人控管不准，而此后招股一事，通国视为畏途。虽苦口婆心，无人肯应者，只此故耳。商律之法良意美，其他不必言，即以控欠不追、无罪受罚二事论之，中国商人之屈抑何如乎?"④ 总之，出台公司法，规范公司发展已经迫在眉睫。

一些清朝官员主张早定商律。盛宣怀认为，国内既无商学，又无商律。没有商学，缺乏商业方面的专门研究，结果是"识力不能及远"；而没有商律，会导致"办事无所依据"。在此情形下，通商口岸华商与洋商争讼，华商常常吃亏，转而依附洋商，甚至于假冒洋商，所以他呈请"酌定商务律例"⑤，他认为有了商律，华商依附洋商之弊可以革除，同时华商的商务活动也有章可循，不致于被胥吏所愚弄。张之洞指出，厘定商律，公司才会增多。他认为，华商集股难，重要原因在于没有商律，无法给股东以法律保障，而在西方国家集股较为容易，正是因为他们的商律精

---

① 杜恂诚：《民族资本主义与旧中国政府（1840—1937）》，上海社会科学院出版社 1991 年版，第 33 页。参见徐鼎新、钱小明《上海总商会史（1902—1929）》，上海社会科学院出版社 1991 年版，第 23—24 页。

② 郑观应：《致盛宣怀论招商办电报书》，《盛世危言后编》卷 12，第 4 页。

③ 赵靖、易梦虹：《中国近代经济思想史资料选集》中册，中华书局 1982 年版，第 389 页。

④ 陈炽：《续富国策》卷 4《创立商部说》。

⑤ 《愚斋存稿》卷三。

密，且"官民共守"①。光绪二十七年八月，张之洞、刘坤一在会奏时再次提出应早定商律。

(二)《公司律》与股票发行的准则化

《辛丑条约》签订后，中华民族危机空前加重。清政府不得不改弦更张，光绪皇帝颁布上谕，提出要仿照欧西，实行宪政改革，任沈家本为修律大臣，参考各国法律，全面修法。② 1903 年，光绪皇帝又颁布上谕，提出要"先订商律，作为则例"，等到商律编成之后，即可以"特简大员，开办商部"③。然而数月后，修律之事尚无眉目，光绪帝就发谕旨宣布商部正式成立。④ 商部秉承光绪帝旨意，认为"公司条例亟应先为妥订"，理由是有了公司条例，商部遇事可以依法办理，商人亦有法可依，遂"赶速先期拟（定）商律之公司一门"⑤。

1904 年 1 月 21 日，经过不到半年的立法准备，清政府便颁行了《钦定大清商律·公司律》，⑥ 这是中国近代第一部公司法。《公司律》共 11 节，总计 131 条。涉及公司从创立到停闭等各个环节，⑦ 从《公司律》的内容看，该律规定的公司类别有四种，实际上对"合资公司""合资有限公司"这两类公司，没有规定具体的条款，"大都条目空存，条文不具，无从遵守"⑧。该律从第二节开始直至第十一节，主要是关于"股份公司""股份有限公司"的相关条款，所以从主要内容和结构框架看，《公司律》明显是有所倚重的，它看上去更像是一部股份公司法。参照图 4-1，更加明了。

《公司律》亦是中国近代第一部涉及股票发行的法律，其中股票发行

---

① 《张文襄公全集》卷二百零三，见《洋务运动》，第 325 页。
② 欲将"一切现行律例按照交涉情形，参酌各国法律，悉心考订，务期中外通行，有裨治理"。参见王铁崖编《中外旧约章汇编》第二册，生活·读书·新知三联书店 1962 年版，第 109 页。
③ 朱寿朋编：《光绪朝东华录》（五），中华书局 1958 版，总第 5013—5014 页。
④ 朱寿朋编：《光绪朝东华录》（五），中华书局 1958 版，总第 5063 页。
⑤ 朱寿朋编：《光绪朝东华录》（五），中华书局 1958 版，总第 5132 页；《大清光绪新法令》第十类，"实业"，第 1 页。
⑥ 《公司律》的法条，参见《大清光绪新法令》第十类，"实业"，第 1—11 页。
⑦ 第一节，公司分类及创办呈报法；第二节，股份；第三节，股东权利各事宜；第四节，董事；第五节，查账人；第六节，董事会议；第七节，众股东会议；第八节，账目；第九节更改公司章程；第十节，停闭；第十一节，罚则。
⑧ 张家镇：《中国商事习惯与商事立法理由书》，中国政法大学出版社 2003 年版，第 93 页。

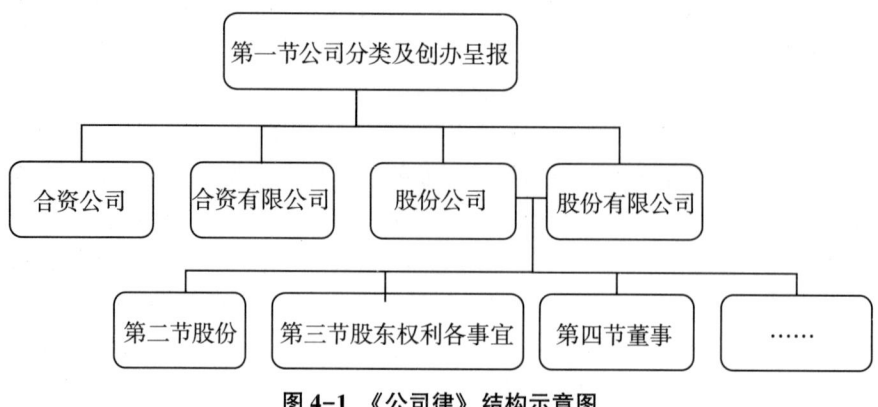

图 4-1 《公司律》结构示意图

的法条可归纳如下：

（1）关于股份公司设立的规定。《公司律》第二条规定设立公司必须到商部注册，同时还须呈报商部备案的有"创办公司之合同、规条、章程等"。《公司律》第十一条又对股份公司创办人订立合同应载明事项作了具体要求：合同中应记载公司的名号、所作贸易、资本若干、总共股份若干及每股银若干、创办人每人所认股数、总号设立地方（如有分号一并列入）、公司设立后布告股东或众人之法均须声明、创办人的姓名地址等，并在第十二条规定这些内容必须提前十五天呈报商部注册，方准开办。《公司律》关于股份公司创办集资营业者的人数亦有明确规定，必须是七人或七人以上，如果创办的是股份有限公司还须声明资本若干，以此为限等。上述条款终结了清末以来中国公司创立无法可依的窘境，并使公司设立及股票发行由审核制过渡到注册制，为中国近代股票发行的准则化奠定了良好的基础。

（2）关于股份公司股票发行的规定。《公司律》规定公司必须呈报商部注册"方能刊发股票，违者股票作废"①，"未经注册先行开办"或"不依期呈报商部注册"或"未经注册先发股票"，均要处以 5—500 元不等的罚款，②"公司股票必须董事签押加盖公司图记为凭，依次编号"③，否则也会处以 5—500 元不等的罚款。④ 同时必须遵照第二十一条声明内

---

① 《公司律》第二十七条。
② 《公司律》第一百二十六条。
③ 《公司律》第二十八条。
④ 《公司律》第一百二十六条。

容办理，其声明内容包括公司名号、公司设立的年月日及地方、公司所作贸易、公司总共股份若干及每股银数若干、每股已交银若干等。表明股份公司在商部注册已经成为公司股票发行的前提，[1] 而股份公司注册相关信息，事实上也限定了其股票发行数额。

《公司律》对股份公司发行股票信息披露作了要求。《公司律》要求股份公司招股前不论是有限公司还是无限公司，都必须"刊发知单，并登报布告众人"，所列内容如下："公司名号；公司设立地方；创办人姓名、住址；公司作何贸易，所作贸易大概情形；创办人有无别的或他人应许之利益；公司招募股份总额，每股银数，现招股数及分期缴纳股款数；股银收取之地；创办人为所设公司先与他人订立有关银钱之合同之类。"[2]《公司律》对每股银数亦有详细规定，要求股份公司每股银数"必须划一，不得参差"，每股股款可以分期缴纳，但"每股银数至少以五圆为限"，并且"每一股不得析为数份"[3]。

《公司律》对股银的交付也有明确规定。《公司律》规定附股人应按照格式填写公司入股单及签押，必须将入股单送交公司指定收单地方，然后依期缴纳股银即可；[4] 附股人到期不缴股银，创办人应通知该附股人限期半月，逾期不缴，可将所认股数另招人接受；[5] 附股人不能以公司所欠之款抵作股银。[6]

上述《公司律》法律条款涉及股份公司股票发行、信息披露、股金交付等，条文虽然相对简单，但有开创之功，它使得近代中国股票发行终于有法可依。

（3）关于股份公司增加股本的规定。《公司律》规定公司增加股本，属公司创办合同或公司章程更改，必须由股东会议议定，并于定议后十五日呈报商部。[7] 公司增加股本，其新股票因涨价所得之利应归公司；公司欲增加股本，必须众股东将原定每股银两缴足之后，方能举办。[8]

1904年的《公司律》首次在中国确立了公司股票发行的基本规范，

---

[1] 郑爱谞：《公司法释义》，民国世界书局刊本复印本，第92—93页。
[2] 《公司律》第十六条。
[3] 《公司律》第二十四至二十六条。
[4] 《公司律》第三十四条。
[5] 《公司律》第四十条。
[6] 《公司律》第三十六条。
[7] 《公司律》第一百一十四、一百一十六条。
[8] 《公司律》第一百一十七、一百一十八条。

标志着股份制法律地位在中国的确立。① 它不仅在中国经济法制史上具有特殊地位，而且对晚清社会经济产生了重要影响。后来发起重修《公司律》的上海预备立宪公会人士亦承认：该律"椎轮筚路，阙功至巨"②。

颁行《公司律》，清政府也有很强的功利性，急功近利致使《公司律》法条被"全盘西化"。鸦片战争以后，外国列强攫取了治外法权，严重践踏了中国的司法主权，为国人所痛恨。1902年9月，中英签署《中英续议通商行船条约》，英国可以有条件地放弃治外法权，其条件是中国必须整顿好律法，致使"中国律例情形及其审判办法，及一切相关事宜皆臻妥善"，达到此条件，英国将放弃其在中国的治外法权。③ 随后，清政府与美、日、葡等国亦订立类似约定。为了迎合英美日葡诸国，实现收回治外法权目的，修律大臣沈家本奏称，"中国修订法律，首先收回治外法权，实变法自强之枢纽"④。可见，收回治外法权变成了晚清修律的首要目标。⑤ 因为当时有此政治目的，以致《公司律》条款被"全盘西化"，许多条款与中国实际商情严重脱节。故梁启超曾批评《公司律》"毫无价值"⑥。

二 《公司条例》：近代中国股票发行制度的本土化

清末《公司律》虽有开创之功，但因其制定时兼具"收回治外法权"的功利性，照抄照搬欧美公司法，法律条文与中国实际严重不符。虽然1909年清廷修订法律馆主持起草了新的商律，⑦ 但当时中国各商会认为新

---

① 杨在军等认为《公司律》的颁行标志着近代中国股份制正式诞生，从此中国的股份制企业结束了体制外生存的历史，并进入一个新的发展阶段。参见杨在军等《关于近代中国股份制起源的探讨》，《江西社会科学》2003年第1期。
② 上海预备立宪公会等编：《公司律调查案理由书叙例》，第2页。转引自李玉《晚清公司制度建设研究》，人民出版社2002年版，第114页。
③ 王铁崖编：《中外旧约章汇编》第二册，生活·读书·新知三联书店1962年版，第107页。
④ 张国华、李贵连合编：《沈家本年谱初编》，北京大学出版社1989年版，第101页。
⑤ 帅天龙：《清末的商事立法》，载徐学鹿主编《商法研究》第一辑，人民法院出版社2000年版，第115页。
⑥ 梁启超：《敬告国中之谈实业者》，《饮冰室合集》文集之二十一，中华书局1996年版，第115页。
⑦ 1908年聘请日本法学家志田钾太郎会同起草商律，以日本法为蓝本，1909年编纂完成商总则与商行为两篇及《公司法草案》单行本。参见林咏荣《我国公司立法的回顾、检讨与展望》，《法学论集》，台湾华冈出版有限公司1977年版。

的商律仍与国情不合，拒绝接受。在此之前，各商会已于1907年11月在上海召开制定商法大会，议决由上海总商会等聘请通晓商律之士，调查各地商业习惯，目的是"联合全国商人自制商法草案，要求政府施行"①，前后历时三年，参酌各国法理，编撰而成《商律草案》，并得到农工商部认可，转呈资政院审议，旋即辛亥革命爆发，清亡，《商律草案》被搁置。②

民国初创，清末的《公司律》曾被援用过一段时间，直到1914年1月13日《公司条例》颁行。③《公司条例》是近代中国的第二部公司法，由北京政府农商部主持完成。它以清末上海总商会主持编撰的《商律草案》为基础略加修改而成。④《公司条例》是在调查中国各地商业习惯基础上制定的公司法，具有较高水准，与中国实际商情契合度较高，在公司立法上影响深远。⑤《公司条例》较《公司律》的内容已大为丰富（两法的条款数比较见附表4）。分六章加附则共251条，⑥ 其六章中，第四章股份有限公司占约整个法条的一半有余，从第97条至第229条，共133条。《公司条例》颁布后，分别于1914年9月21日和1923年5月8日经过了两次修正，均为细节上调整，主要涉及临时股东会、个股面值和股息分派等问题。⑦ 与《公司律》相比，《公司条例》对于公司的界定与分类更符

---

① 《商法特会第一日记事》，《申报》1907年11月20日。
② 沈家五编：《张謇农商总长任期经济资料选编》，南京大学出版社1987年版，第24页。
③ 参见《政府公报》，1914年1月14日第606号。
④ 不能称作《公司法》或《公司律》而称为《公司条例》的原因是：从立法的角度看，它没有经过法定的立法程序，不是由当时的立法机构制定，而是以大总统令的形式颁行的。参见谢振民编《中华民国立法史》（下），中国政法大学出版社2000年版，第806页。
⑤ 由于商法起草委员会做了大量的调查工作，较《公司律》而言，《公司条例》更符合中国商情，立法体系和立法技术较为科学，具有较高的立法价值，因而，成为以后《公司法》立法的重要参考依据，如《公司条例》确立的四种公司类型一直被后世沿用。
⑥ 六章分别为总纲、无限公司、两合公司、股份有限公司、股份两合公司、罚例及附则。
⑦ 归纳起来主要有三个方面：一、临时召集股东会，要于十五日前通知各股东，对于执有无记名式之股票者，须于二十日前公告之；召集临时股东会的股东比例由原先的1/10修订为1/20，目的在于保护中小股东的利益。二、个股面值以20元为限，但若一次缴清股银者，得以五元为一股。最低股银限额被调低，修订前最低为20元为限。三、强调须"在公司非弥补损失及照前条提存公积金后"，分派股息及余利。参见谢振民编《中华民国立法史》（下），中国政法大学出版社2000年版，第806页。

合中国实际，且对每一类公司都有详细的法条规范；在公司设立及股票发行方面的规定也更为详细，可操作性强。主要内容如下：

（1）关于股份公司设立的相关规定。《公司条例》不仅确立了公司的"法人"地位，而且对公司注册之后亦有严格的监管措施。《公司条例》规定公司是以商行为为业设立之团体，均为法人。① 公司法人地位的确立，为公司独立经营、行使各项权利提供了法律依据。规定公司以其所在地为住所，必须在所在地官厅注册之后，才能进行开业准备。② 公司经本地官厅注册后，如果公司有妨害治安、违背法令等违法犯罪行为，或因检察官的请求，该官厅均有权解散该公司，公司注册后满六个月，无正当理由而不开业，该官厅亦有权宣布解散之。③ 明确了公司注册与开业的先后顺序及公司注册后开业的时间要求。《公司条例》颁行后，有限责任公司在社会上立即成为一种时尚，不少企业纷纷改名为有限责任公司，但是这些企业的法制意识仍未有大的改观，真正按《公司条例》规定程序向管辖官厅登记注册的则不多。④

《公司条例》明确了股份有限公司发起人人数与责任。股份有限公司发起人必须是七人以上⑤，并且必须在公司成立前，发起人就已认足公司股份，发起人认足股份总数时，应从速按股各缴至少1/4以上股银，并选任董事及监察人，发起人不自认足之股份，应于公司成立前，招募足额；发起人应备有联单式之认股书，认股书还必须载明各款要求；凡认股者，须填写所认股数，署名签押：订立章程之年月日及本条例第九十八条至九十九条所列章程应载明各款；各发起人所认知股数；第一次缴纳之银数，发行股票超过票面银数时，认股者须于认股书注明认缴之银数等。⑥

（2）关于股份有限公司股票发行的相关规定。《公司条例》规定公司非设立注册后，不得发行股票，否则其股票发行无效。⑦ 同时规定了股票上必须载明的事项，包括公司名称、注册年月日、股份编号、股份总数、

---

① 《公司条例》第一条、第三条。
② 《公司条例》第四至六条。
③ 《公司条例》第七条、第八条。
④ 英文原文见 William C. Kirby, "China Unincorporated: Company Law and Business Enterprise in Twentieth Century China", *Journal of Asian Studies*, Vol. 54, No. 1, 1995, pp. 43-63.
⑤ 《公司条例》第九十六条。
⑥ 《公司条例》第一百条至一百零五条。
⑦ 《公司条例》第一百二十八条。

每股金额等条款,董事还必须在股票上署名签押。公司股票不得低于票面金额折价发行,但可以分期缴款,必须在股票上注明其每次分缴之股银,① 分期缴款者,其第一次不得少于总股款的25%。②

与《公司律》相比,《公司条例》新增的股票发行条款主要有:优先股发行条款,③ 规定了优先股的发行与认购,优先股股东的权利及保障措施。《公司条例》规定必须在公司章程上明确优先股的权利种类,公司发行优先股的依据是公司章程;④ 若涉及优先股股东权益,除股东会决议外,更须优先股股东会的决议;对于新股的认购顺序,老股东有优先权,老股东认购不足,方准向他人发售。⑤ 公司发行优先股,必须要有股份编号,且在编号下方注明优先字样。⑥

(3) 关于每股股银的规定。《公司条例》规定,股份公司每股银数,"一律平均",但每股金额不得少于50元,若一次缴清全部股票,则"不妨以二十元为一股"⑦,而《公司律》规定,每股股银至少以五元为限,可分期缴纳。⑧ 关于股银最少限度的这一改变,当时的法学家姚成翰的解释为,股银最少限度提高至50元,有三大好处:一是保护贫民,股银数额较大,认股者会更为审慎,可防止贫民被骗入股;二是去除繁杂,银数较多,股东比较少,省却不少繁杂;三是股东不致放弃权利,若股银较多,与股东利害关切,自然不会轻易放弃其监督之权利。⑨ 但股银最少限度提高至50元,也致使公司的公众化程度降低,股票集中于少数人之手,股东之间的关联性风险加大,即使是当时一些知名的公司亦不

---

① 《公司条例》第一百二十九条。
② 《公司条例》第一百零七条。
③ 《公司条例》实施期间,当时的股票有三类:优先股、累积优先股和普通股。优先股是相对于普通股而言的,即公司盈余分利时,有优先之权;优先股与累积优先股的区别在于领取利息的次序,须先尽累积优先股,然后始及优先股,优先股之利息依年划分界限,不能补发利息,而累积优先股则可补发,今年无利息可领,到明年有利息时,可补领。参见《股票之种类及其性质》,《申报》1926年5月22日。
④ 《公司条例》第一百二十五条。
⑤ 《公司条例》第二百零一条至第二百零三条。
⑥ 《公司条例》第一百四十条。
⑦ 《公司条例》第一百二十四条。
⑧ 《公司律》第二十五条。
⑨ 姚成翰:《公司条例释义》,商务印书馆1914年版,第138—139页。

能例外。①

《公司条例》是在充分调查中国商情的基础上，参酌各国律法制定的，实现了外国法律和中国公司发展实际的有机结合，也迈出了外来的股票发行制度中国本土化的重要一步。《公司条例》的颁行，大大促进了公司的快速发展（如表4-2所示）。

表4-2　1927年前国内股份公司历年开设户数及资本总额情况统计表

开设或注册年份	股份有限公司 开设户数	股份有限公司 资本总额（元）	股份无限公司 开设户数	股份无限公司 资本总额（元）	股份两合公司 开设户数	股份两合公司 资本总额（元）
1895年	1	2000000				
1896年	2	500000				
1897年	1	2000000				
1898年	1	1000000				
1899年						
1900年						
1901年	2	1012500	1	5000		
1902年	1	500000	1	5000	2	60000
1903年	1	50000				
1904年	2	3299250	1	10000		
1905年	3	112000	2	610000	2	132000
1906年	10	2452798	2	357785		
1907年	7	2004525	2	1100000		
1908年	10	5849862			1	50000
1909年	7	4105200				
1910年	8	1582480	1	29985	6	331395
1911年	21	7802689			2	21000
1912年	35	11565030			6	1066000
1913年	45	9977868	2	10000	10	440635
1914年	74	29493157	14	788800	6	1183141

---

① 此种现象马寅初先生在1927年的一次演讲中也曾提及，他说："商务印书馆、兴业银行等，虽系股份公司，而其股票尚未分散于多数人之手。其余著名公司、银行之股份，多分配于其亲戚朋友，并不流于各处普通不相识之人。在市上及交易所中，均无从购买，与合伙之组织虽不相同，而其股票之流行，实无稍异，仍为少数人所创办。"参见马寅初《中国之经济组织》，《马寅初演讲集》第4集，商务印书馆1928年版，第25页。

续表

开设或注册年份	股份有限公司 开设户数	股份有限公司 资本总额（元）	股份无限公司 开设户数	股份无限公司 资本总额（元）	股份两合公司 开设户数	股份两合公司 资本总额（元）
1915年	82	45635336	18	953645	7	81671
1916年	54	44756508	12	5252950	6	367000
1917年	60	13115514	17	1896165	4	312400
1918年	66	31392013	19	937487	11	1061000
1919年	100	67480196	26	2322073	7	857200
1920年	98	77374283	33	1421978	3	133000
1921年	132	87155363	18	8396570	7	250000
1922年	91	36596526	11	3325000	2	56000
1923年	39	13280873	9	648000	1	36000
1924年	83	16787000	6	174000	4	103690
1925年	78	12793475	9	680000	3	
1926年	122	16831250	19	1065850	5	30000
1927年	26	14050000	11	4337500	1	50000

资料来源：上海市档案馆《旧中国股份制》，中国档案出版社1996年版，第246—247页。

从表4-2统计数据看，1913年，民国三类股份公司的投资总额为10428503元，1914年《公司条例》颁行后，投资总额猛增至31465098元，是1913年的3倍多，到1921年更增至95801933元，1921年"信交风潮"过后，股份公司的投资总额出现大幅回落，至1927年投资总额已回落至18437500元。[1]

《公司条例》也有很多不足，诚如著名会计专家潘序伦所言，"考《公司条例》原文，根本虽无大疵，而条项款目之中，前后矛盾、错误、挂漏之处仍复不少"，他还进一步指出《公司条例》某些条款模仿日本商法，仍有不适应中国现代工商业发展之情形，"似有根本改正之必要"[2]，比如《公司条例》将公司定义为"以商行为为业设立之团体"，致使非商业团体的渔矿农工行业难以依据《公司条例》成立公司。[3]《公司条例》仅仅只有公司认股募股环节的说明，而没有对公司股票发行程序、每一程

---

[1] 上海市档案馆编：《旧中国股份制》，中国档案出版社1996年版，第246—247页。
[2] 潘序伦：《修正〈公司条例〉草案》，《银行周报》第12卷第17号，1928年5月8日。
[3] 后来为弥补这一不足，《公司条例施行细则》第一条规定：以营利为目的而组织之团体，除法令另有规定外，一律适用《公司条例》。

序具体操作规范进行系统说明。《公司条例》对优先股的概念和优先股的权利内涵缺乏详细的规定等。也就是说，《公司条例》之后，中国股票发行制度的本土化进程仍需深化。

三 《公司法》：近代中国股票发行制度的完善

南京国民政府统治的最初几年，法制建设硕果累累，1929年颁布新的《公司法》就是其中之一。[①] 南京国民政府成立后不久，立法院即着手拟定了"公司法原则草案"，经多次修订，最终于1929年12月26日颁布《公司法》，明令定于1931年7月1日起施行，这是近代中国第三部公司法，也是"一部比较完整的现代中国公司立法"[②]。

1929年的《公司法》在《公司条例》基础上修订而成，《公司法》与《公司条例》相比，均有6章，[③] 且各章命名也基本一致，《公司法》的条款相对减少，共233条。其主要着力于股份公司股票的发行和上市交易，所以对股份有限公司一章规定最为详细，包括设立、股份、股东会、董事、监察人、会计、公司债、变更章程、解散、清算十节。与《公司条例》相比，《公司法》在股票发行方面有两点修订。

（一）新股发行与"法人"持股

《公司法》规定，"公司是以营利为目的的法人团体"[④]，比《公司条例》所定义的公司范围要广。《公司法》规定，"公司非经股东会议决议不得变更章程或增减资本"[⑤]，因发行新股属于增加公司资本范畴，[⑥] 所以按照《公司法》规定，发行新股必须要有股东会的决议，[⑦] 否则即属违

[①] 参见吴经熊校勘《袖珍六法全书》，社会法学编译出版社1935年版，第223—262页。

[②] 江平：《新编公司法教程》，法律出版社1994年版，第15页。

[③] 《公司法》共有通则、无限公司、两合公司、股份有限公司、股份两合公司和罚则等6章。

[④] 《公司法》第一条。

[⑤] 《公司法》第一百八十六条。

[⑥] 新股的发行，其原因有二：筹集资金和增加资本。一般来说，正在营业的股份公司筹集资金有三种途径：增加股款金额、发行公司债券和募集公司新股。增加股款金额有诸多窒碍，因为，公司每股股款的增加有悖股东有限责任的原则，非得全体股东的同意，不能强制决议施行，而欲得全体股东意见一致，又无此实际的可能。公司债券属债务的一种，即非公司的资本，纵使募集的数额足资应用，然而期限一到，仍须如数偿还。因而，欲增加公司资本，唯有募集新股一途。

[⑦] 发行新股是扩增资本，属特殊事项，其股东会决议须"由股东过半数，代表股份总数过半数者之出席，以出席股东表决权三分之二以上之同意行之"。

法。依照《公司法》第一百八十八条规定，公司对于优先股所应有的权利范围，必须在公司章程中订明，只有公司章程中对优先股的权利进行确认，公司才能发行优先股。《公司法》要求在公司章程中明确优先股的权利范围，实际上是在法律上对优先股股东的一种保护，特别是对旧有优先股股东的利益的保护。①

《公司法》增加了有关"法人"持股的内容。公司"法人"不能成为其他无限责任公司的股东，但可成为其他有限责任公司的股东，同时规定持股份额，不能超过本公司实收股本总数1/4。这一条款的出台，使公司之间可以互相参股、控股、兼并、重组，为公司的相互渗透和兼并扩张提供了法律依据。

（二）股份有限公司章节的增订

与《公司条例》比较，1929年的《公司法》对股份有限公司章节的增订的主要内容如表4-3所示。

表4-3　《公司条例》与《公司法》股份有限公司增订内容对比表

律法名称 条款	《公司条例》	《公司法》
首次应缴股款的比例	原来为25%	提高到50%②
认购人延缴股款期限增	原来为1个月	增至2个月
公司法人代表	董事代表公司	特定董事中之一人或数人代表公司
公司公积金	原规定为5%	提高到10%

1929年，针对经济实践中，股份有限公司招股出现的一些问题，南京国民政府颁行了《股份有限公司设立招股暂行办法》。该办法共八条，其主要内容有：股份有限公司招股，须在主管官厅备案;③ 股份有限公司

---

① 《公司法》第一百八十八条。
② 1929年《公司法》改为第一次缴纳不得少于50%。这是因为在实践中往往要求缴纳25%，另75%的股款很难收取，从而影响公司业务开展。
③ 股份有限公司招股，须在主管官厅备案（第一条）；地方主管官厅核准招股时，对于招股期限应酌予限定，逾期招不足额，即做无效（第三条）；公司股本招募足额开创立会时，由地方主管官厅派员莅场监督，创立会议记录应由监督人员签名证明（第五条）。参见上海市档案馆编《旧中国的股份制（1868—1949年）》，中国档案出版社1996年版，第309—310页。

所收股款或认股保证金，在公司未正式成立前，发起人不得提用等。①

1929年《公司法》的修订、颁行及《设立股份有限公司招股暂行办法》的实施，对近代公司股票的发行所起的积极作用不容忽视，为股票发行市场及近代中国股份公司提供了一个更为完善、可依、可据的法律环境。

四 近代华商股票发行制度本土化的启示

近代中国公司立法始于1904年，至1931年抗日战争爆发之前，近代中国公司法已较为完备。1904年《公司律》颁行，尽管出台这部法律具有很强的功利性，但它在客观上结束了清末以来中国公司发行股票无法可依的窘境，为中国近代股票发行的准则化奠定了基础。从法律条文的来源看，《公司律》的法条主要照抄照搬欧美的公司法，具有典型的外生性，与中国实际商情严重脱节，各商会并不认可。因此，《公司律》刚刚颁行，便面临修改的命运。经过多方博弈，直至1914年《公司条例》颁行，修法任务才告一段落，该法确立了公司的"法人"地位，对于公司发起人持股份额、认股书和股票上应载明事项、股票面额与股款缴纳、优先股发行等均有详细的规定，与《公司律》相比，该法可操作性更强。因为该法是在调查中国社会传统经济及商事习惯、参酌各国法理的基础上编撰而成，从近代中国股票发行制度实践角度看，已迈出了本土化的重要一步。南京国民政府时期，又针对经济发展中的实际问题，出台了1929年《公司法》进行调整，增加了"法人"持股的内容，调高了首次应缴股款的比例；还颁行了《设立股份有限公司招股暂行办法》，这些举措事实上进一步加深了近代中国股票发行制度的本土化程度。

上述近代中国公司法和股票发行制度外生性及本土化的历史表明：本土化是外生制度变迁中一个不容忽视的重要阶段，外生制度只有与本土社会经济有机融合才能真正发挥效用。换言之，制度先进并不必然适合，在实践中，任何外来的经济制度，即便具有制度创新的意义，都不能无视当地社会经济的实际状况、商事惯例以及商业组织的态度。诚如法国思想家

---

① 股份有限公司所收股款或认股保证金，在公司未正式成立前，发起人不得提用（第四条）；公司成立前，一切创立所需费用，均由发起人先行垫付，提经创立会议议决归公司负担（第七条）；凡设立公司，各发起人须承受股本总额至少1/5以上，每一发起人至少承受股本总额3%以上（第八条）。参见上海市档案馆编《旧中国的股份制（1868—1949年）》，中国档案出版社1996年版，第309—310页。

孟德斯鸠所言："一个国家的法律竟能适合于另外一个国家的话，那只是非常凑巧的事"①，因为"法律应该与国家的自然状态产生联系；与气候的冷、热、温和宜人相关；还与土地的品质、位置和面积有关；法律与诸如农夫、猎人或者牧民等各种人民的生活方式息息相关。法律必须与政体所能承受的自由度相适应；还要以居民的宗教、性格、财富、人口、贸易风俗以及言谈举止发生关系"②。近代中国股票发行制度及其本土化实践也印证了孟德斯鸠的这一深刻洞见。

五　近代公司律法与传统官利的博弈

《公司律》一百一十一条明确规定，公司分派利息的前提是公司结账时仍有盈余，结账时，没有盈余的公司，"不得移本分派"③，这一规定直接冲击了"官利"这一强制分派股息的惯习，④ 其实际执行效果如何呢？

有的公司依据《公司律》的规定，停发了官利，例如，1908年上海龙章机器造纸有限公司亏损达18万两之巨，股东会议决停发当年官利，"以符商律"⑤；有少许企业创办时便告之没有官利，例如，1911年天津同庆杂货有限公司在章程中声明："本公司股本并无官利。"⑥ 至民国初年，有的企业更是明确规定，企业"如无盈余，不得移本付息，致妨营运"⑦。

有的公司则无视《公司律》的规定，照发官利，且"当日计息"。如1907年创办的上海日辉织呢商厂规定，每股金额为50两，官利按照长年七厘计算，收取股银时将填给收条，"当日起息"⑧。1912年创办的浙江银行规定，浙江银行股本官息六厘按周年计算，"以交股之次日起扣至来年是日止为一周年"⑨。

"当日起息"，即官利的计算从投资者自股金缴纳之日算起，与《公

---

① ［法］孟德斯鸠：《论法的精神》上册，许明龙译，商务印书馆2012年版，第6页。
② ［法］孟德斯鸠：《论法的精神》上册，许明龙译，商务印书馆2012年版，第6—7页。
③ 《公司律》第一百一十一条。
④ 官利相关内容本书第二章第三节已有论述，不再赘述。
⑤ 汪敬虞编：《中国近代工业史资料》第二辑，下册，第841页。
⑥ 天津市档案馆编：《天津商会档案汇编（1903—1911）》上册，第947页。
⑦ 《伊犁将军奏创办皮毛有限公司拟定章程折》，《商务官报》己酉年第28期。
⑧ 上海市工商行政管理局、上海市毛麻纺织工业公司毛纺史料组编：《上海民族毛纺织工业》，中华书局1963年版，第27页。
⑨ 《中华民国浙江银行招股广告》，《申报》1912年2月11日。

司律》颁行之前一样。这种与《公司律》明显相违背的做法依然风行，时人也有深刻认识，著名实业家张謇曾明确表示反对"当日起息"，他认为公司招股，收到股银，即日起息，此种办法有悖商业法理，"夫公司尚未营业之时，资本多半用于选屋、购机，余款存庄，收息有限，何从付此八厘官利；若移本以派息，是骗股东也，明得官利，暗耗股本，迫需运本时，不得不以重利求贷于钱庄，此多数公司失败之原因也"①。

1914年颁行的《公司条例》和1929年的《公司法》均对官利有相关规定，与《公司律》相比出现了明显的倒退。如《公司条例》规定，公司的盈余分派给股东之前，必须首先"弥补损失及提存公积金"②，公司在开业准备时期，若经官厅许可，并且在公司章程中加以明确，可以在开业前给股东分派利息，而利息率的上限是"不得超过长年六厘"③。1929年《公司法》将年利率降低到了五厘。

在此法律背景下，民国时期，官利的发放形式则更为灵活多样。多数公司企业采用了"以息转本""增股代息"或发放公司债的做法，还有一些公司则采用了拖延发放官利的办法。如在20世纪30年代，大中华火柴股份有限公司没有将官利、红利直接发放，而是转作增股；上海永安纺织印染公司在股息发放中多次采用"增股代息"的办法；④ 在1922—1926年间，上海永安纺织印染公司，实际发息一般都要拖延2年以上。⑤ 1917年，金城银行股份有限公司成立后，规定每年除去各项开支后的营业盈余，先提取10%公积金，再派发5%官利，若还有剩余，则为企业红利；若盈余不足5%，当年"官利"分派利率则由董事会另行决定，⑥ 其发放官利的做法相对更为灵活与实际。

综上所述，《公司律》对官利的规定最为严厉，"无盈余者，不得移

---

① 《中国模范棉工厂招股章程》，《民立报》1912年8月26日。
② 《公司条例》第一百八十四条。
③ 《公司条例》第一百八十六条。
④ 青岛市工商行政管理局史料组编：《中国民族火柴工业》，中华书局1964年版，第85—86页；上海市纺织工业局、上海棉纺织工业公司、上海市工商行政管理局永安纺织印染公司史料组编：《永安纺织印染公司》，中华书局1964年版，第216页。
⑤ 青岛市工商行政管理局史料组编：《中国民族火柴工业》，中华书局1964年版，第85—86页；上海市纺织工业局、上海棉纺织工业公司、上海市工商行政管理局永安纺织印染公司史料组编：《永安纺织印染公司》，中华书局1964年版，第216页。
⑥ 中国人民银行上海市分行金融研究室编：《金城银行史料》，上海人民出版社1983年版，第43页。

本分派"，但法律实施后的实际状况是：官利当时仍大行其道，仅有少数企业执行了这个规定。1914年颁行的《公司条例》和1929年的《公司法》均规定了年利率的上限，官利的利率及发放形式则更为多样。可见，近代公司律法与传统官利的博弈结果是：无论律法如何变化，官利在近代社会始终存在。① 诸如"官利"之类传统惯习力量之大，惯性之强，由此亦可见一斑。

第二节　华商股市交易立法

民国肇始，百凡待治，大量西方制度被引入。华商《证券交易所法》就是在此"西化"背景下于1914年移植自日本，此后，《证券交易所法》经多次修订，至1935年《修正交易所法》颁行时，已较为完备。关于华商《证券交易所法》的研究可以分成两类：一是民国证券交易所研究。民国时期，不少研究成果已涉及证券交易所规则、制度，但并不深入。如吴叔田编写的《交易所大全》，记录了物品及证券交易的方法、技巧、规则与历史；② 当时的财经专家杨荫溥的专著《中国交易所论》，除介绍中国各种交易所的交易、组织和监督状况外，还特意把中国各地交易所公司章程、营业细则及历次公布之交易所法规条例附于书后。③ 改革开放以来，学者们对旧中国交易所等组织的历史沿革、发展状况关注较多，而对交易所内部的章程及规则的逻辑演进，仍缺乏深入分析。④ 二是民国证券法研究。民国证券法研究成果丰硕，这些成果均涉及华商《证券交易所法》，但多为包含证券发行与交易法律的综合研究，如王志华的《中国近代证券法律制度研究》、刘志英的《近代上海华商证券市场研究》；⑤ 有的从证券立法的视角

---

① 1946年的《公司法》仍有在开始营业前可分派股利的条款，仅仅是删去了具体的年利率规定而已。
② 参见汤心仪等编《战时上海经济》第一辑，上海经济研究所1945年版。
③ 参见杨荫溥《中国交易所论》，商务印书馆1932年版。
④ 参见朱彤芳《旧中国交易所介绍》，中国商业出版社1989年版；彭厚文：《近代上海证券交易所流变考述》，《江南学院学报》1998年第3期；刘逖：《上海证券交易所研究》（1910—2010），上海人民出版社2010年版；林榕杰：《1948年的天津证券交易所》，《中国经济史研究》2008年第2期。
⑤ 参见王志华《中国近代证券法律制度研究》，博士学位论文，中国政法大学，2003年；刘志英：《近代上海华商证券市场研究》，学林出版社2004年版。

切入，如李本森对中国近现代证券立法的研究；① 有的从证券监管角度开展研究，如成九雁、朱武祥对 1873—1949 年中国股市监管的结构与特征的研究；② 尹振涛从立法和执法两个维度对近代证券市场监管的特点和存在的主要问题的研究。③ 上述论著是我们研究近代华商股票市场法律规范、发行与交易制度的重要参考文献，但遗憾的是，并未出现深入研究华商《证券交易所法》的专题论文。有鉴于此，笔者拟在前人研究的基础上，利用相关历史文献，系统梳理 1912—1937 年《证券交易所法》的历史变迁过程，总结此演变进程的主要特点，以期深化民国《证券交易所法》研究。

一　创设证券交易所的构想与讨论

创建证券交易所的构想始于晚清，④ 最早提出这一构想的是维新派领袖梁启超。光绪年间，晚清政府已举借过几次公债，但效果并不理想，财政枯竭问题并未得到有效缓解。时人也提出了不少的解决方案，如办银行、加税厘、再举债等，针对政府再举债问题，梁启超便提出了组建"股份懋迁公司"的建议，⑤ 他认为："非有股份懋迁公司（即证券交易所——引者注），则公债断无从办起。"因为证券交易所是"消纳公债之大尾闾"，因此，他提议："全国应设懋迁公司之地最少不下五十市，每市设株式懋迁公司一所，商品懋迁公司二所。"⑥ 梁启超认为股份懋迁公司不仅可促进公债的发行与流通，而且也是实业股票发行、流通的平台。1910 年 11 月，他从促进中国实业发展的角度，呼吁应建立股份懋迁公司作为企业股票转买转卖的枢纽。⑦ 然应者寥寥，梁的提议无果而终。继梁

---

① 参见李本森《中国近现代证券立法的特点及启示》，《法学》1996 年第 3 期。
② 参见成九雁、朱武祥《中国近代股市监管的兴起与演变：1873—1949 年》，《经济研究》2006 年第 12 期。
③ 参见尹振涛《试论近代中国证券市场产生与初步发展——以诺斯的制度变迁理论为分析框架》，《中国社会科学院研究生院学报》2009 年第 3 期；尹振涛：《中国近代证券市场监管的历史考察——基于立法与执法视角》，《金融评论》2012 年第 2 期。
④ 交易所名称在中国近代历史上曾几经演变。交易所英文为 Exchange，日文称取引所，汉语初译为贸易场。"至民国法律上，始名之为'交易所'。细译各国名称，实俱不外'交换场所'之意，故以'交易所'名之，极为确当，其意义于名称上盖已为表白无遗矣。"参见杨荫溥《中国交易所论》，商务印书馆 1932 年版，第 1 页。
⑤ 杨荫溥：《中国交易所论》，商务印书馆 1932 年版，第 36 页。
⑥ 梁启超：《饮冰室合集·文集》第 7 册，第 21 卷，第 50 页。
⑦ 除了股份懋迁公司之外，梁启超还认为股份流通要有银行作资金融通的保证。参见上海市档案馆编《旧上海的证券交易所》，上海古籍出版社 1992 年版，第 270 页。

启超之后，1907年，上海商人袁子壮、周金箴、周舜卿、郁屏翰、叶又新等，提出"仿照日本取引所办法，创办上海证券交易所"①，然而当时清政府无意于此，未予重视；商界人士则多不明证券交易所为何物，以为无足轻重，漠然视之，以致议而不行。

北洋军阀政府时期，政治黑暗，军阀混战，割据一方，社会动乱。北洋政府的开支，主要用于两个方面：一是军费，一是外债本息和赔款。为解决财政问题，北洋政府不得不大举借债，②"仰给债款以度岁月"是当时北洋政府财政状况的真实写照，③北洋政府的财政状况如此，其对于经济的影响，"实非细小"④。与此同时，国内公债的大量发行，为国人创办证券交易所奠定了良好基础。

1913年，工商界代表人士在北京召开会议，大会召集人为工商部长刘揆一，会议主要议题是交易所设立的利弊问题，大会议决：应尽快设立交易所，其有利于工商业发展，应当考虑"于通商大埠，酌量分设，以为之倡"⑤。1914年，北洋政府财政部又提出官商合办交易所倡议。虽然上述努力均未修成正果，但加深了中国社会各界，尤其是工商界对证券交易所的认识，为《证券交易所法》的立法营造了有利的社会舆论环境。

二 《证券交易所法》的诞生

为解决民国初期政府公债的流通问题，1914年下半年，在时任农商总长的张謇的主持下，农商部拟定了《证券交易所法》共八章35条，⑥1914年12月29日正式实施。这是近代中国第一个规范证券交易所

---

① 余山中、高明远编著：《旧中国丑陋现象揭秘》（下册），团结出版社1997年版，第757页。

② 据统计，北洋政府统治的16年内，"发行之国内公债有六亿余元，特种国库券一亿六千九百万元，外债约五亿元"。参见于宗先主编《经济学百科全书》，台湾联经出版事业公司1975年版，第969页。

③ 转引自陈云贤《证券投资论》，北京大学出版社1992年版，第107页。参见郑仁木《民国时期证券业的历史考察》，《史学月刊》1998年第3期。

④ 徐新六（财政部秘书）：《中国财政状况》，原载《密勒评论报》，转引自《东方杂志》第15卷第4期，1918年4月，第13页。

⑤ 杨荫溥：《中国交易所论》，商务印书馆1932年版，第7页。

⑥ 八章分别为总则、组织及设立、经纪人、职员、交易、监督、罚则、附则。

运作的法规,① 它以日本明治二十六年《改正取引所法》为蓝本,仅有个别条款与其略有差异。②

《证券交易所法》规定了证券交易所的经营范围和交易标的,其中交易标的包括国债票、股票、公司债等有价证券。③ 该法主要内容有:(1) 申请设立证券交易所,其核准部门是国民政府农商部,农商部核准后,还必须在财政部备案;④ (2) 每地方只能设立一个证券交易所,而其地方划分则由农商部和财政部会商;(3) 核准证券交易所设立后,其营业期限为十年,之后,需要禀告农商部,由农商部根据地方商业情形核准续展年期;(4) 证券交易所以股份有限公司组织之;(5) 证券交易所在设立时,必须向中华民国国库缴纳营业保证金;(6) 只有证券交易所的经纪人能参与买卖,证券交易所的经纪人只能是男性,妇女不得任经纪人;⑤ (7) 经纪人应缴存保证金证券交易所,经纪人关于在其证券交易所所有公定市价之证券,不得自为买卖;⑥ (8) 证券交易所的证券交易分为

---

① 此前公司立法中,已经涉及公司股票交易的条款,如1904年《公司律》第三十八条规定:如无违背公司章程,股票可以任便转卖;1914年《公司条例》规定公司股票可以自由转让,记名式股票转让时,非将买受人姓名、住址记载于股东名簿,并将姓名记载于股票,不得以其转让对抗公司及第三人(第一百三十、一百三十一条),这些条款只是强调公司股票可以自由转让及股票转让注意事项,1914年《证券交易所法》是中国第一部全面规范证券交易的法律。

② 因为1914年中国的《证券交易所法》是以日本明治二十六年《改正取引所法》为蓝本。所以从形式到内容两法有很多相同的地方。如从形式上看,取名为"证券交易所法"而不是"证券交易法"或"证券法",就是因为日本蓝本名为《改正取引所法》,日语的交易所称为"取引所";从内容上看,两法都有同一区域同一种类交易所只能设立一所为限的规定。个别条款略有差异:如在交易所的组织形式上,日本交易所既可采用会员制,也可以采用股份公司制,而中国1914年《证券交易所法》则规定,"证券交易所以股份有限公司组织之"(第五条)。《日本取引所调查录》(一),《银行周报》,第2卷第39号(总第70号)(1918年10月8日);杨荫溥:《中国交易所论》,商务印书馆1932年版,第15页。

③ 1914年《证券交易所法》第一条,参见上海市档案馆编《旧上海的证券交易所》,上海古籍出版社1992年版,第274页。

④ 1914年《证券交易所法》第二条、第六条,参见上海市档案馆编《旧上海的证券交易所》,上海古籍出版社1992年版,第274—275页。

⑤ 1914年《证券交易所法》第二条至第十条,参见上海市档案馆编《旧上海的证券交易所》,上海古籍出版社1992年版,第274—275页。

⑥ 1914年《证券交易所法》第十二条、第十四条,参见上海市档案馆编《旧上海的证券交易所》,上海古籍出版社1992年版,第275—276页。

两种：现期和定期，证券交易所按照成立章程收取佣金费用等；①（9）如果发现证券交易所违法或妨害公益，证券交易所的业务可被禁止或部分禁止，甚至于解散证券交易所。②《证券交易所法》主要内容包括证券交易所的设立原则、组织形式、章程、经纪人管理、保证金、交割方式及处罚等诸多方面，是一部较为成熟的证券交易法，该法以证券交易所为核心，实际上规范的是证券交易行为，基本符合中国证券管理的实际。

针对证券交易中的一些具体细致的问题，1915年5月5日，农商部又公布了《证券交易所法施行细则》及附属规则，《证券交易所法施行细则》共计26条，它主要针对申请设立证券交易所的程序手续、必备条件和申请经纪人资格做了明确说明。附属规则13条，主要是对证券交易所相关问题进行具体规范，包括现期与定期买卖方法、营业保证金、股本等。③

《证券交易所法》及其施行细则业已颁布，而此时中国并没有一家华商证券交易所，证券交易法规先于证券集中交易市场建立，这是我国《证券交易所法》的一大特点。而国人创办的第一个证券交易所——北京证券交易所1918年方始设立。《证券交易所法》及其施行细则的颁布，是开创之举，华商证券交易步入法制轨道。当然，《证券交易所法》还有许多疏漏之处，比如条文过于简单，没有明确规定证券自律管理组织的法律地位、权力与职责等。

1921年3月10日，《证券交易所课税条例》颁布，共4条，规定交易所税由地方实业厅征解，以及征缴程序等。缴纳比例为证券交易所每次结账后纯利的3%。④ 这是我国第一部关于证券交易所税率的法规。

三 《交易所法》和《修正交易所法》

南京国民政府在证券立法方面硕果累累。主要成果有1930年实施的《交易所法》及其施行细则和1935年实业部颁行的《修正交易所法》《交易所交易税条例》等。

---

① 1914年《证券交易所法》第十九条、第二十条，参见上海市档案馆编《旧上海的证券交易所》，上海古籍出版社1992年版，第276页。
② 1914年《证券交易所法》第二十八条，参见上海市档案馆编《旧上海的证券交易所》，上海古籍出版社1992年版，第277页。
③ 其内容详见上海市档案馆编《旧中国的股份制（1868—1949年）》，中国档案出版社1996年版，第149—154页。
④ 其内容详见上海市档案馆编《旧中国的股份制（1868—1949年）》，第154—155页。

(一)《交易所法》及其施行细则

1927年4月后，交易所开始由南京国民政府财政部监管，同年11月22日，国民政府财政部发布《交易所暂行办法》9条，从名称上看显然这是一个过渡性的法规。此后，金融监理局设立，隶属于财政部，对各类交易所进行具体的监管，该局拟具了一系列文件，其中包括交易所暂行通则、上海交易所税全年税额预算表、征收上海交易所交易税计划书、上海交易所全年营业税数目预算表等。[①]

1929年5月4日，立法院审议了《交易所法》及《交易所法施行细则》草案，10月3日，由国民政府工商部颁布了《交易所法》，1930年6月1日正式施行。该法共8章58条，[②] 是《物品交易所条例》与《证券交易所法》两部法律的整合修正。[③] 1930年3月又颁布了《交易所法施行细则》40条，[④] 与《交易所法》同日施行。与1914年的《证券交易所法》比较，1929年的《交易所法》的内容更为丰富，其增加的条款有23条之多。其增改的内容主要有：

第一，交易所可采用两种组织形式，即股份公司制或会员制。[⑤]

按照《交易所法》规定，交易所既可采用股份有限公司组织，又可采用同业会员组织形式，具体选择哪种组织方式，要"视地方商业情形及买卖物品种类"决定。而《证券交易所法》仅规定了一种交易所组织形式，即股份有限公司组织形式。换言之，《交易所法》增加了一种同业会员组织形式，从当时证券交易所的发展状况来看，这一规定为将来发展

---

① 财政部财政科学研究所、中国第二历史档案馆编：《国民政府财政金融税收档案史料（1927—1937）》，中国财政经济出版社1997年版，第712—715页。

② 《交易所法》共八章，分为设立、组织、经纪人及会员、职员、买卖、监督、罚则、附则，计58条。

③ 将《证券交易所法》与《物品交易所法》合为一体，于1929年制定统一的《交易所法》，时人称为立法上的进步，这样可避免分别立法所造成的因交易所不统一而给管理上带来的不便。然其弊端亦很明显，由于证券交易所与物品交易所在运营规则上毕竟有很大差别，立法上很难考虑周全，难免挂一漏万，因而法律条文显得笼统，模糊不清，具体实施过程中不便操作。参见李本森《中国近现代证券立法的特点及启示》，《法学》1996年第3期。

④ 上海市档案馆编：《旧上海的证券交易所》，上海古籍出版社1992年版，第301—306页。

⑤ 在实践当中，会员制交易所在近代中国始终没有出现过。

留有余地。① 南京国民政府立法院在立法时亦有此考量。②

第二，同一物品在同一地区只准有一个交易所。1914年颁布的《证券交易所法》，仅针对的是证券交易所，它的规定是：每一地方只能设一个证券交易所，并只能单一经营证券，③ 只是后来并未严格施行。《交易所法》针对的是所有的交易所，所以它的规定中强调同一物品在同一地区只准有一个交易所，针对上海华商证券交易所与上海证券物品交易所这样，同一地区有两个同类物品的交易所，规定"自该法施行起三年内合并"。适用这一条款，1933年两所最终合并，由上海华商证券交易所统一了上海证券市场，从而改变了交易所既经营商品，又经营证券的状况。

第三，《证券交易所法》规定妇女不得为证券交易所经纪人，《交易所法》改为"无行为能力者"不得为交易所之会员或经纪人。扩大了会员或经纪人申请的范围，中华民国法人亦可申请为会员或经纪人。

第四，罚则部分从两条增至八条，原法只规定了财产刑，处以罚金。《交易所法》规定要对违法者追究刑事责任，针对本所股买卖问题及其他违法行为，增加了刑事制裁，罚金也比原来更重。

第五，《交易所法》明确规定，交易所应向国家缴纳保证金，委托人和经纪人应向交易所缴纳证据金或保证金。

《交易所法》对证券的上市交易管理也更为严格。规定公司债券和股票上市由证券交易所审核，公债上市由政府批准；证券交易所在证券价格涨跌幅度过大时应采取措施，稳定市场；每一笔交易都要报告交易所，并公之于众；禁止本交易所的股票在本所挂牌交易；禁止交易所的职员、雇员从事所内的证券交易。④

---

① 刘志英认为"会员"制更有利于证券交易的规范化。因为交易所就其构成来说，是交易所当局和经纪人。交易所当局和经纪人之间存在着利益的矛盾，这种利益矛盾，在"股份有限公司"制的交易所中表现得十分尖锐，而在"同业会员"制的交易所中，可以减少到最低限度，交易所可以更为严格地管理和监督经纪人和上市证券，也有利于证券交易运作的规范化。参见刘志英《旧中国的证券立法研究》，《档案与史学》2003年第5期。

② 他们认为："衡之我国现状，自暂以股份有限公司组织为宜。然立法所以垂久远，而商业必期其进展。若以股份组织为限，未免划界自囿"，"故审往策来，……加列会员组织之规定，以期施行"。参见《交易所法草案总说明》，载《旧中国交易所股票金融市场资料汇编》（上），书目文献出版社1995年版，第336页。

③ 王恩良：《交易所大全》，交易所所员暑期养成所1921年版影印本，第1—11页。见《民国丛书》第二编第41卷，上海书店1990年版。

④ 厉以宁、江平主编：《证券实务大全》，经济日报出版社1992年版，第713页。

总之，同 1914 年的《证券交易所法》相比，1929 年的《交易所法》与实际运作中的具体问题联系更为紧密，也更具可操作性，相对更为成熟。

(二)《修正交易所法》

1929 年的《交易所法》颁行之后，运行良好，但对证券市场出现的公务员投机等新问题不能有效遏制，针对这些新问题，1935 年年初，国民政府立法院着手修正实施了五年的《交易所法》。4 月 5 日，立法院召开会议，委员们激烈争辩，最终通过了《修正交易所法》。①

1935 年 4 月 27 日，《修正交易所法》开始施行。与 1929 年的《交易所法》比较，章目未变，仍为八章，条款增至六十一条，其中修正三条，② 新增三条。③ 将第二十一处中的工商部改为实业部。④ 变更了交易所的管辖权。

由上述可见，与 1929 年的《交易所法》相比，1935 年实业部颁行的《修正交易所法》，有明显的变化。比如，适应国民政府部门的变化，交易所原由工商部管辖，《修正交易所法》调整由实业部管辖；强调了对内幕交易和操纵市场的管制；对证券交易所经纪人及职员的违法行为，除财产刑和进行行政处分外，增加了刑事处罚。与此相适应，1935 年修正颁行的《刑法》新增"伪造有价证券罪"五条（第十三章），规定对破坏

---

① 《立法院修正交易所法》，载《银行周报》第 19 卷第 14 号（总第 895 号）。

② 修正条款一（第三十一条）：修正了买卖双方所缴纳证据金的数额。修正条款一（第三十八条）：经纪人或会员对于受托之买卖，非在其所属交易所内买进卖出或交割者，买卖之成交单，应由交易所做成，发由双方经纪人或会员，签字成交。修正条款三（第三十八条）：原第四十二条改为第四十三条。国民政府立法院秘书处编印：《立法院公报》第六十九期。

③ 新增条款之一（第四十一条）：证券交易所经纪人或会员，不得受公务员之委托为买空卖空之交易；新增条款之二（第四十七条）：违背第十五条（经纪人或会员不得用支店或其他任何名义，在其他有同样交易所之区域承揽同样之买卖）或第十六条（无论何人，不得以代办介绍或传达交易所买卖之委托为营业，但经纪人或会员经实业部核准者，不在此限）之规定者，要处五千元以下之罚金；新增条款之三（第四十八条）：违背第三十一条（股份有限公司组织交易所，应照章程所定令买卖双方各交本证据金，其金额不得少于买卖登记价格的百分之八）之规定者，会员或经纪人及公务员各处以买卖价格二倍以上、十倍以下之罚金，涉及刑事者依刑法处置。立法院秘书处编印：《立法院公报》第六十九期。

④ 国民政府立法院秘书处编印：《立法院公报》第六十九期。

经济秩序、伪造有价证券行为要追究刑责。①

(三)《交易所交易税条例》

《交易所法》《修正交易所法》是证券市场的基本法律,《交易所交易税条例》则属于为解决专门的问题而制定的单行法规。

1935年2月8日,《交易所交易税条例》在国民政府立法院进行讨论,经过辩论议决修正通过。《交易所交易税条例》对征收证券交易税做了专门规定:履行交易期限在7日以外者,征税率为万分之0.7,在7日以内者,征税率为万分之0.4;现货交易不课税,有价证券税额计算方法是买卖双方约定的价格乘以税率(价格不足百元的按百元来计算);采取双边征税方式,即买卖成交时,交易所经纪人向买卖双方各征税50%,经交易所监理员核明后,上缴国库。②

综上所述,到1935年《修正交易所法》颁行,证券市场方面的法律条文已经较为完备,③ 包括交易所的设立、交易税的征收、证券的发行、证券登记结算、经纪人、监管机构、违法行为的处罚等都做了规范,法律条款从1914年的35条增至1935年的61条,尤其是处罚条款更为严厉,甚至入刑,涵盖了当时国际通行的证券交易法的基本内容,构成了1937年"八·一三"战事爆发之前中国的证券交易法制体系。从法律的演进来看,最初是直接移植日本明治二十六年《改正取引所法》,然后以此为基础,针对中国本土证券交易市场出现的问题,如"信交风潮"问题、"证券市场出现的公务员投机"等,逐步修改、完善法条,到1935年,基本完成了中国《证券交易所法》本土化的任务。

近代中国《证券交易所法》的变迁和演变,一方面自然具有日本证券交易法的固有特征;但另一方面,在法律执行时,民国政府、传统经济以及商事习惯的巨大惯性和近代中国特殊的社会条件,都使得移植的证券交易法,出现了具有中国特色的变异。

第一,《证券交易所法》立法的出发点就是公债市场。民国初年,迅速出台《证券交易所法》的目的是为国家公债交易服务,缓解民初政府财政困难。《证券交易所法》的出台、后续证券交易所的设立及法律的修订,均为民初政府所主导,针对的也主要是公债市场,最终服务的是政府财政。而对于极其重要的公司股票、公司债券,则明显关注不够。这是民

---

① 这里的有价证券包括票据及车船票等,不仅仅是证券市场中的债券、股票。
② 《立法院通过交易税条例案》,《中行月刊》第10卷第3期(1935年3月)。
③ 《修正交易所法》不仅规范证券交易,还规范物品交易,本书仅探讨证券交易部分。

国证券交易法制体系的一个重大缺陷，也必将制约整个证券市场的健康发展。

与此高度吻合的是，1937年"八·一三"战事爆发以前的证券市场，民国政府公债长期处于绝对优势，其权重约为98%，而上市交易的股票却很少，且常常是有行无市。时人对此亦有评论："战前之华商市场，其开拍证券，均为政府公债，其功用限于财政盈虚之调节，严格言之，实只可谓'财政市场'。"①

第二，重视证券交易立法，法律执行时发生变异。中国近代《证券交易所法》，在纸面的法律条文和规则方面，其实已相当丰富，与当时的国际先进水平也相差不大。那为何法律制度先进，我们的证券交易市场游资充斥，投机盛行，风潮迭起，表现出一种不成熟的状态呢？其中一个重要原因是证券交易法律执行不到位，甚或发生了变异。以1921年的"信交风潮"为例，"信交风潮"发生之前，1914年12月29日颁布的《证券交易所法》明确规定交易所必须实行"一区一所"，而实际上，"一区一所"原则形同虚设，上海一地就成立了100多家交易所。即使是北京农商部批准的6家交易所也有不符法律规定之处。《证券交易所法》明确规定，交易所采用股份公司制，创立者应是殷实商人，但实际上除商人外，还有官僚，有闻人。② 他们手中拥有资金、人脉等各种资源，无视法律，大肆炒作交易所股票，获得暴利后迅速离场。

民国证券交易法律制度的实践表明：法律制度的完善固然重要，法律制度的执行是否到位同样重要。这进一步验证了诺思关于制度的研究结论："尽管明确的规制能给我们提供一个检验在不同条件下经济体绩效的实证数据的基本来源，然而这些规制与绩效之间事实上并不存在严格的一一对应关系。"③

---

① 杨荫溥：《健全证券市场之建立》，载上海市档案馆编《旧上海的证券交易所》，上海古籍出版社1992年版，第224页。

② 朱斯煌：《民国经济史》（根据民国三十七年《银行周报30周年纪念刊》影印），银行学会编印1948年版，第148页。

③ ［美］道格拉斯·C. 诺思：《制度、制度变迁与经济绩效》，杭行译，格致出版社2014年版，序言，第7页。

第五章 华商交易所的创立与监管

依据1914年《证券交易所法》，近代中国第一批证券交易所相继诞生，它们是北京证券交易所（1918年）、上海证券物品交易所（1920年7月）、上海华商证券交易所（1920年5月建立，1921年1月正式营业）、天津证券物品交易所（1921年）。它们的建立标志着中国近代华商证券市场进入交易所时代。交易所与信托公司的滥设，又迅速导致1921年"信交风潮"，之后的中国华商股票市场长期低迷，时间长达20年之久。但与此同时，股票市场制度建设并未停滞，而是伴随着证券市场的发展逐步完善。

第一节 《证券交易所法》的践行：华商交易所的创立

《证券交易所法》颁行之后，北京证券交易所、上海证券物品交易所、上海华商证券交易所和天津证券物品交易所等证券交易所的先后成立，标志着近代华商证券交易结束了自发、零星、分散的原始阶段，开始进入规范、批量、集中交易的新阶段。

一 北京证券交易所

1918年北京证券交易所成立，这是国人创立的第一个交易所。发起组织者为罗鸿年、陈福颐、曲卓新、岳荣堃、王璟芳、李景铭等数十人。[1] 北京交易所仿照欧美交易所办法，采用股份有限公司形式，设理事长、常务理事、经理等职位，第一任理事长是王小宋，股份定额100万元，资本金20万元，经纪人共60名。[2] 1918年6月5日正式开业，营业

---

[1] 《银行周报》1918年第2卷第11号，第21页。
[2] 杨荫溥：《中国交易所论》，商务印书馆1932年版，第30页。

地点在前门街 14 号。把股票 5 股、债券 5000 元规定为一个交易单位，每买卖一单位收取佣金 1.25 元。

此时，北京是首都，工商业较为发达，各类有价证券，尤其是北洋政府发行的公债，交易较为活跃，但证券价格涨落，"毫无一定标准"，又没有稳固的担保机关，因而只能进行现期交易，没有开展定期交易的条件，上述因素致使北京证券流转，尤其是政府公债交易，"不无窒滞之处"①。在此背景下，北京证券交易所成立，随即开通了定期买卖，北京证券交易所证券交易一度十分活跃。

不过，正因为北京证券交易所位于当时的政治中心，所以其主要交易品种与民国北京政府发行的有价证券紧密关联，与产业发展联系并不紧密。初期，民国北京政府依赖交通银行和中国银行发行的钞券度日，北京证券交易所便以买卖交行、中行的钞券为主要业务；1922 年，中、交两行的钞票收回后，北京政府被迫大量发行公债，北京证券交易所的公债交易开始占据绝对优势；北京政府时期，战争频繁，政局不稳，受其影响，北京证券交易所间有停市。② 1928 年国民政府迁都南京后，北京交易所日趋冷落，至 1938 年歇业。

二 上海证券物品交易所成立始末

民国肇始，革故鼎新，中国步入剧烈变动的社会转型期。③ 上海证券物品交易所就是在此背景下成立的。上海证券物品交易所是当时中国最大的交易所，其成立伊始，便为各界所关注。现有的研究文献表明，学者们从民国交易所、④ 近

---

① 《银行周报》，第 2 卷第 11 号，1918 年，第 21 页。
② 《北京交易所停市》，《申报》1924 年 8 月 29 日。
③ "社会转型"，是一个有特定含义的社会学术语，意指社会从传统型向现代型的转变，或者说由传统型社会向现代型社会转型的过程。参见郑杭生、杨敏《社会实践结构性巨变对理论创新的积极作用》，《中国人民大学学报》2006 年第 6 期。
④ 民国时期，时人已开始研究交易所，上海证券物品交易所是其主要研究对象之一，但总体来看研究还较为粗略。如王恩良、吴叔田等编写的《交易所大全》，仅对物品及证券交易的方法、技巧、规则与历史等作一概述；杨荫溥是民国时期的财经专家，他的《中国交易所论》简述了包括上海证券物品交易所在内的中国各种交易所的交易、运营及监督情况。改革开放以来，学者们对旧中国交易所的历史沿革、流变关注较多，研究相对精细；并出现了直接研究上海证券物品交易所的论文。详见汤心仪等编《战时上海经济》第一辑，上海经济研究所 1945 年版；杨荫溥《中国交易所论》，商务印书馆 1932 年版；朱彤芳《旧中国交易所介绍》，中国商业出版社 1989 年版；彭厚文（转下页）

代华商证券发展①的角度,已对上海证券物品交易所成立问题有所涉猎,并从益于经济发展的角度,对其成立给予了积极评价。但该交易所创立历时四年,其间当事各方歧见纷呈,诸多细节问题,现有的研究成果仍语焉不详;亦未从近代中国社会制度转型的角度考察其深意。爰此,笔者拟在前人研究的基础上,对上海证券物品交易所创立问题进行专门研究,结合一些新的史料,从社会转型期法制实践的视角,在近代中国社会制度转型大背景下重新审视各方诉求,进行个案剖析,对上海证券物品交易所创立问题有了新的认识,敬请方家指正。

(一)农商部依法批复:反对合办

上海证券物品交易所的申办始于 1916 年,领衔者是大名鼎鼎的孙中山,具体申办者是虞洽卿(虞和德)、朱执信、盛丕华、闻兰亭、沈润挹等上海工商界知名人士,孙中山的用意是通过上海证券物品交易所筹措革命经费。② 1917 年 1 月 22 日,孙中山、虞洽卿等人正式向北京政府农商部呈请设立上海交易所。③ 鉴于孙中山等人强大的影响力,很快 1917 年 2 月 24 日农商部批复:"查所拟营业目的,除物品交易一项,应咨请江苏

(接上页)《近代上海证券交易所流变考述》,《江南学院学报》1998 年第 3 期;刘逖《上海证券交易所研究》(1910—2010),上海人民出版社 2010 年版;林榕杰《1948 年的天津证券交易所》,《中国经济史研究》2008 年第 2 期;邵雍《上海证券物品交易所简介》,《民国档案》1991 年第 2 期;剑荣《虞洽卿与上海证券物品交易所》,《档案与史学》1996 年第 3 期。

① 因为上海证券物品交易所曾在近代中国证券市场中扮演重要角色,所以研究近代中国证券市场往往涉及上海证券物品交易所,代表性的成果有朱荫贵的《1918—1937 年的中国证券市场》(《复旦学报·社会科学版》1999 年第 5 期),刘志英的《近代上海华商证券市场研究》(学林出版社 2004 年版),田永秀的《中国近代股票市场研究——晚清、北洋政府时期》(人民出版社 2014 年版)等。

② 孙中山拟通过上海交易所筹措革命经费的设想,源于日本友人建议。1916 年 12 月,因日本神户航运巨头三上丰夷长期支持中国革命,孙中山正式决定与其在上海共同创办交易所,12 月 5 日,孙中山委派戴传贤与三上的代表中岛行一签订草约,此约规定资本总额为上海通用银元 500 万元,由日方提供无息贷款 250 万元,其条件是交易所须聘用日本资本团推选的精通业务之人为顾问,合议处理一切,交易所所得红利,日本资本团得 8/10,创立人得 2/10。其后草约略有改动,即行定案。签字者有孙文、赵家艺、虞洽卿、张静江、洪承祁、戴传贤、周佩箴等 11 人。参见杨天石《蒋氏密档与蒋介石真相》,社会科学文献出版社 2002 年版,第 58—59 页。

③ 上海交易所申报的业务范围有证券、花纱、金银、中外布匹、油类、粮食等 7 项。据当事者追忆,呈文起草者为朱执信。参见杨天石《蒋氏密档与蒋介石真相》,社会科学文献出版社 2002 年版,第 58—59 页。

省长查复到部，再行核办。其证券一项，系为流通证券起见，应准先行备案。惟呈请手续核与《证券交易所法施行细则》第二条规定未符，应即遵照办理。"显然，农商部只批准了证券一项，并不同意证券与物品合办，这是有法可依的，其依据是1914年民国北京政府颁布的《证券交易所法》，此法明确规定，每一地方只能设一个证券交易所，证券交易所只能单一经营证券。① 但因"府院之争"，北京政局动荡混乱，设立上海证券物品交易所一案暂被搁置。② 至1918年年初，农商部根据《证券交易所法施行细则》第六条"自暂行立案后满一年并不禀请批准设立者其立案无效"之规定，令虞洽卿按照1917年2月批复迅速筹办证券交易所，③ 并强调"如逾期未能开办，即准由他商设立"，而虞洽卿等人坚持要开办兼营证券与物品两项的综合交易所。此时，反对虞洽卿等合办交易所还有"状元实业家"张謇，他与农商部意见基本相同，主张交易所应一区一所，即不能多种经营，做了证券就不能再做物品；还强调交易所不能依靠外资作股本。

双方僵持之际，1918年3月，日本上海取引所经日本政府特许创立，因日本人设立上海取引所，原有操纵上海市面之野心，所以，上海证券物品交易所发起人"骤自沉寂中变为急进者"④。虞洽卿等人公开呼吁，联合上海各业各商帮，"上海交易所全体组织为一公司，以期利害共同，互相辅翼，而交易所则拟分为三处或七处，以利进行，而免窒碍"⑤。虞的倡议得到了上海总商会的支持，上海总商会向农商部转呈了立案文书，认为"上海交易所之议议而未行，诚恐外人夺我利权，追踪无及"，"米业等董事愿加入发起，证券物品一并办理，其立论均属切当理合，据情转呈，仰祈钧部府赐察核，准予立案"⑥。1918年4月农商部批复："虞和德等所拟办上海证券交易所，前经本部批准，先行备案。兹复据呈请物品交易所之设，因时会之趋势，实不容再缓，请予一并立案。"同时又坚持认

---

① 王恩良、吴叔田等：《交易所大全》，交易所所员暑期养成所，1921年版影印本，第1—11页。参见《民国丛书》第二编第41卷，上海书店1990年版。
② 剑荣：《虞洽卿与上海证券物品交易所》，《档案与史学》1996年第3期。
③ 1917年8月，孙中山因领导法运动被北京政府通缉，已被取消交易所申请人资格。
④ 杨荫溥：《中国交易所论》，商务印书馆1932年版，第37—38页。
⑤ 《上海交易所濡滞之原因》，《银行周报》第2卷第49号（总第80号）（1918年12月17日）。
⑥ 《请设上海交易所续闻》，《银行周报》第2卷第15号（总第46号）（1918年4月23日）。

为证券交易与物品交易个别经营是各国交易所通例,"应分为三交易所办理"①。此项批复表明,农商部的态度虽然有所改变,允许创办物品交易所,但同时要求应开办金银、证券、物品等三个交易所,与虞洽卿等合办交易所的期望可谓是南辕北辙。而施兆祥等领导的金业于1918年4月抢先获农商部批准,拟创立金银交易所,更是给虞洽卿等人当头一棒。

1918年下半年,虞洽卿等一面坚持合办原议,反对开办三个交易所,希望农商部收回成命;一面依据农商部的批复加紧上海交易所的筹备工作,指定盛丕华、赵士林、邹静斋、洪承祁、周佩箴五人为筹办干事,负责筹备具体工作。② 确定股本国币500万元,共10万股,③ 所缴股款,每日指定存入中国银行。④ 各业热情高涨,认股异常踊跃,⑤ 10月份,股票全部售罄。

(二) 分办合办之论战:合法性与真实性

转眼到1918年年底,面对分歧,农商部令上海总商会协调,总商会要求各业就分办合办问题先自行研究,再集体讨论。在交易所申办初期,金业施兆祥等与虞洽卿等意见一致,主张合办,1918年4月金业成功获准成立金银交易所后,态度大变,主张分办。不仅如此,当得知虞洽卿等人坚持合办原议,并仍在积极运作之后,1919年年初金业在《申报》刊登了《金业对于上海交易所应主分办之意见书》⑥,公开反对合办,盛丕华等人对此极为愤慨,被迫应战,对《金业对于上海交易所应主分办之意见书》逐条进行批驳。⑦ 双方不仅由合作伙伴变为竞争对手,而且公开分庭抗礼。

金业与盛丕华等的论战始于1919年1月10日,接连三日金业在《申

---

① 《上海交易所批准立案》,《银行周报》第2卷第16号(总第47号)(1918年4月30日)。
② 《上海交易所筹备复业》,《银行周报》第2卷第33号(总第64号)(1918年8月27日)。
③ 《上海交易所之组织概情》,《银行周报》第2卷第27号(总第58号)(1918年7月16日)。
④ 《上海交易所之收股情形》,《银行周报》第2卷第37号(总第68号)(1918年9月24日)。
⑤ 《上海交易所之组织概情》,《银行周报》第2卷第27号(总第58号)(1918年7月16日)。
⑥ 《金业对于上海交易所应主分办之意见书》,《申报》1919年1月10、11、12日。
⑦ 《驳金业全体对于上海交易所主张分办意见书》,《申报》1919年1月20、22、23、24、25日。

报》连载《金业对于上海交易所应主分办之意见书》（以下简称《金书》），提出了分办交易所的十大理由。此后，1919年1月20、22、23、24、25日，盛丕华等人在《申报》连续发表《驳金业全体对于上海交易所主张分办意见书书》（以下简称《驳书》），对金业提出的十大理由逐一批驳，坚持合办。其中，直击"分办合办问题"的焦点论题有三个。

论题之一：交易所合办是否合法。《金书》认为农商部曾批复，要求上海交易所设立时，"将证券金银及花纱布匹及粮食等项，分为三交易所办理，各撰样章呈部核准后，再行分类招股"，而上海交易所创办时，既不依据《公司条例》确定章程，又不遵照农商部的要求分类办理，"任意变更部案，贸然登报合招股份"[1]。《驳书》反驳道，农商部手续问题与分合办理交易所毫无关系，农商部或可以此言责备创办人，但金业"实为共同主张合办之一部分"，以此相诘难，"实不啻以子之矛攻子之盾"；《驳书》承认农商部曾要求分为三交易所办理，但又辩解道，经开会讨论，认为交易所"分则力薄，合则力厚"，"部令既已，大体核准，不过于分合之间办理稍有差异，吾辈但求为国家社会利益起见，部中当无不力与维持"；而对于为何"贸然登报合招股份"，《驳书》解释说："日人所办取引所进行甚速，尤不能不先行着手组织，以期早日成立，故即拟定认股办法。"[2]

论题之二：发起人是否具有代表性。《金书》认为，发起交易所的为少数商业中人，其能否代表多数同业全体之真意，尚有疑问，其能力能否致各商帮全体尽入于交易所，此更须研究，恐名为合办，实则不能使各同业归附。[3]《驳书》认为，发起交易所时，虽为少数商业中人，但交易所发起人俱为各业之领袖，即无异代表各业，如果认为少数商业领袖，不能发起创办交易所，"果如其说，必各业人人发起创办交易所时，方能代表多数同业全体之真意，则何其难矣，虽谓中国交易所永无成立之望，亦非过言"；至于能否致各商帮全体尽入于交易所，《驳书》认为，"盖在交易所交易者为经纪人，初无各商帮尽入交易所之必要，其经纪人能否，依需要供给之。信任全在乎组织之善否及信用值厚薄，不在乎分与合也，如果组织不善，信用不足，虽各业分办有何意哉"[4]。

---

① 《金业对于上海交易所应主分办之意见书》，《申报》1919年1月10日。
② 《驳金业全体对于上海交易所主张分办意见书书》，《申报》1919年1月20日。
③ 《金业对于上海交易所应主分办之意见书》，《申报》1919年1月10日。
④ 《驳金业全体对于上海交易所主张分办意见书书》，《申报》1919年1月22日。

论题之三：是否因效仿日本取引所而合办。《金书》认为，日本取引所之所以将证券物品合办，系侵夺华商利权一种手段，而在其国内所办之取引所，大抵将证券物品分别经营，我华商本无侵夺各业利权之观念，何必取法日本取引所合办之办法。① 《驳书》反驳道，日本在上海办取引所，为夺华商利权。日本在上海所办取引所，确为证券物品合办，调查其在国内之取引所，神户为证券、米业、棉纱三种合办，东京则是最初证券、米业两种先后开办，各为一所，后收入不能维持而合并为一，且加入其中的东京米谷取引所，也包含他种物品，不能以"大抵"二字来做模糊之谈。②

盛丕华等与金业施兆祥等的论战，涉及交易所分办与合办的诸多方面，又在影响较大的《申报》上公开辩论，对一般民众而言，是一次难得的交易所知识普及活动。不过，因为盛氏与施氏均为上海商界要人，虽然施氏势力稍弱，但关于分办交易所一事，施氏与农商部意见一致，故双方可谓势均力敌。从法律角度看，《金书》提出了一个重要问题，即交易所合办不合法。因 1914 年 12 月 29 日民国北京政府颁布的《证券交易所法》已明确规定，每一地方只能设一个证券交易所，证券交易所只能单一经营证券。③ 故《驳书》所主张的合办交易所属违法之请，且农商部亦极力反对。因此，尽管盛氏等的反驳貌似有一定道理，实则没有法律依据，显得苍白无力。

然而对论战双方而言，结果则是两败俱伤。因为从论战中，人们察觉到金业一方的出尔反尔，对现代交易所仅略知皮毛，在道德知识层面失分不少；而盛丕华一方虽然现代交易所知识较为丰富，论述也是头头是道，但是对施兆祥等所提出的交易所违法设立、违背部令、贸然合招股份等关键问题，却无法给予正面回应，只能含糊其辞，让一般民众对其合法性亦产生质疑，这对上海交易所的申办是一个沉重打击。此后不久，民众即要求退股，与此前的积极认购交易所股票形成鲜明对比，应该与这次论战不无关系。

(三) 农商部妥协：情胜于法

金业施兆祥等发表了《金业对于上海交易所应主分办之意见书》，退出了合办上海交易所申请队伍。虞洽卿联合其他各业领袖仍坚持合办原

---

① 《金业对于上海交易所应主分办之意见书》，《申报》1919 年 1 月 12 日。
② 《驳金业全体对于上海交易所主张分办意见书》，《申报》1919 年 1 月 24 日。
③ 王恩良、吴叔田等：《交易所大全》，交易所所员暑期养成所 1921 年版影印本，第 1—11 页。参见《民国丛书》第二编第 41 卷，上海书店 1990 年版。

议，他们认为"股票交易本微，而棉市油豆皮毛等，只能作为现物交易，惟花纱有定期交易，若分设三交易所，则开支既大，且各不相顾，终归失败，合并办理，虽有一业亏折，仍可酌盈剂虚，共同维持"①，声称前后会议八次，始终不变，经各业领袖签名认可，以上海总商会名义联名呈请农商部立案。

上海总商会的呈文中各业领袖包括股票、杂粮、花纱、布匹、皮毛等业。上海股票商业公会从报纸上看到此呈文，异常气愤，急电农商部云，"阅报载上海总商会覆大部呈文云，敝会亦派代表赞成与交易所合办等情，阅之曷胜惊讶，查敝会并未遣派代表与议"②，即上海股票商业公会公开表明并未参与前议，并不赞成合办交易所。上海股票商业公会的鲜明态度，让人们对虞洽卿等合办交易所一事再生疑窦，一些认股人还曾到交易所当面质询。而农商部方面，至1919年2月17日，仍未见明令，经各发起人开会讨论，推举虞洽卿、邹静斋、李云书等六人为代表，进京与农商部直接谈判，③ 事实上，虞洽卿等人抵京后，表面上是在与农商部进行谈判，而暗地里则在找寻各种关系，积极疏通，运作上海交易所注册事宜，但忙活一个多月，收效甚微。而此时不少认股人已失去耐性，纷纷要求退股，虞洽卿等无可奈何，3月21日发表退股通电。④ 原文摘录如下：

> 和德等为挽回国权商利，于民国五年岁暮发起上海交易所，中间因政局之变乱，停止进行。日人乘我停顿期间，先发制人，组织上海取引所。……方冀赶速开办，实惠经营，何图少数利欲之徒违约破坏，而农商部则坚持分办，不予一月开业，而我自办之交易所，乃益陷于日暮途穷之境，实上海商界莫大之损失，而国家莫大之耻辱也。其后发起人等屡次陈情于所以不能分办之理由，反复说明。去年十二月杪农商部明令上海总商会召集各业各商帮开会讨论详覆。沪商等接此明令，欢喜无量，知农商部之所以迟迟不核准者，实为郑重商业起见。一月八日在商会集议之时，一致决议主张合办。呈复已久，仍无核准明文。……数月以来，各认股人见成立之无期，纷纷要求退股，

---

① 《各业董赞成交易所合办》，《银行周报》第3卷第2号（总第84号），1919年1月14日。
② 《股票商业公会呈农部电》，《申报》1919年1月25日。
③ 《交易所议举代表晋京》，《申报》1919年2月18日。
④ 《北京电》，《申报》1919年3月21日。

和德等既不敢期农商部之必解核准，更不能长此拖延，置认股人之意思于不顾。自发起迄今，时阅一载，呼吁再四，力竭声嘶，如再展长日期，实无词以对认股之人，惟有顺其所请，发还认股定银之一法，事非得已。①

通读上述虞洽卿的退股通电，可以看到，虞洽卿一方面简要回顾了申办上海交易所的曲折历程；另一方面在言辞中又多次提及农商部，暗示"认股之人"退股与农商部"迟迟不核准"合办有关，且以爱国、抵制日本取引所相号召，引发社会舆论广泛关注。农商部面对通电颇有压力，态度亦有所缓和，来电劝慰，并促省道查复，会同上海总商会开会集议。②农商部此举显然意味深长，有将皮球踢给地方官商、逃避责任之嫌。因虞洽卿等商界大佬与上海官商关系极为密切，形势显然在向着有利于虞洽卿等人的方向发展，其退股通电起到了"以退为进"的效果。

上海总商会会长朱葆三、沪海道尹王赓廷、江苏省实业厅厅长张轶欧等按照农商部的要求，调查虞洽卿等拟办上海证券物品交易所一案，他们力荐证券物品合办，并将调查结果联合会呈农商部。与此同时，虞洽卿、李云书等由京返沪后，京城疏通工作并未停止，转由闻兰亭接替，其公关的主要对象依然是农商部要员，并将每日活动以信函方式报告，从1920年3月24日至4月29日，一个多月间，仅闻兰亭书写的报告信函便多达28件，详细汇报其在京公关进展状况。③

经上述"退股通电"以及多方疏通、力荐，农商部压力陡增，最终妥协，批准上海交易所合办（除金业、股票两业外）。批文大量引用了张轶欧等调查结果呈文内容，摘录如下：

虞和德等拟办上海证券物品交易所一案，各商帮争执合办分办，虽理由各执，然就实际上论，则合办资本势力较为雄厚。况主持分办者仅金业、股票两业，取决于多数，亦以合办为宜。更以该所组织经年，股本集有成数，成立自易。为目前之解决，莫如先令主张合办者赶日成立。倘能办有成效，异议自息，于商业利权上亦可挽

---

① 《上海交易所功亏一篑》（《申报》副标题：虞和德等发还认股定银之原电），《申报》1919年3月24日。
② 《交易所主任北上》，《申报》1919年4月24日。
③ 上海市证券物品交易所档案（1919—1939年），档号S444-1-8。

回。……既据查明，上海证券物品交易所除金业、股票两业外，多数均以合办为宜，自应准予，先行开办。①

1920年5月10日，在石路景和里证券公会内，上海交易所证券部经纪人就召开了成立会，公推邵玉书为临时主席，姜子贤为临时书记，公举洪善长为正部长，周仲华为副部长，杨和清、朱肖琴、萧荣珍、金益之、黄渔亭为议董。②

1920年7月1日上海第一家华商综合性交易所——上海证券物品交易所正式开业，采用股份有限公司形式，设理事长、常务理事等职位，第一任理事长为虞洽卿，盛丕华、赵士林、沈润挹、闻兰亭、郭外峰、周佩箴为常务理事（详见附表5）。额定资本为500万元，先收125万元，分10万股。交易所地处四川路和爱多亚路（今延安路）拐角，交通便利，营业部大楼呈半圆形（如图5-1所示）。交易所理事会以下设会计科、计算科、场务科、总务科、文书室等机构。交易市场分为七个部：金银部、粮油部、布匹部、皮毛部、证券部、棉纱部、棉花部，各部分别专设市场，每一部有经纪人55名。证券议定佣金保证金：（1）公债票买卖之佣金，系25%，保证金照价值6%。（2）有价证券（即股票等类）佣金系

图5-1 上海证券物品交易所（上海市档案馆馆藏）

---

① 《上海证券物品交易所成立经过与主管官署往来的重要文牍文本》，上海市证券物品交易所档案（1919—1939年），档号S444-1-1。
② 《上海交易所证券部开成立会》，《申报》1920年5月11日。

5%，保证金亦照市价6%。① 而早在1920年1月，上海华商证券交易所已宣告成立，如此一来，在上海一地就出现了两个证券交易所。

（四）议案通过：违法依旧

当时亦有精通法律人士，对上海证券物品交易所的成立、运营提出质疑，如江苏省议员黄申锡于1920年11月向江苏省议会提议撤销上海证券物品交易所，并把提议的内容公开刊载于《申报》，指出上海证券物品交易所未经农商部正式批准给照，属违法营业；违反《证券交易所法》第三条，证券交易所每地方设立一所为限的规定等五个理由，故应予撤销。其原文摘录如下：

> 上海证券物品交易所，假托证券交易所法定之面目，取巧加以物品二字，以定期买卖为名，营买空卖空之事业，……谨列举其违法之黑幕，及应撤销之理由如下：按证券交易所法施行细则第五第六条，凡交易所须经农商部正式批准，给予执照，……，今该交易所并未经部批准给予执照，竟公然开业于公开市场，其开幕日理事长之报告，仅谓本所现在开业，系奉省令，试问省公署能否代部行使职权？此该交易所之违法，亟应撤销之理由一也。按证券交易所法第三条，证券交易所每地方设立一所为限，……闻农商部有令饬其删去证券两字，而兼营并包之棉花、棉纱、布匹、金银、杂粮、油类各部，亦可由该部商业分别呈部，各自设所交易，是证券也，物品也？该交易所一无存在之余地，又安用此非驴非马之买卖机关，以陷害我商民哉？此该交易所之违法，亟应撤销之理由二也。按证券交易所法附属规则第一条第二项，证券交易所，非缴股至半额以上，不得开业。今该交易所仅缴股四分之一，竟开幕三月余矣。此该交易所之违法，亟应撤销之理由三也。按证券交易所法附属规则第三条，证券交易所之股份，非有股本银半额以上之缴纳，不得转售于他人。本为拘束股东而设，今该交易所之股本，缴纳未满半额，尽人知之，而该所股票竟每日悬有市价，且为该所交易之大宗。此该交易所之违法，亟应撤销之理由四也。按证券交易所法第七条及附属规则第二条，证券交易所之营业保证金，为其股本银三分之一。前项营业保证金，须于开业以前，按照应缴数额，以五成现金、五成政府公债票，缴存该地方，或其附近地方经理国库之银行。所以保障买卖者之权利，法至善矣。今该交易所

---

① 《证券物品交易所今日开幕》，《申报》1920年7月1日。

股本，仅收到四分之一，安有三分之一保证金缴存国库之银行耶？向该交易所为定期买卖者，危险孰甚。此该交易所之违法，亟应撤销之理由五也。①

江苏省议会根据黄申锡的提议，通过了取消上海交易所议案。之后，1920年11月14日，黄申锡返回上海，发表谈话，认为"上海证券物品交易所，无论任何国不能立足而成营业机关，想虞商部必尊重省会所通过之议案，而停止该交易所之营业也"，黄申锡在谈话中强调，农商部准许该交易所开办文件，明确限定不得买卖金银与证券，而该交易所竟以证券为名，明显违背部令，黄申锡又称，"该交易所尚未领到部照，遽于所名之上，加以特准字样，（按上海交易所英文名为 The Chartared Produce and Stock Exchange 意译为特准物品与证券交易所）亦属违法。其办法之尤可反对者，则在买卖本所股票，此种办法，为他国证券交易所所无，闻该交易所现派极重要职员一人，运动农商部给照，以五千股或二十五万元为运动费，该交易所名为抵制日人取引所而设，实则变形之赌场，查中国公司条例第一百二十八条，规定公司之未在部注册者不许发行股票，凡未经注册之公司，其所发行之股票，皆为无效，依此条文，凡在上海交易所买卖其股票而遭亏折者，得向任何正式法庭，要求该所赔偿损失云"②。黄申锡发表于《申报》的文章及稍后在上海的谈话，有理有据，揭露了上海证券物品交易所申办及运营种种违法与不规范行为，可惜这些言论并未引起当局足够的重视。

综上，上海证券物品交易所的创立是近代中国证券史上的一件大事，对近代中国证券市场乃至整个远东证券市场格局都产生了深远影响。从法制的角度看，上海证券物品交易所的成立，又颇具讽刺意味，因为依据《证券交易所法》《公司条例》这两部法律，均可以判定上海证券物品交易所申请合办上海交易所即是违法之请。因为其违法要求合办上海交易所，所以申请多年，农商部未予批准，坚持不让其注册；因为其违法坚持合办、违反部令、贸然合招股份等，所以才有后续与金业之争，尽管农商部不批准申请是职责所在，金业的抗争也是为一己之私，然而在客观上他们起到了维护法律尊严的作用。事实上，上海证券物品交易所申办者一方面在按照法律程序推进申办工作；另一方面他们又利用各种人情关系和社会舆情，

---

① 《提议撤销证券物品交易所》，《申报》1920年11月8日。
② 《大陆报纪黄申锡之谈话》，《申报》1920年11月15日。

持续向农商部施压。多方博弈的结果是，农商部没能顶住压力，上海证券物品交易所竟被批准成立，人情关系和社会舆情最终完胜于法律。

在社会急剧转型的民国初年，这种"情胜于法"的事件当然并非孤例，其深层次的原因是：在帝制时期，国家钳制社会舆论，社会主流思潮是忠君和儒教，相较于忠君和儒教，人情属于次一级的忠诚；而中华民国建立后，尤其是新文化运动的深入，忠君和儒教同时失效，社会舆论喷薄而出，人情亦成为失范状态下政治经济、社会活动极为重要的润滑剂，渗透于社会的各个角落，民国初年的社会已经演变成为一个社会舆论和人情主导的社会。虽然彼时民国创立已经近十年，在证券市场也颁行了多部新的法律，人们已经有法可依，但法制并未深入人心，不仅仅是普通民众法制观念淡漠，即便是当时的一些地方精英，如上海总商会会长、江苏省实业厅厅长等，从他们公开游说农商部的言行来看，他们亦视新法如无物，甚至于当时的中央政府农商部执法官员亦不能严格执法。仅有江苏省的议员及议会能依法办事，于1920年11月通过了由议员黄申锡提议的取消上海交易所议案，尽管此时上海隶属于江苏，但上海证券物品交易所却未执行这个决议，照常营业。这些现象表明，在民国初年的社会转型中，宪法法令、规则契约等正式制度的转型可通过制度引进，国家强制推行，一蹴而就，而人们的法制观念、规则意识、行为方式等非正式制度转型之路则漫长得多。[①] 诚如托克维尔（A. Tocqueville）在研究法国大革命后得出的结论："取胜的是旧制度的那些原则"，"恰如某些河流沉没地下，又在不太远的地方重新冒头，使人们在新的河岸看到同一水流"[②]。同样的，辛亥革命成功后，中华民国颁布的"新法"与帝制时期传承下来的、仍为人们所认可的"旧制度的那些原则"的冲突与融合事实上才刚刚开始。

三　上海证券物品交易所的初步发展

上海证券物品交易所，自1920年7月2日开始营业，[③] 生意日见畅旺，一切布置，渐臻完备，为便利经纪人出票用款，还拟筹备所内应自设

---

① 诺思认为制度是"一系列被制定出来的规则、守法程序和行为的道德伦理规范"。制度有两个层次，一是非正式的，如社会规范、道德约束、惯例、禁忌、风俗文化等；二是正式制度，包括宪法、法令、政治规则、经济规则和契约等。参见道格拉斯·C. 诺思《制度、制度变迁与经济绩效》，刘守英译，上海三联书店1994年版，第3页。
② [法] 托克维尔：《旧制度与大革命》，冯棠译，商务印书馆2013年版，第164、32页。
③ 邓华生：《旧上海的证券交易所》，《上海文史资料选辑》第60辑，上海人民出版社1988年版，第321页。

银行，定名信托银行，该银行创设之后，所有场中证券，可按照银行章程作抵借品用银，将给经纪部带来不少方便。① 证券物品交易所的股票市价也不断涨价。② 由于证券物品交易所股票飞涨，票面12.5元的股票已涨至61.3元，一般卖空头之经纪人，所有保证金几有不足之势，若再行步涨，卖空方面，亏折不小，异常危险。8月10日，经纪部不得不召开临时紧急会议，筹议维持办法，议决唯有增纳保证金，每股20元，以10元存经纪人处，以10元交交易所保存，以备涨落过甚，免致危险，等结账后益亏仍可收回，众皆赞成。③

1920年9月，上海证券物品交易所的证券部，如公债票、兴业银行股票、汉冶萍股票，及各项公债，渐次进行，逐步完备，该所股票，市价已达五十七八元，营业颇为发达，于是该所虞理事长，又提议拟在沪洋商各种实业之外国股票，物色种类，添入证券部，以方便华人买卖。④ 从1921年5月1日的上海证券物品交易所市场公告《证券部现期买卖纲目》可知：在该所上市交易的股票主要有：招商局股、中国银行股、汉冶萍股、交通银行股、大生纱厂股、浙江兴业银行股、中华书局股、通商银行股、商务印书馆股、四明银行股、本所股、和丰纱厂股、面粉交易所股、荧昌火柴股、上海银行股、英美烟草公司股、民新银行股、大中华纱厂股、南洋烟草公司股、劝业银行股、华商电器股、宁绍公司股、华洋德律风股、振泰纱厂股等。⑤

1920年年底，上海证券物品交易所股票市价为55元多，⑥ 是原来12.5元票面价格的四倍多，上海证券物品交易所的一些经纪人看到有利可图，大做本所股的投机买卖，方法是利用定期交易中的近期和远期的价差，低吸高抛，攫取巨额利润。这种炒作，使上海证券物品交易所股票竟成为抢购囤积的对象，从上海证券物品交易所拟于1921年1月29日交割的各项货品总数看，本所股票12250股，而汉冶萍股票仅300股，华商电气优先股仅90股。⑦ 本所股成为交易的重中之重，与其他股票交易相比，相差极为悬殊。这种自我炒作，背后必然隐藏着重重危机。

---

① 《交易所设信托银行》，《申报》1920年8月5日。
② 《证券物品交易所营业发达》，《申报》1920年8月1日。
③ 《交易所股票价奇涨后之会议》，《申报》1920年8月11日。
④ 《证券物品交易所营业之发达》，《申报》1920年9月15日。
⑤ 《证券物品交易所设现期交易（续）》，《申报》1921年5月2日。
⑥ 《上海证券物品交易所市况》，《申报》1920年12月30日。
⑦ 《证券物品交易所消息》，《申报》1921年1月13日。

1920年7月初上海证券物品交易所自获准"先行开办"以来,股票价格虽已翻番,但一直未获得农商部颁发的营业执照。虞洽卿等人知道营业执照事关重大,就营业执照事宜与农商部多次沟通未果。1920年9月10日,虞再次呈文农商部要求注册颁发执照。之后,更是亲赴北京游说农商部官员,私下联络农商总长王乃斌、交通总长叶恭绰、财政次长潘复等人疏通关系,经多方努力,1921年3月《物品交易所条例》颁行后,交易所营业执照事宜最终办妥,① 同年6月25日,农商部正式批复发给上海证券物品交易所营业执照。

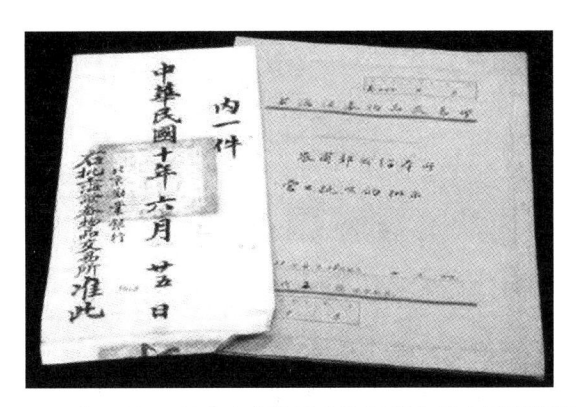

图 5-2　1921 年 6 月 25 日农商部发给上海证券物品交易所的营业执照
（上海市档案馆馆藏）

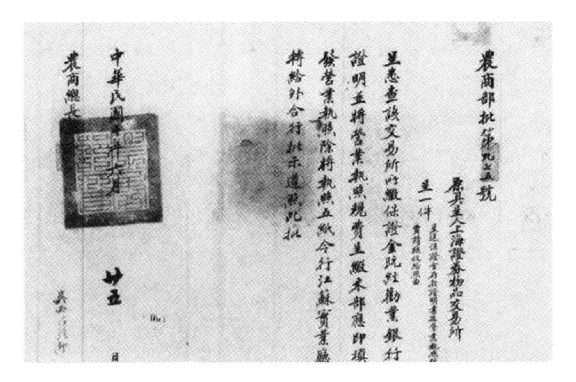

图 5-3　农商部发给上海证券物品交易所执照的批复
（上海市档案馆馆藏）

---

① 截至1921年3月31日,上海证券物品交易所财产目录见附表6。

四　上海华商证券交易所

上海华商证券交易所的前身，是1914年创办的上海股票商业公会。1919年，时任上海股票商业公会会长的周韶笙与来自上海证券物品交易所的洪善强签订了一个秘密协议：上海证券物品交易所一旦成立，股票商业公会全体会员入其证券部，成为上海证券物品交易所经纪人。签此协议前，周韶笙没有与众会员商议，事后被公会会员发觉，群情激愤，周韶笙被罢免了会长职务。公会会员商议大家都不去证券物品交易所，同时为了与上海证券物品交易所相抗衡，全体公会会员决定自己创办一个证券交易所，全体会员均为发起人，同时又是该所的经纪人和股东，形成了有别于其他证券交易所，独一无二的"三位一体的组织"①，取名"上海华商证券交易所"②，推范季美为筹备主任。

上海华商证券交易所经纪人即是原来的会员，名额为40人，证券交易所总资本分作12500股，每股20元，共计25万元，先收1/4即6.25万元，全部由经纪人分认。③ 1920年1月12日，孙铁卿、尹韵笙、陈兰庭、范季美、张慰如、何世葆、顾克民7人致电农商部暨江苏省长实业厅称："上海股票公会，改组证券交易所，资本认足，已收证据金1万元，存上海浙江兴业银行，昨日开会议决报部备案，复开收股款，并选定干事七人，……现经同业筹备，已告成立。"④ 1920年3、4月间，将会址迁到上海汉口路422号。⑤

1920年5月20日，上海华商证券交易所，在汉口路第三百三十三号举行股东创立会。股东出席者很多，公推孙铁卿为临时主席。由孙铁卿报告该所创办经过情形，并请追认开办费，及将章程逐条讨论，均经通过。旋即投票选举理事七人，监察二人。计范季美四千八百七十五权，张文焕四千八百二十五权，孙铁卿四千八百权，尹韵笙四千六百七十五权，陈兰廷四千五百五十权，冯仲卿三千九百五权，周守良三千二百二十五权，均

---

① 邓华生：《旧上海的证券交易》，《上海文史资料选辑》第60辑，第332—333页。
② 许念晖：《上海证券交易所概况》，《文史资料选辑》第二十四辑。
③ 上海市通志馆年鉴委员会编：《上海市年鉴》上册"金融"，中华书局1937年版，第125页。
④ 《证券交易所立案要电》，《银行周报》第4卷第2号（总第133号）（1920年1月13日）。
⑤ 邓华生：《旧上海的证券交易所》，《上海文史资料选辑》第60辑，333页。

当选为理事。顾克民四千四百四十权,陈水清三千二百权,均当选为监察。① 推举范季美为理事长,推定何世葆为会长。②

1920年9月,上海华商证券交易所在银行公会开股东会,因开幕以来,营业蒸蒸日上,决定增加股本100万元,收足25万元,每一经纪人须200股以上,原有30余家完全赞成,故股份价格渐涨,现又有20余家愿充经纪人,纷纷投函加入,该交易所函致经纪人公会,于12日开会,以前只定40名经纪人,既经发达,现改50人,自后永不再加,全体通过。③

上海华商证券交易所申请营业执照,很快得到北洋政府财政、农商两部的批准,因为其与上海证券物品交易所申办的情形不同,它完全是合法合规的,单一经营证券的交易所。1921年1月,上海华商证券交易所正式开业。④ 因为它有原上海股票商业公会客户基础,因而其证券交易反比上海证券物品交易所兴隆,⑤ 成为我国"证券市场之中心"⑥。华商证券交易所的每日证券交易行情,刊载于《新闻报》和《申报》,成为沪上买卖证券的重要参考。⑦ 交易对象以北洋政府所发行各种公债为主,兼营本所股。⑧ 该所交易上下午各做一盘,分期货、现货两种,期货按月交割,分本月份、下月份、再下月份三种,现货隔日交割。⑨

1921年3月,上海华商证券交易所首次增资,决定扩股增资至100万元,同时将经纪人由40名扩充为50名。由于业务兴旺,屡屡刷新日成交额纪录,声誉大振。⑩ 1921年6月第二次增资,资本从100万元增至

---

① 《华商证券交易所开成立会纪》,《申报》1920年5月21日。
② 上海市通志馆年鉴委员会编:《上海市年鉴》上册《金融》,中华书局1937年版,第125页。
③ 《华商证券交易所消息》,《申报》1920年9月13日。
④ 张一凡、潘文安:《财政金融大辞典》,世界书局1937年版,第53页。
⑤ 许念晖:《上海证券交易所概况》,《文史资料选辑》第二十四辑。
⑥ 杨荫溥:《中国之证券市场》,上海市档案馆编《旧上海的证券交易所》,第308页。
⑦ 许念晖:《上海证券交易所概况》,《文史资料选辑》第24辑,第155页。
⑧ 杨荫溥:《中国交易所》,商务印书馆1932年版,第28—29页。
⑨ 杨荫溥:《中国之证券市场》,上海市档案馆编《旧上海的证券交易所》,第309页。
⑩ 奇良:《上海华商证券交易所概况》,《20世纪上海文史资料文库》(5)"财政金融",第286—287页。

300万元①，同时将经纪人从50名扩充为80名。②

1921年年底，上海发生"信交风潮"，上海华商证券交易所遭受沉重打击。加之"九六风潮"影响，其面值20元的股票曾暴跌至4元。③致使该所被迫改组，压缩资本至100万元。④此后，上海华商证券交易所虽然还做股票交易，但数量很小，只有中国银行、通商银行、中央信托、中华书局、南洋烟草等股票。主要靠开拍北洋政府公债度日，但因为当时政局不稳，公债价格暴涨暴跌，1924年，上海华商证券交易所曾两次停业，"几濒于危"⑤。

1918年北京证券交易所成立，1920年上海也有了证券物品交易所，这些交易所均盈利丰厚，各地群起效仿。其中，天津证券物品有限公司规模较大，亦颇有特色。民国初年，天津就有股票交易。交易的股票品种很少，仅有几只，它们是恒源纱厂股票、寿丰面粉厂股票、自来水公司股票等。1921年，曹锟之弟曹钧发起成立了"天津证券物品有限公司"⑥。曹钧自任理事长，公司资本分10万股，总资本250万元。1921年10月1日开始营业，营业地点在天津东马路，从名称上看，"天津证券物品有限公司"应该既经营证券又经营物品，实际上它仅经营证券，从未从事过物品交易，因为其成立之初重心就在公债交易方面，后逐步开始重视股票市场，⑦其中本所股票期货是其主要交易对象。

此外，除了北京、上海、天津之外，在"信交风潮"期间，南京、杭州、汉口、广州等长江以南的大城市也曾建立了证券交易所，它们创办时的资本均在20万—30万元之间，成交量较少，各交易所勉强营业，至1937年"八•一三"事变后，各所相继停业。上述交易所在中国一些大城市先后设立，由点及面，具有较强的辐射力，标志着华商证券市场已由

---

① 《华商证券交易所临时股东会》，《申报》1921年6月20日。
② 奇良：《上海华商证券交易所概况》，《20世纪上海文史资料文库》（5）"财政金融"，第287—288页。
③ 金融史编委会编：《旧中国交易所股票金融市场资料汇编》下册，书目文献出版社1995年版，第1157页。
④ 陈善政：《我国证券市场之发展史》，上海市档案馆编：《旧上海的证券交易所》，第397页。
⑤ 冯子明：《民元来上海之交易所》，朱斯煌编：《民国经济史》上册，台湾文海出版社1985年版，第152页。
⑥ 全称为"天津证券花纱粮食皮毛交易所股份有限公司"。
⑦ 厉以宁、江平主编：《证券实务大全》，经济日报出版社1992年版，第712页。

分散交易迈向交易所时代了。

第二节 有法不依与"国中之国"
——以"信交风潮"为例

"信交风潮"因为发生于民国十年，亦称"民十风潮"，本质是一次较为严重的股市危机或金融危机。这一年（1921年）冬，上海的100多家交易所和信托公司先后倒闭，迫使企业破产，失业大增，社会剧烈动荡，该风潮"波动之巨、影响之大"，世所罕见。[1]

一 "信交风潮"

（一）狂热投机

上海最早的华商证券物品交易所——上海证券物品交易所，成立仅一个月，该所"每日有佣金二千余两"，七月份佣金最多数者，推棉纱部，如边文锦、陆竹坪、张继芳、薛润生、毛鉴清、黄渔亭等，各有六千金。证券部，如洪善强、孙棣山、诸严甫、庄鹤卿、杨河清等，各有二三千金，各经纪人颇为满意。"外间闻此消息，咸争购交易所股票，因而股票涨价也"[2]，至8月10日已由原来的50元涨至61元3角。[3] 因获利丰厚，原来集中在日商取引所的人，绝大部分也改到物品所了。[4] 1921年1月17日上海证券物品交易所召开第二次定期股东会议，开业119天，结算本期纯利润为银元364300余元，[5] 平均每日净收入3061余元。而1920年12月至1921年5月，其第二届纯利达368696.77余元。[6] 在暴利诱惑下，上海各业纷纷申办交易所，其中华商证券业、面粉业、杂粮油豆饼业、华商棉业等几家交易所，率先得到农商部允准，各交易所迅速准备，均在1921年春开业，开业之前这些交易所股价已经攀升，开业之后其股价"莫不飞涨，获利倍徙"[7]，《申报》评论"自阳历四月中旬以来，沪地各

---

[1] 朱斯煌：《民国经济史》，《近代中国史料丛刊三编》第47辑，第151页。
[2] 《证券物品交易所营业发达》，《申报》1920年8月1日。
[3] 《交易所股票价奇涨后之会议》，《申报》1920年8月11日。
[4] 邓华生：《旧上海的证券交易所》，《上海文史资料选辑》第60辑，第327页。
[5] 《证券物品交易所股东会纪》，《申报》1921年1月17日。
[6] 中国第二历史档案馆馆藏档案：档号三（2）—873。
[7] 杨荫溥：《上海金融组织概要》，商务印书馆1930年版，第289页。

交易所之股票价格，如物品证券、华商证券、面粉、杂粮、棉业、金业、纱布、纱业等各交易所，无论已经成立开业与未经开幕者，莫不步步升涨，较之票面股本，大逾几倍，令人不可思议"①。

暴利诱惑，各业之间，群相效尤，"甚至竹头木屑之微，莫不号召同业组织交易所市场，波谲云诡，盛极一时"②。从表5-1中可窥一斑。

表 5-1　　1921年5—12月上海新设交易所与信托公司一览表

月别 \ 类别	交易所	信托公司
五月	2	2
六月	18	6
七月	25	4
八月	22	无
九月	7	无
十月	23	无
十一月	38	无
十二月	1	无
总计	136	12

资料来源：《去年十二月份上海企业之状况》，《银行周报》第6卷第4号（1922年1月24日）。

表5-1统计数据中反映出，从1921年5—12月，上海交易所增长迅猛，总数达136家（详情参见附表7），《申报》亦有报道，"沪上自阳历九十月间，各交易所一时鼎盛，闻风继起者共有七八十家报入公会"③，其中11月份新设的交易所最多，有38家之多，一些著名街道如四川路、爱多亚路、法界天主堂街、英界南京路等，一条街道上就有10余家交易所（参见附表7）。各交易所中，多数资本在50万—500万元之间。全球货币物券交易所名义资本最多，达2000万元，资本最少的亦有20万元。

据时人统计，当上海还只有101家交易所时，其资本总额已在1.7亿元左右，而此时上海之外的其他地区交易所总计共15家，资本总额为

---

① 《各交易所股票涨价之原因》，《申报》1921年5月9日。
② 上海银行学会编：《民国经济史》，1948年，第145页。
③ 《旧历年关与投机事业》，《申报》1922年1月18日。

2700多万元。① 包括证券在内其营业种类共有九类，② 虽然经营类别不同，但各交易所都有一个共同点，就是均经营本所股票。③ 从营业时间看，白天营业的交易所占大多数，也有一些夜晚营业的，还有少数则是日夜兼营。除上海以外，其他地方交易所数量增长也很迅速，苏州一地就设立了五家交易所，而从区域观察，这些交易所多分布于长江以南的大城市，如南京、杭州、汉口、广州等地。

在交易所大量设立之后，僧多粥少，靠正常交易已不能维持生存，多数交易所开始利用银钱业的短期拆借资金，非法炒作本所股，兼炒其他交易所的股票，以期货交易为主，相互炒作，其实质是买空卖空。如位于民国路的上海面粉交易所，开始营业以来，投机买卖颇旺。股票之价（照票面每股洋25元）五月份已涨至现银88.5两，一般60余两价时做空头者，莫不大受惊恐。④ 在非理性繁荣的背后，隐藏着巨大的泡沫风险，时人对此亦有清醒认识，认为当时的股票市场已经是"危机潜伏，一触即发"⑤。

这种非理性的繁荣，不仅仅存在于交易所领域，信托公司很快也卷入其中。1921年5月，短短十几天时间，就有七八家大型信托公司开业，其资本额小的也有数百万，最多的达到1500万，⑥ 6月份，孙铁卿、宋汉章、陈青峰、张颜山、田时霖等，发起组织中央信托公司，资本定1200万元，已由发起人认足，事务所设在汉口路一号；范季美、顾棣三、王一亭、顾馨一等，发起组织华商信托公司，资本定为500万元，已由发起人认定半数。其余半数，由发起人决议委托华商证券交易所代募。⑦ 至7月，上海一地信托公司已达12家，资本总额8000万元。⑧

---

① 丁晓中：《"信交风潮"研究》，硕士学位论文，苏州大学，2002年。
② 证券类；货币标金类；物券类；烟酒糖纸类；油饼杂粮面麸类；丝茶棉花纱布类；燃料类；建筑材料类；杂类。
③ 刘志英：《近代上海华商证券市场研究》，学林出版社2004年版，第16页。
④ 《面粉交易所股票涨价》，《申报》1920年8月3日。
⑤ 马寅初：《上海交易所前途之推测》，见《马寅初演讲集》第一集，商务印书馆1923年版，第62页。
⑥ 马寅初：《信托公司》，《东方杂志》第18卷，第12号，第115页。
⑦ 《又有两信托公司之筹备》，《申报》1921年6月5日。
⑧ 朱斯煌主编：《民国经济史》，《近代中国史料丛刊三编》第47辑，第123页。

（二）泡沫破裂

泡沫绚丽，然终将幻灭。1921年8月18日《申报》报道，各种交易所股票，大致跌多涨少，已现疲软之态，"证券物品交易所股计价一百十余元；华商证券交易所股，计价老股七十余元，新股四十三四元，较上星期又小去一二元；其他杂粮交易所股，价六十余元；纱布交易所七十元左右，均较上星期跌七八元；金业交易所股，交易稀少，无市开出；棉业交易所股，最好价仍在九十元之外，至于其他未正式成立之各交易所，市上买卖之价，大都不过照票面而已。信托股则均在票面之内，中易股价不过十三元，中央十一元，其他竟有低至八九元"①。

及至1921年12月份，钱庄、银行年终收账，银根紧缩，证券价格暴跌。过度投机形成的金融泡沫开始破灭，首当其冲的是各类交易所和信托公司的股票，其股价一落千丈，以华商证券交易所为例，1921年年底其股票价格为100多元，短短两个月时间，至1922年年初已跌至不足5元；而其他交易所也无一幸免，上海证券物品交易所套购的巨额本所股无法卖出，不能履行交割，结果信用扫地。② 交易所"解散停业，日有所闻"③，有股资最大中外合办之交易所，"其时人心热度过高，一经筹备成立，股本收缴甚速，其中股票皆为各发起人自占多数，尽其力量，吸入己有，因此外间更见罕贵，权利骤为每股二三十元，越时未几，跌至六七成之多"④。亚洲物券交易所发起人，因与合众等有连带关系，自问难以开幕，故已于1922年1月16日经股东会议决解散，将款发还；法界天主堂街中国证券交易所开幕以后，一度风头较盛，后因股票关系，亦遭亏耗。现经各股东开会，因吃亏已多，决定解散。⑤ 交易所事业，至此已成强弩之末，"其能安度年关，勉强支撑者，不过十之一二"⑥。各交易所的股票更是无人问津。

至1921年12月下旬，上海原有的100多家交易所，尚在开拍有市价的仅17家，⑦ 到1922年4月，仅存6家；⑧ 信托公司只有2家：中央信托

---

① 《近周中公债票股票市况》，《申报》1921年8月18日。
② 邓华生：《旧上海的证券交易所》，《上海文史资料选辑》第60辑，第330页。
③ 杨荫溥：《上海金融组织概要》，商务印书馆1930年版，第291页。
④ 《旧历年关与投机事业》，《申报》1922年1月18日。
⑤ 《旧历年关与投机事业》，《申报》1922年1月18日。
⑥ 杨荫溥：《上海金融组织概要》，商务印书馆1930年版，第291页。
⑦ 《去年十二月份上海企业之状况》，《银行周报》第6卷第4号（1922年1月24日）。
⑧ 它们是上海证券物品交易所、华商证券交易所、上海金业交易所、华商纱布交易所、机制面粉交易所、杂粮油饼交易所。

公司和通易信托公司。仅5个月时间，100多个交易所、信托公司销声匿迹。《申报》对此做过总结："交易所鼎盛一时，风起云涌，各业以有交易所为荣耀，以是最多至一百余家，未及两月，解散者解散，改组者改组，现惟证券物品、棉纱、纱布、金、洋面粉、华商证券等，尚能峙然存在。"① 交易所大量倒闭，必然引发一系列连锁反应，即所谓"则与之有关之钱庄，必且因之而不能维持，钱庄不能维持，而银行亦将受其累矣"②，果然1921年冬，中国银行、交通银行发生停兑事件，倒闭的银行有丰大、惠工、民新、华孚、沪海等六家，更加剧了资金紧张状况。这次金融危机史称"信交风潮"。

二　内因与外因

（一）有法不依

"信交风潮"发生之前，规范信交企业的法律制度已经基本完备，包括1914年颁布的《公司条例》《证券交易所法》，1921年颁布的《物品交易所条例》等。以上法律对交易所的组织、设立有明确规定：《证券交易所法》规定交易所必须实行"一区一所"，交易所采用股份公司制；《物品交易所条例》规定物品交易所只准经营一种物品；《公司条例》规定没有注册公司不能发行股票。对交易所的交易、经纪人等项也有明确规定。其主要症结在于"有法不依"，当时民众、交易所、信托公司包括政府，法制观念淡薄，"有法不依"现象比比皆是，归纳起来，有以下三种：

一是政府执法不严。法律规定交易所设立，应依照条例规定，缮具正式呈文及各项文件，先经地方实业厅审核，然后呈报农商部批准，核发营业执照，而实际上"批准设立之机关，有北京农商部、上海工部局、淞沪护军使署、会审公廨、上海各领事署等"③，政出多门，"一区一所"原则，形同虚设，结果上海一地就成立了100多家交易所。即使是北京农商部批准的6家交易所也有不符法律规定之处，比如《证券交易所法》规定交易所必须实行"一区一所"④，而上海证券物品交易所依然被农商部

---

① 《辛酉年各业交易之概况》，《申报》1922年1月23日。
② 马寅初：《中国之九大经济问题》，见《东方杂志》第19卷第1号，1922年1月，第149页。
③ 《民国经济史》，《银行周报30周年纪念刊》，第148页。
④ 王恩良：《交易所大全》，见《民国丛书》第二编第41卷，第1—11页。

批准设立，从名称看，显而易见，它既经营证券又经营物品；而接着农商部又先后批准华商证券、金业、华商纱布、机制面粉、杂粮油饼五家交易所成立，这五家交易所都与上海证券物品交易所的交易品种有重叠，且都买卖本所股票。可见，作为监管部门的农商部，其执法也是漏洞百出。

二是交易所违法运作。《证券交易所法》明确规定，交易所的创立者应是殷实商人，但是实际执行中，并没有对创立者的身份进行严格审查或是调查，结果是创立者中除商人外，还有官僚，有闻人。① 他们手中拥有资金、人脉等各种资源，无视法律，大肆炒作交易所股票，获得暴利后迅速离场，所谓公司既成空壳。有些商人虽有设立交易所的合法身份，然而发财心切，嫌申请程序烦琐，周期太长，未及批准或者谎称已获批准，而擅自设立；更有胆大妄为者不经申报直接开业。均把交易所当作投机利器，"惟望股票上场，立时飞涨，转售时坐获重利"②。

三是政府查禁不力。交易所的违法设立，媒体也很关注，《申报》报道，"惟闻农商部对于各交易所之执照，无论已开与未开幕者，咸未给发，盖政府颁发之交易所条例，只准每业一县一所，然沪上雷同之交易所，已有数家，未识政府将来如何给照也"③，《公司条例》规定没有注册公司不能发行股票，然而股票市场上许多未发照交易所股票已经开始流通。对于交易所的违法之事，政府并非不知，也采取了一些措施，比如：农商部曾发布第八五六号训令，要求江苏实业厅及上海交涉员，调查上海区域内的交易所，依法申报的交易所，将核准给照，对于没有呈部核准，私行设立筹备处，遍登广告招股、私图渔利的交易所严行禁止。④ 又如，江苏实业厅厅长张轶欧曾电令上海县沈知事，"近查上海地方，纷纷设立交易所及信托公司等，其间已成立奉部核准者固多，风闻尚有未奉核准即先行营业，甚至发行股票，自做行情，亟应从事调查，各该公司组织是否合法，营业系何范围，本厅迭奉部令，饬为特别注意，严密侦查，以防流弊"⑤，上海县沈知事立即派员做了调查，并上报实业厅。江苏实业厅为此发布了一个公告，这个公告强调"交易所法规，业经公布，所有交易所来部呈请立案，自应依照条例规定，缮具正式呈文及各项文件，呈由该

---

① 《民国经济史》，《银行周报 30 周年纪念刊》，第 148 页。
② 杨荫溥：《上海金融组织概要》，商务印书馆 1930 年版，第 294 页。
③ 《交易所股票之涨价》，《申报》1921 年 4 月 28 日。
④ 《农商部取缔交易所之训令》，《申报》1921 年 8 月 2 日。
⑤ 《饬查交易所信托公司之厅令》，《申报》1921 年 7 月 18 日。

地方官厅，核转来部，方可受理。其以电报或用快邮代电及不依照法定程序，率行呈请者，本部概不批示，以昭慎重"①。可见对各交易所的违法行为，政府虽然明了，但缺乏有效干预。社会舆论也不看好政府取缔不合法之交易所行为，认为不过是色厉内荏，官样文章而已。②

事实上，仅见政府对禁止粮食类交易所则采取了实际行动。1921年8月5日，上海县知事沈宝昌，因闻外间有人创设五谷交易所，关系民食，特邀请叶惠钧到署，询问五谷交易所发起人，及营业之目的，且强调沪地米价奇昂，万一定为标准买卖，民食堪虞，叶君答复，外间虽有传说，系米店一部分人，然亦未必实行成立，沈君遂着叶君调查陈复，若在租界以内，会商动用外交途径禁止。③ 8月9日，据叶惠均等查称，法租界黄浦滩有沪江油饼杂粮交易所，与前奉核准的顾履桂等组织上海杂粮油饼交易所，成为两所，公然违法，且今所称沪江油饼杂粮交易所，并未报部，请禁止取消，以保同业，而维法律。上海县知事沈宝昌饬即依法取缔。④

（二）过度投机与盲从

交易所的投机和民众的盲从也是此次交易所风潮形成的重要原因。

交易所经营本所股票。《公司条例》规定没有注册公司不能发行股票，显然按照法律规定，只有注册的证券交易所才可以经营股票，而《证券交易所法》对于交易所所经营证券种类没有明确的要求，规定"由交易所随时议定揭示"，换言之，并没有禁止本所股的交易，但《证券交易所法》同时规定，如果农商部发现交易所揭示的所经营证券不适当，农商部"得令证券交易所取消之"。这一规定在法律上，赋予了农商部较大的自由裁量权，为农商部执法保留了很大的空间。而《物品交易所条例》规定物品交易所只准经营一种物品，物品类交易所是不能经营证券的，当然更不能经营本所股票。但事实上，因为交易所的大量涌现，各交易所根本没有多少标的物生意可做，各交易所没有不经营本所股票的，有的甚至专门经营本所股。交易所对本所股票的发行、交易状况最为熟悉，便于操控，获取暴利，具体手法一般是先大量购进本所股票，哄抬股价，使市价高于股票面额数倍，然后多翻空，跌价后再买进，获取差额利润。如上海证券物品交易所二十五号经纪人洪善强，成立专营证券一部，亲至

---

① 《取缔交易所之公文》，《申报》1921年8月27日。
② 《时评恐慌之豫言（二）》，《申报》1921年8月8日。
③ 《沈知事饬查五谷交易所》，《申报》1921年8月6日。
④ 《取缔沪江油饼杂粮交易所令》，《申报》1921年8月9日。

市场，伸手买卖，不及一二年，声势大振，近更大做多头，组织大公司，一方抬价，暗中乘时售出。① 对于交易所经营本所股票，马寅初认为这是交易所"最大之病"②，时人亦评论道，"本所股票可在本所卖买，势必受本所之操纵，其流弊将不可胜言"③。

民众盲目投机。第一次世界大战结束不久，列强卷土重来，加紧了对我国的经济侵略，1920年下半年起中国民族工商业呈现衰退。与此同时国内战争不断，城乡经济破坏严重，市场更为萧条，大量资金涌入大城市，寻找投资机会。正如马克思所言："资本逃避动乱和纷争，它的本性是胆怯的，这是真的，但还不是全部真理。资本害怕没有利润或利润太少，就像自然界害怕真空一样，一旦有适当的利润，它就活跃起来。"④ 公债与股票的增加，证券交易适逢其时，股价节节攀升，尤其是看到炒作交易所股票者，获利丰厚，一般民众也开始参与购买，加入投机行列，但对于公司产销之数额及市面之趋势，绝大多数人实际上茫然不知。人们为暴利所诱而产生盲目投机行为，普遍的投机狂热造成股价疯涨，由此迅速形成股票投机的狂潮。交易所和信托公司成为投机利器。

当时，中国的经济发展对交易所和信托公司的确提出了要求，但是信交机构的创设远远超过了当时社会工商业经济发展的实际需要。当上海还只有101家交易所时，其资本总额，根据时人统计已在1.7亿元左右，与此同时，上海之外的其他地区交易所总计共15家，资本总额为2700多万元。⑤ 到1920年年底，全国银行82家的总资本不过51987077元，⑥ 不足全国交易所总资本的1/3。投资炒作交易所的资本狂热程度由此可见一斑。本末倒置，必然导致供过于求；僧多粥少，也注定了众多信交企业的悲剧命运。这是"信交风潮"爆发的根本原因。

（三）"国中之国"

上海的不少交易所是在租界注册的，并没有在农商部备案。在租界注册，程序非常简单，⑦ 比如，如果交易所在上海法租界公董局申请领取执照，没有任何审核，只需要每个月缴费银100两即可。日本人滨田的调查

---

① 《洪善强服毒殒命》，《申报》1922年3月2日。
② 马寅初：《马寅初演讲集》第1集，第71页。
③ 《时评（论交易所）》，《申报》1921年5月14日。
④ 《马克思恩格斯选集》第2卷，人民出版社1972年版，第265页。
⑤ 丁晓中：《"信交风潮"研究》，硕士学位论文，苏州大学，2002年。
⑥ 中国人民银行上海市分行编：《上海钱庄史料》，第118页。
⑦ 《姚公鹤关于交易所之提案》，《申报》1921年7月25日。

列举了117家交易所。从滨田的调查中可知，这117家交易所中，有50家在上海的外国租界中向外国领事馆注册，而且绝大部分在租界开业。①

农商部也知晓租界交易所的情况，但是因为租界乃"国中之国"，农商部不能直接跟租界当局直接沟通，须通过外交部门与其交涉。为了协商解决租界滥设交易所问题，1921年8月，农商部请外交部出面，与驻京英法公使协商，提出之后在租界设立交易所，"凡未经农部批准的，一律查禁"，换言之，由农商部核准给照的交易所，租界才能允许其开业。同时，请外交部驻沪交涉员与租界交涉，要求租界协查那些以逃脱法律制裁为企图，采用华洋合办形式的交易所。② 对于中国交涉员的协查请求，上海法总领事表示，"近月内交易所之狂热，流行一时，几无物不有交易所，操纵股票，使执股者大受损失，大半交易所皆保留本所股票，以抬高价格。迨票价涨至离奇之高度时，则将所保留之股票售诸市场。价既低落，则又贱价收回，以图再事垄断"③，基于此，上海法总领事同意在法租界"不再发给执照许人开办交易所"。对于目前正在营业的交易所，法总领事认为，从经营方法看，"实有取缔之必要"，但是同时他又提出这样做并不妥当，认为"限制华商之自由，固非所宜"，"至于取缔用何形式，则须俟透彻调查后方可决定"④。在提到目前问题的解决办法时，法总领事竟狂妄地表示，如果由法租界公董局来管理这些交易所，就可能不会出现现在的危机状况。⑤ 而实际上，"法租界内各交易所，由浦滩以至大世界夜市交易所止，共有数十家之多，其中发起人等之复杂，以及组织之命意，各有不同"⑥。其间亦有交易所伪作在美领事官署注册被控告。⑦ 总之，各国领事虽迅速同意农商部关于新设交易所的要求，而对于已经设立，正在营业的交易所的查禁问题，各国领事的行动则迟缓的多。

中外证券物品交易所倒闭之后，1921年12月13日，江苏省特派交涉员公署致函法总领事，再次交涉要求取缔交易所，法总领事表示"在旧历新年左右，法租界内各交易所，当有适当之取缔，俟纳捐人会议时，

---

① 朱荫贵：《1918—1937年的中国证券市场》，《复旦学报》（社会科学版）2006年第2期。
② 《查禁华洋合办名义之交易所》，《申报》1921年8月10日。
③ 《法租界取缔交易所之先声》，《申报》1921年9月22日。
④ 《法租界取缔交易所之先声》，《申报》1921年9月22日。
⑤ 《法租界取缔交易所之先声》，《申报》1921年9月22日。
⑥ 《关于交易所之近讯》，《申报》1921年12月14日。
⑦ 《华美远东交易所股东之控案》，《申报》1922年3月22日。

当提议办法,不许交易所拍卖本所股,并令经营交易所者,有实在存款于稳固之华人银行,以资保障"①,同时他抱怨道,"中国当道,屡请法租界严重取缔未注册之交易所,但上海各交易所,其不在法租界内者,实占三分之二"②。直到1922年2月1日,"信交风潮"已近尾声,法租界才发布《取缔交易所规则》22条。③

由于以上种种原因,民国北京政府取缔交易所的法令被拖延搁置。中国社会的半殖民地性,外国侵略势力的阻碍,使民国北京政府"政令纷歧,绝少统一办法"④,无法控制信交企业的发展,金融风潮的爆发是迟早的事。

三　连锁反应

"信交风潮"期间,交易所的大量设立,涉及行业范围极为广泛,参入人员上至银行家、商人、地主、官员、社会名流,下至工人、农民乃至"娼优隶卒,屠狗贩夫之流。"⑤虽然在政府与租界的联合干预下,风潮迅速平息,但是其对经济社会的影响却极为深远。

（一）企业破产　失业大增

综观此次"信交风潮",持续的时间并不长,前后仅半年时间,但其造成的经济损失,据时人估计,应在3000万元以上。⑥100多家信交企业倒闭,信交企业为社会所厌恶、恐惧,此后一蹶不振,即使是1927—1937年中国经济高速发展期间,信交企业也没增一家,信交风潮对整个信交行业的影响之深可见一斑。受"信交风潮"所累企业更是无数,其中银行首当其冲,先后倒闭的银行就有沪海等六家;对商业的影响也较深,"不知多少商人,于此惊涛骇浪之中,惨遭覆舟之祸也"⑦。有的甚至想一死了之,如"住居南市电灯公司地方之何桂山,向为花衣捐客,家道亦称小康,去年投机心热,入某交易所为经纪人,至年终,竟亏折至七八千金,不得已将自己所有房屋,抵押四千余金,敷衍过年,余欠出票约

---

① 《法租界将严重取缔交易所》,《申报》1921年12月16日。
② 《法租界将严重取缔交易所》,《申报》1921年12月16日。
③ 杨荫溥:《中国交易所论》第41页;《申报》1922年2月10日。
④ 《民国经济史》,《银行周报30周年纪念刊》,第148页。
⑤ 《民国经济史》,《银行周报30周年纪念刊》,第148页。
⑥ 财政部财政科学研究所、中国第二历史档案馆编:《国民政府财政金融税收档案史料（1927—1937）》,中国财政经济出版社1997年版,第713页。
⑦ 朱斯煌:《民国经济史》,第47页。

旧历正月十四日找付，前日到期，无法应解，及于是日下午，潜购鸦片烟背人吞服，其妻察知，立延西医灌以药水，始得呕出，各债权人恐酿成生命之虞，皆情愿让步延期拔还"①。"破家殉身之事，时有所闻"②，如上海证券物品交易所创办人之一甬人洪善强，组织大公司，进行投机，风潮发生后"洪无可应付，避往友人处，于前晚潜服鸦片烟膏，乘汽车回家，旋至六点二十分，毒发身死"③；"有住居北浙江路慎裕里之罗某，在某洋行为买办。近因某交易所之关系，损失八万余金，积欠庄款及债户逐步紧迫，罗某之母住居城内九亩地地方。罗某前日晚间，至母处潜吞鸦片烟，毒发不及施救，遗下子女及妾某氏"④。

失业人数大增。交易所所员最先感受到危机，如合众交易所，已经停业一月有余，"虽有人出而维持，然尚为闻付款确期，该所所员有一百数十人，大半多来自异乡，今以月底将届，食住在在索费，向该理事会要求，即行发给半年薪水，讵理事等均推诿延宕"⑤；上海全球交易所自与上海证券交易所合并营业后，其第一种难题，厥惟所员，因物品当去年营业鼎盛时，除原有养成所毕业各所员外，又因感情上陆续加入新所员数十人，一旦业衰，早有人满为患，此次全球既经加入，前会招有所员200余人，势难两存，致两所所员，咸怀惴惴，卒乃议定，先将全球所员裁去1/3，计76人，每人由所津贴损失费洋100元，此旬日前事也，现计全球名下，尚留所员152人，既无视职日期，因循下去，叹来日之大难，昨该所所员集合数十人，联名具函理事会，要求津贴200元，准予遣散，闻该理事亦只允100元云；⑥有些所员开始集合团体，组织机关，讨论解决办法，如上海中外证券物品星期日夜华洋物券亚洲物券等各交易所等所员，因各该交易所，对于所员分别辞退，合并解散，利害切身，已集合团体，在公共租界五马路爱吾旅社，组织机关，举定干事。1921年12月22日聚集天主堂街中外市场，拟开所员联集会议，讨论一切办法，因被交易所报告，法捕房派探前往阻止，各该所员遂假张园举行，于午后三时开会，公推林钧为临时主席，各抒所见，经众磋商之下共同决定办法四端：

---

① 《投机失败之又一人吞烟图尽》，《申报》1922年2月13日。
② 《交易所衰败时之公癖忙》，《申报》1921年12月23日。
③ 《洪善强服毒殒命》，《申报》1922年3月2日。
④ 《旧历年关与投机事业》，《申报》1922年1月18日。
⑤ 《交易所所员之索薪声》，《申报》1921年12月31日。
⑥ 《交易所员之穷途泪》，《申报》1922年10月14日。

（1）议决各整理干事，务须每日到干事部签字。（2）要求发本月薪水。（3）交易所如裁减一部分所员，应责令赔偿三年损失，否则一体辞退。（4）联络其他各交易所，一致进行。①《申报》记者认为，信交企业倒闭，已经牵及大部分所员是"社会上之一大问题"，当局应谋求解决方法，"毋任自生自息，而不为之所致惹起别种不可思议之现象"②，字里行间表达了深深的忧虑。其他银行、商号、工厂失业人数也日益增多，成为严重的社会问题。

（二）诚信危机 公廨繁忙

交易所衰败之时，诚信危机频发，诉讼增多，公廨繁忙，"向公共公廨请求签发特别传单，立提若辈之事，亦日见其多"③。当时影响较大的是"中外信托股东控汪幼安案"。

中外交易所，本为中外信托公司企业之一部，由董事长汪幼安为总经理，他将全所大权，完全付托。汪曾密嘱经纪人恣意买卖本所股，几番辗转，将所内现金，尽入私囊，最后交割日，又向信托公司请求垫款30万，而所内则以封存之经纪股冒充交割之用，一面嘱咐买进的经纪人，临时避匿，以致有二三十万空头支票，而风潮乍起，当时常务董事要求汪将账簿交出，汪抗不遵行，后由股东刘植顾易奎等，侦知前情，得有确据，乃赴法公堂控汪侵占公款30余万，汪避不到案，公堂已将汪之家产发封备抵，其公司方面，业经召集董事会议，并邀经纪人、债权人列席，共同讨论善后办法，董事长林松寿当时不在沪，由常务董事陈惠农主持，报告经理舞弊情形，并研究善后办法数则，经纪人、债权人均满意而散。④

此外，这一时期《申报》所关注的案件还有"上海证券物品交易所之被控案""合众交易所控向瑞琨等案""交易所股本收条图骗案""公廨讯判煤油交易所讼案""法廨交易所股票纠葛之讼案"等，这些案件的爆发表明"商人从前著名之道德与信义，今已一落千丈"⑤，金融风潮引发一系列诚信危机。

---

① 《交易所议决对付法》，《申报》1921年12月23日。
② 《交易所员之解决法》，《申报》1921年12月22日。
③ 《交易所衰败时之公廨忙》，《申报》1921年12月23日。
④ 《中外交易所之诉讼与善后》，《申报》1922年3月6日。
⑤ 《外人论中国商人道德之堕落》，《申报》1921年3月16日。

第六章 民国时期股票市场的新气象

本书第四章已经从立法角度阐释了华商股票的发行制度的演进；第五章以华商证券交易所为主线论述了华商证券交易所的设立及"信交风潮"期间的交易乱象。本章在前文基础上，主要论及的是"信交风潮"前后的华商股票市场的一些新气象，所呈现的是1937年前民国股票市场的基本状况及具体特点，力图多角度阐述民国股票发行和交易市场的制度与实践状况；本章还简述了同时期外商交易所的发展概况。

第一节 民国华商股票市场制度的实践

一 华商股票的发行与交易

(一) 民国华商股份制公司及其资本

民国初年，万象更新，华商股份制公司增长亦较为迅猛。从前文第四章表4-2中的统计数据看，1911年新设股份公司23家，投资总额为7823689元，1912年中华民国建立后，新设股份公司41家，投资总额增至12631030元。1913年，三类股份公司（包括股份有限公司、股份无限公司、股份两合公司）的投资总额为10428503元，1914年，《公司条例》颁行后投资总额猛增至31465098元，是1913年的3倍多，到1921年则更增至95801933元，1921年"信交风潮"过后，股份公司的投资总额出现大幅回落，至1927年投资总额已回落至18437500元。

1928—1937年的南京国民政府时期，如表6-1所示，设立公司数量起伏不定，[①] 其中，最少的1932年仅188家，最多的1928年达406家。1928—1937年，截至各年年底实有公司及资本数均呈现逐年增长趋势，

---

① 这里的"公司"不仅仅是股份公司，包括所有类别的公司。

1928 年年底实有公司 394 家,到 1937 年已经增长至 2895 家,1928 年年底实有公司实缴资本数为 17590 万元,到 1937 年已经增长至 86983 万元。

表 6-1　　　　1928—1937 年设立公司及资本数量一览表

年份	公司设立 公司数 公司	公司设立 公司数 百分比	公司设立 分公司	公司设立 百分比	实缴资本数（万元） 实缴资本	实缴资本数（万元） 每公司平均资本数	实缴资本数（万元） 折合成1937年之资本数	截至各年年底实有公司及资本数 公司数 公司	截至各年年底实有公司及资本数 公司数 分公司	截至各年年底实有公司及资本数 实缴资本数（万元）
1928	406	5.02	—	0.00	17782	43.8	55.6	394	—	17590
1929	296	3.66	—	0.00	14895	50.3	62.2	680	—	32369
1930	271	3.35	—	0.00	8953	33.0	37.1	949	—	41317
1931	300	3.71	12	1.13	8187	27.3	27.8	1222	12	48745
1932	188	2.32	4	0.37	6582	35.0	40.2	1396	16	55453
1933	397	4.91	4	0.37	7242	18.2	22.7	1774	20	61989
1934	400	4.95	2	0.19	8527	21.3	28.3	2158	22	70179
1935	258	3.19	—	0.00	4706	18.2	24.4	2404	22	74327
1936	301	3.72	1	0.09	5294	17.6	20.9	2702	23	79673
1937	198	2.45	1	0.09	7344	37.1	37.1	2895	24	86983

资料来源:章乃器《货币金融所反映出来的中国社会》,《中山文化教育馆季刊》第 2 卷第 1 期。

1912 年中华民国建立后至 1937 年,尽管中国设立公司数量基本保持增长态势,但是从华商股票交易市场看,以 1921 年"信交风潮"为界,其前后两个时期差异巨大。"信交风潮"之前,股票交易市场逐步发展,成交量总体呈现增长态势;"信交风潮"之后,股票交易市场较为清淡,而公债交易则日益红火,成为证券市场的主角。

(二)民国华商股票的发行:以九大银行为例

民国时期银行是金融业的主体,至 1937 年上半年,银行已达 167 家。[1] 银行也是民国公债的重要购买者,而证券交易所则是国家公债和银行股票交易的主要市场,两者的关系极为密切。而一些优质的银行股票,如中国银行、交通银行、浙江实业银行等,在"信交风潮"前后均是重要的股票交易标的。尤其是在"信交风潮"之后,1937 年"八·一三"

---

[1] 洪葭管:《中国金融通史》第四卷,中国金融出版社 2008 年版,第 94 页。

战事爆发之前，银行股的地位在华商股票市场中更是举足轻重。下面就以1912—1937年信誉卓著的九大银行为例，根据银行的则例或章程，对民国股份公司股票发行制度现实执行情况做一粗略的梳理，这九大银行除众所周知的中国银行、交通银行外，还包括大名鼎鼎的"南三行"和"北四行"①。

1912年2月5日，中国银行由孙中山大总统批准设立。营业地点在上海汉口路大清银行旧址，1913年通过《中国银行则例》，中国银行成为国家银行和中央银行，其组织形式为股份有限公司，额定资本为银元6000万元，共60万股，原计划由政府垫资3000万元，另一半资本3000万元招募商股。② 但到1915年9月以前，中国银行的股本都是官股，从1915年9月开始招募商股，至同年年底，中国银行的总股本为1236.6万元，其中商股的比重为17.01%。至1917年11月，共收到官商股本13643300元，③ 不到中国银行额定资本6000万元的1/4，可见，中国银行招股并不顺利。④ 1917年中国银行修改则例，⑤ 除官股外，招募商股1000万元，1921年增收商股，同时官股改为商股，至1923年，股本总额达1976万元，其中商股占97.47%，⑥ 由此观之，中国银行已基本脱离对政府的依附关系。

中国银行的股份变动情况在《中国银行则例》中有详细记载。1913年《中国银行则例》规定，由政府所认股份3000万元，交足其1/3，即开始营业。而在实际操作中，国民政府财政部仅拨款300万元，余下700万元以六厘公债票1000万元作抵，勉强凑够1000万元，中国银行得以如期开业。及至1928年新的《中国银行则例》发布，余下的官股款国民政府仍未缴足。1913年《中国银行则例》还规定，中国银行发行的概

---

① "南三行"是浙江兴业银行、浙江实业银行、上海商业储蓄银行；"北四行"是金城银行、盐业银行、中南银行、大陆银行。
② 中国银行总行、中国第二历史档案馆：《中国银行行史资料汇编》上编，档案出版社1991年版，第111页。
③ 中国银行总行、中国第二历史档案馆：《中国银行行史资料汇编》上编（一），档案出版社1991年版，第122页。
④ 主要原因是这一时期国内政局不稳，且欧战正酣，民众多视投资为畏途。
⑤ 原则例中"总裁、副总裁简任，董事、监事由股东总会选任"条款，改为"董事、监事由股东总会选任，总裁、副总裁由董事中简任"。参见中行档《中行则例修改案》，1917年。宁档。
⑥ 杜恂诚：《中国金融通史》第三卷，中国金融出版社2002年版，第127页。

为记名股票,不能转让给外国人,只能转让给中华民国人民,这一条款后来历年则例均予以保留。

南京国民政府成立后,于1928年10月26日发布了新的《中国银行则例》,规定中国银行股本总额改为国币2500万元,计分20万股,每股国币100元,商股2000万元,官股为500万元,① 官股比重占到总股本额的20%,对董事、监事名额也有规定:设立董事15人,监察人5人,其中董事3人、监察人1人由财政部指派,中国银行的中央银行功能被取消,改为"政府特许之国际汇兑银行",至此,国民政府事实上从股权和人事两个方面完成了对中国银行的第一次改组,改组之后中国银行进入高速发展期。1935年3月28日,财政部部长孔祥熙发布沪钱字第13号训令,通知中国银行再增官股2500万元,并附中行条例修正案一份。3月30日,中国银行在上海召开第18届股东大会,讨论财政部训令及中国银行修改条例,讨论决议通过"股本总额4000万元,官商各半","条例修正案内第十三条董事17人,改为21人,部派9人,商股选任12人,原有商股董事12人,任期未满毋须改选"②。之后股东大会决议被财政部认可,宋子文被指派为董事长,宋汉章被聘为总经理。至此,南京国民政府完成了对中国银行的第二次改组,亦实现了对其的掌控。

1908年交通银行正式成立,额定资本1000万两,由官商合办,官股占四成,开办时先收一半。到1912年,交通银行实收股本750万元。1914年,交通银行修改则例,规定总理和帮理由股东会公选产生,"受政府之委托分理金库",与北洋政府关系密切。但经过1916年和1921年两次停兑风潮之后,1922年6月召开股东总会,决定脱离军阀政治,趋重工商实业,增收股本,改股本总额为2000万元,但直至1927年,交通银行实收股本仅为771.5万元。③

1928年11月16日,南京国民政府批准发布了《交通银行条例》,规定股本总额定为国币1000万元,政府认股200万元,交通银行改为"发

---

① 中国银行总行、中国第二历史档案馆:《中国银行行史资料汇编》上编(一),档案出版社1991年版,第124页。
② 中国银行总行、中国第二历史档案馆:《中国银行行史资料汇编》上编(一),档案出版社1991年版,第216—217页。
③ 汪敬虞主编:《中国近代经济史(1895—1927)》,人民出版社2000年版,第2244—2246页。

展全国实业之银行",董事长和常务董事由财政部指派,总管理处改设上海。① 至此,国民政府完成了对交通银行的第一次改组,改组之后交行发展很快。1934年4月,国民政府利用交通银行第六次董事会改组了人事,任命胡笔江任董事长,唐寿民任总经理,此二人与宋子文关系密切。1935年6月,国民政府核准了新的《交通银行条例》,新条例规定:交通银行股本总额定为国币2000万元,分为20万股,每股国币100元,官股12万股,商股8万股,均一次缴足。② 对交通银行的第二次改组完成后,官股比例上升至60%。自此,虽然交通银行仍属官商合办,但官股比例已大于商股比例,交通银行实际上已经被国民政府所控制。

"南三行"与"北四行",这七家银行属民营银行,它们经营得法,业绩突出,实力雄厚。其中"南三行"主要活跃于江浙一带,三家银行虽然没有联营,但是银行高层之间兼任董事监事,在实际经营中,也相互支持,指囷相助。"北四行"则主要是活跃于北方的,是具有联营性质的金融集团。1912—1927年"南三行"与"北四行"股本状况如表6-2所示,初始股本最小的是上海商业储蓄银行,仅有20万元,但它发展迅速,到1937年其股本总额已达500万元;创始股本最多的是中南银行,为500万元,但增速缓慢,到1937年股本增至750万元。总体来看,七家银行的股本虽然增速不同,但均保持增长态势,到1937年股本总额最小的浙江实业银行为200万元,股本总额最大的盐业银行、中南银行已达750万元,至1937年七家银行总股本达到3529万元。民国银行业取得了骄人的业绩,为社会普遍所认可,银行实力亦逐步增强,银行股票因而成为民国股票市场的重要交易对象。

表6-2 "南三行"与"北四行"股本状况一览表(1912—1937)　　单位:千元

银行 年份	浙江兴业 银行	浙江实业 银行	上海商业 储蓄银行	金城银行	盐业银行	中南银行	大陆银行
1912	500						
1915	750		200		1254		
1916	750		300		1254		

---

① 中国第二历史档案馆编:《中华民国史档案资料汇编》第五辑第一编,财政经济(四),江苏古籍出版社1991年版,第393—395页。

② 交通银行总行:《交通银行史料》第一卷上册,中国金融出版社1995年版,第196—199页。

续表

银行\年份	浙江兴业银行	浙江实业银行	上海商业储蓄银行	金城银行	盐业银行	中南银行	大陆银行
1917	1000		300	500	1500		
1918	1000		587	1000	1750		
1919	1000		1000	2000	2500		1000
1920	2500		1000	3500	3500		1512
1921	2500	1760	2500	4500	3500	5000	2000
1922	2500	1760	2500	5000	5000	5000	2500
1923	2500	1800	2500	5000	5500	5000	2568
1924	2500	1800	2500	5500	6000	7500	3058
1925	2500	1800	2500	6000	6500	7500	3346
1926	2500	1800	2500	6500	7000	7500	3562
1927	2500	1800	2500	7000	7500	7500	3570
1931	2500	2000	5000	7000	7500	7500	3750
1933	2500	2000	5000	7000	7500	7500	3780
1934	2500	2000	5000	7000	7500	7500	3790
1937	2500	2000	5000	7000	7500	7500	3790

资料来源：1.中国银行总管理处经济研究室《中国重要银行最近十年营业概况研究》，第52、60、270页；2.《上海商业储蓄银行史料》，前言第14页；3.《金城银行史料》，第17、243页。

这七家银行，与中国银行、交通银行虽然均为银行，但性质有所不同。中国银行、交通银行成立之初，即为官商合办，始终有官股参与其中，在1928年之前官股比商股要少，1928年开始，国民政府开始采用增资扩股或改组等方式，逐步增加官股比例，直至超过商股，进而委派官员代表政府入职银行高管，完成了对中国银行、交通银行的实际控制；且在1928年中央银行成立前，中国银行、交通银行都曾行使中央银行职能，具有强烈的官方背景。"南三行"与"北四行"，这七家银行则属民营银行，因此，它们与民国时期的一般公司发行股票的方式更为相似。但不论是官办银行还是华商民营银行，均排斥外国人入股。

民国初年，按照民国北洋政府对设立银行的规定，开设银行发行股票，必须按照《银行通行则例》的要求，拟定详细的银行章程，呈交民国财政部审核，如果银行需要变更章程，也必须要呈报审核。通过财政部审核，银行即可开办、发行股票。但同时规定，不论是新设立银行章程还是修订章程，其内容均须符合中华民国相关法规，如必须符合《公司条例》（1914）、《公司法》（1929）的相关规定等。从银行章程看，至迟在1920年开始，设立银行不仅需财政部审核，亦需农商部审核同意。

民国时期申办银行、发行股票的呈请方式亦有变化。民国初年，一般由银行将申报章程等材料交给地方政府巡按使，由巡按使转咨财政部，1916年后，也可由地方政府财政厅转呈给民国财政部。至1921年，已成立的银行呈报章程修改案，可由银行董事会直接呈请财政部和农商部。总体来看，民国政府对申办银行、初次发行股票态度较为慎重，审核较为严格，而对银行开办之后的增资扩股审核则相对宽松。

（三）"信交风潮"前后的华商股票交易

1. 上海股票商业公会时期：1914—1920年

民国初创，奖励工商，股份制企业发行股票增多；政府公债和铁路债券发行也在增多。① 证券的数量渐次增多，证券交易日盛。在此背景下，1914年秋，经农商部核准，上海股票商业公会正式成立。直至1920年上海出现第一家证券交易所，上海股票商业公会一直是上海最重要的华商股票交易组织。

该公会会所设立于九江路渭水坊，为会员议价之地，该公会还订立了十条规约：（1）公会聚会时间每日上午9时至11时。（2）上会议价时，13家会员单位必须要派重要职员参加。（3）作为创立会员，每个会员单位捐银12两，此后每个会员单位，每月需缴纳经常费银2两。（4）会员议价买卖标的除了股票、债券之外还包括外国货币等。（5）行情逐日向同业公布，印送行市单。（6）买卖手续，彼此对做，一经讲定，报告市场管理人记录。（7）股票交易，均为现货，其别有约定者，从其约定。（8）佣金标准：记名证券收1%或0.5%，不记名证券如公债，则收0.25%。（9）13家会员单位协商举荐会董1人。（10）违反上述规约，或者信用缺失的会员，逐出公会。② 从上述规约来看，该公会已具有证券交易所的雏形了，③ 与会员制的证券交易所非常近似。事实上，该公会也曾

---

① 民国政府公债，1912年为620余万元，1913年为680余万元，1914年为2497万元，1915年为2583万元。苏、浙各路收归国有，铁路债券发行增多。参见刘波等《北京证券交易所简史》，《北京档案史料》1987年第4期。

② 冯子明：《民元来上海之交易所》，朱斯煌编《民国经济史》上册，台湾文海出版社1985年版，第147页。

③ 杨荫溥：《中国交易所论》，第133页。

被冠以"上海股票商业公会之证券交易所"的名称。①

到 1918 年冬，该公会会员已发展到 40 余人，② 包括范季美、张慰如等后来上海证券业中赫赫有名的人物。一些原本从事小本买卖的会员也获利颇丰，成为证券市场上的要角，如潘馥荪原为钱兑店小业主、吴川如原是安裕泰茶庄老板、陈兰庭原为宁波铁路餐车承包商等。公会主要经营股票和政府公债。1917 年，公会买卖的证券已不下 20 余种，③ 1920 年 5 月，在该会上市交易的股票主要有既济水电、龙章造纸厂、兴字股、华字股、业字股、乐字股等共计 26 种。④

2. "信交风潮"中的股票炒作

"信交风潮"之前，上海已经有 100 多个交易所，因为交易所众多，证券业务有限，不少交易所经纪人也利用证券市场的狂热，参与炒作各类股票，甚至于交易所自己发行的股票。下面将以上海证券物品交易所经纪人为例，具体剖析"信交风潮"中的股票炒作问题。该案例中，不仅涉及上海证券物品交易所五四号经纪人陈果夫，还涉及蒋介石、戴季陶、张静江等民国政要。

从孙中山倡办交易所之日起，蒋介石即奉命与戴季陶、张静江等共同参与筹划。蒋介石、戴季陶等还秘密组织协进社，吸收上海证券物品交易所发起人赵家艺、虞洽卿、洪承祁为社员。不过，公开出面申请创办上海交易所的是虞洽卿等人。1920 年 7 月 1 日，上海证券物品交易所开业当天，由陈果夫任总经理、朱守梅任协理的茂新公司即在《申报》刊发广告："上海证券物品交易所五四号经纪人陈果夫，鄙人代客买卖证券、棉花，如承委托，竭诚欢迎。"该公司的实际控制人应该是蒋介石，因为陈

---

① 参见《申报》1920 年 5 月 1 日所载之《证券市价》。
② 邓华生：《旧上海的证券交易所》，《上海文史资料选辑》第 60 辑，第 321 页。
③ 有中国银行、交通银行、中国通商银行等银行股票；有仁济和、轮船招商局、汉冶萍煤铁公司、中华书局、南通大生一厂及三厂、南洋兄弟烟草公司、既济水公司等公司股票；有江苏、浙江等铁路公司的铁路债券；政府发行的公债，有爱国公债元年六厘、元年八厘、三年六厘、四年六厘、五年六厘等，以及新华银行发行的新华储蓄券等。参见邓华生《旧上海的证券交易所》，《上海文史资料选辑》第 60 辑，第 320—321 页。
④ 股票共 26 种，包括中国银行、通商银行、交通银行、浙江兴业银行、四明银行、浙江银行、上海中华银行、中华书局、商务印书馆、招商局航产股、宁绍航产、汉冶萍普通股、华成火险、华安火险、大豫垦牧、仁济和、和丰纱厂、大生一厂、大生三厂、杭州纬成丝机公司、既济水电、龙章造纸厂的股票，以及兴字股、华字股、业字股、乐字股等。加上公债共计 30 余种。参见《申报》1920 年 5 月 1 日。

果夫回忆称:"蒋先生就要我和朱守梅(孔扬)兄及周枕琴(骏彦)先生、赵林士先生等商量,组织第54号经纪人号,名茂新,做棉花、证券两种生意。因为我比较内行,推我做经理,守梅兄做协理。"① 陈果夫是蒋介石的拜把兄弟陈其美的侄子,其所谓的蒋先生即蒋介石,朱守梅和周枕琴是蒋介石的同乡,周枕琴当时任上海证券物品交易所监察人;赵林士则是上海证券物品交易所的创办者之一。

茂新公司开业之后,蒋介石事务繁多,公司主要业务由陈果夫、朱守梅打理。从蒋介石的日记可以查考,他对于茂新公司及公司买卖的股票很是上心,颇费苦思,甚至为之"终宵不能成寐"②。初始茂新公司的经营并不顺利,尤其是蒋介石委托朱守梅购买的股票,由于朱守梅缺乏投资经验,在高位买入股票,购入后股价便持续走低,蒋介石对此极为懊恼。后来,股票市场逆转,股票价格走高,民众争相购买交易所股票,茂新公司业务亦日益兴旺,收益极为可观,各经纪人颇为满意。陈果夫回忆称:"茂新的股本,由一万加至一万五千元,慢慢的又增到三万元。每天开支不到三十元,而每天生意,在最差的时候,佣金收入总在三十元以上,最好则有二千元。"③

茂新公司之后,蒋介石与张静江等人再度联手,于1920年12月15日创立上海证券物品交易所经纪人营业所恒泰公司,其资本总额为35000元,每股1000元,共计35股,其中张静江5股,蒋介石(蒋伟记)4股,④ 其主要业务是代客买卖各种证券及棉纱二项,经纪人由张静江的侄子张秉三充任。恒泰公司初创之时,因农商部迟迟不发给上海证券物品交易所营业执照,其业务一度差强人意,远不如预期。其间,张静江曾遭对手环攻,请蒋介石"速来拔救",蒋介石由奉化老家赶赴上海,与戴季陶、张静江、陈果夫等谋划挽救之法,后来在蒋介石等人筹划斡旋之下,张静江最终转危为安。及至1921年5月,蒋介石接连收到张静江、朱守梅的电报,报告所购交易所股票价格暴涨的好消息。蒋长长地舒了一口气,并在日记中记录了当时的愉悦心情:"私心慰甚。"⑤

---

① 陈廷一:《乱世枭雄:蒋介石》,东方出版社2008年版,第37页。
② 张秀章:《蒋介石日记揭秘》,团结出版社2007年版,第27页。
③ 吴相湘:《陈果夫的一生(附陈果夫回忆录)》,传记文学出版社1971年版,第78页。
④ 陈廷一:《乱世枭雄:蒋介石》,东方出版社2008年版,第36页;上海市档案馆编:《旧上海的证券交易所》,上海古籍出版社1992年版,第105页。
⑤ 张秀章:《蒋介石日记揭秘》,团结出版社2007年版,第35页。

在暴利诱惑之下，1921年5月31日，戴季陶、张静江与徐瑞霖等合资创办了上海证券物品交易所经纪人营业所利源公司，其资本总额为3万元，析分为30股，每股1000元，其中蒋介石三股。① 这是蒋介石参股的第三家公司，其主要经营者是张静江，同年7月，张静江当选为上海证券物品交易所理事，股市消息更为灵通、准确，利源公司业务亦不断扩大，张静江所购股票价格屡创新高，利源公司赚得盆满钵满。不仅是利源公司，茂新公司亦大赚，至1921年6月，其盈利已达18400多元。

在非理性炒作之下，股票市场泡沫积聚。1921年8月18日《申报》报道，各种交易所股票，大致跌多涨少，已现疲软之态，上海证券物品交易所股价跌至110余元，但仍处高位。② 1921年9月28日，陈果夫察觉到股市风险，写信报告蒋介石，称"交所情形仍恶，市价变动非常"，并决定从10月1日起停止茂新公司的业务。③ 此后，交易所大量倒闭，并引发不少银行停兑倒闭，史称"信交风潮"。

倾巢之下，安有完卵。上海证券物品交易所也一步步陷入窘境，1922年2月24日，上海证券物品交易所在买卖本所股票时，"由于做多头者乏款收现"，致使"证券部倏然停板"，引发市场恐慌。此停板事件发生之后，多空双方各执一词，经闻兰亭等人调解，以卖出一方认亏收场。而蒋介石、张静江等人正是卖出一方，损失惨重。从陈果夫与蒋介石通信中的数据核算，此次交易失败之后，蒋介石大约亏损5万元。④ 蒋介石在日记中感叹："交易所披靡，静江失败，余之损失可观，度已倾倒一空。"蒋介石的证券生涯至此结束。

综上所述，在孙中山的倡议之下，蒋介石、戴季陶、张静江等人曾为上海证券物品交易所的创办做了不少幕后工作。之后，蒋介石等人依托上海证券物品交易所经纪人营业所，曾参与创办了茂新公司、恒泰公司和利源公司，但蒋介石政务、军务繁忙，其实际经营者是张静江、陈果夫、朱守梅等人，值当危机之时，蒋介石才会抽空参与重大决策。后遭遇"信交风潮"后，至1922年年初蒋已亏赔累累，损失约5万元。可见，蒋介

---

① 吴安宁：《民国权力场》，中国工人出版社2013年版，第136页；上海市档案馆编：《旧上海的证券交易所》，上海古籍出版社1992年版，第120页。
② 《近周中公债票股票市况》，1921年8月18日。
③ 杨天石：《蒋氏密档与蒋介石真相》，社会科学文献出版社2002年版，第61页。
④ 陈果夫：《商业场中》，《陈果夫先生全集》第5册，正中书局1952年版，第57—58页。

石的证券生涯并未给其留下美好的印象，但蒋介石在此过程中结识了大量上海知名的资本家，尤其是江浙的金融资本家张静江、虞洽卿等，这些人不少最终成为其政治、军事活动的重要奥援。对蒋介石而言，可谓是"失之东隅，收之桑榆"。

3. "信交风潮"之后的华商股票市场

"信交风潮"之后，上海证券物品交易所虽未倒闭，然信用大坏，客户烟消云散，业务无法开展。1923年2月，设立临时整理委员会清理所务，然收效甚微。① 以后又多次整理，业务仍无大的改观。风潮之后的上海华商证券交易所也步履艰难，其面值20元的股票市价曾暴跌至4元。② 不少经纪人破产，交易所靠开拍民国北京政府公债度日，股票交易极少。③ 由于当时政局不稳，风潮不断，经营公债险象环生，1924—1926年间几次濒临破产。④ 1927年4月南京国民政府成立后，公债发行量比民国北京政府更大，1929年8月开始，上海证券物品交易所交易品种也被迫调整，开始主营政府公债和各种库券。⑤

风潮后不久，上海华商证券交易所曾暂停股票期货买卖，仅做民国北京政府公债交易。到1931年，五年间南京国民政府发行公债已达105800万元，是民国北京政府16年发行的公债量的两倍左右。⑥ 但因为利息高，"公债之交易极为繁盛"⑦。上海华商证券交易所公债交易较为活跃，每日成交数常在1000万元上下，最发达时达6000万左右。⑧ 因为业务发达，上海华商证券交易所久拟扩展，1937年6月20日召开了临时股东会，通

---

① 上海市档案馆馆藏档案：档号S444—1—6；上海市档案馆编：《旧上海的证券交易所》，第125—128页。
② 金融史编委会编：《旧中国交易所股票金融市场资料汇编》下册，书目文献出版社1995年版，第1157页。
③ 交易种类为中国、交通、通商等银行股，中央、通易等信托公司股，南洋烟草，商务，中华书局等企业股。
④ 冯子明：《民元来上海之交易所》，朱斯煌编：《民国经济史》上册，第152页。
⑤ 《上海证券物品交易所特设证券现期市场推广证券买卖说明书》，上海市档案馆编：《旧上海的证券交易所》，第147页。
⑥ 千家驹：《旧中国发行公债史的研究（代序）》，千家驹编：《旧中国公债史资料》（1894—1949），中华书局1984年版，第19页。
⑦ 千家驹：《旧中国发行公债史的研究（代序）》，千家驹编：《旧中国公债史资料》（1894—1949），第30页。
⑧ 陈善政：《我国证券市场之发展史》，上海市档案馆编：《旧上海的证券交易所》，第399页。

过增加资本案，拟开拍公司股票债券及在国外发行之金币公债等有价证券，以增进业务。①

与此同时，公司股票成交量却极为稀少，几乎是有行无市，如1933年7月至1935年6月，两年中上海华商证券交易所的股票现货成交数仅1175股。② 1936年有9600余股，已是上海华商证券交易所股票成交量最大的一年，③ 1937年1月至"八·一三"战事爆发前，因受战争预期影响，股票成交数仅10股。④ 公债交易在上海证券市场上占98%的绝对优势。⑤ 可见这一时期，上海的华商股票市场与本国股份制企业发展几乎不相关。上海华商证券市场成为政府"财政市场"⑥。

"信交风潮"之后的华商股票市场还有一件大事，即上海物品证券交易所证券部与上海华商证券交易所的合并。1929年《交易所法》第五十五条规定："本法施行时，现存之交易所如在同一区域内有同种营业者两所以上时，应自本法施行之日起三年以内合并。"⑦ 同时规定，拒不执行的合并者，三年限满后解散。当时的上海已存在上海华商证券交易所，而上海证券物品交易所既经营证券业务，又做物品交易，两所均经营证券，按照《交易所法》的规定，两个交易所的"同种营业"须三年以内合并。

上海证券物品交易所于1921年6月28日领到民国北京政府农商部颁发的营业执照，至1931年6月28日，营业届满十年，如果继续营业需呈请批准，当时交易所的主管机构已经变为南京国民政府财政部、实业部。上海证券物品交易所理事长虞洽卿呈请续展存立年限，获得行政院批复，暂准继续营业，但强调依照《交易所法》规定必须合并，合并之后再核发营业执照。⑧ 南京国民政府财政部、实业部根据行政院批复提出了具体

---

① 《华商证券交易所通过增加资本》，《申报》1937年6月21日。
② 《中国经济年鉴续编》下册"商业"，商务印书馆1935年版，第566—567页。
③ 魏友棐：《上海交易所风潮所见的经济病态》，上海市档案馆编：《旧上海的证券交易所》，第385页。
④ 沈雷春编：《中国金融年鉴》，台湾文海出版社1939年版，第227页。
⑤ 杨荫溥：《健全证券市场之建立》，上海市档案馆编：《旧上海的证券交易所》，第224—225页。
⑥ 杨荫溥：《健全证券市场之建立》，上海市档案馆编：《旧上海的证券交易所》，第224—225页。
⑦ 《交易所法》，上海市档案馆编：《旧上海的证券交易所》，第295、300页。
⑧ 中国第二历史档案馆馆藏档案：档号三（1）—2736。

操作意见，"将两所证券部，提前合并，并限期两个月内归并于华商"①。证券物品交易所接奉财政部、实业部两部训令后，即通告全体理事，于1931年7月8日下午，在所内召开理事会议，全体理事到会，讨论结果，当场推定虞洽卿为全权代表，参加两交易所代表会议，②上海华商证券交易所代表为张蔚如。当日下午，两交易所代表会议召开，参加会议的有证券物品代表虞洽卿、华商张蔚如及许建屏陈行两监理员，讨论会议持续数小时之久未达成一致，原因是"证券欲与华商平均合作，而华商尚未表赞同"③。上海华商证券交易所之所以不同意平均合作，主要是上海华商证券交易所此时已有丰厚盈利，而至1931年上半年上海证券物品交易所仍处于亏损状态，如表6-3所示。

表6-3　　　　　1931年上半年上海证券物品交易所
上海华商证券交易所证券营业决算损益表

所别 项目	收入	支出	损益相抵合计
上海证券物品交易所	272435.34元	418229.05元	亏损：145793.71元
上海华商证券交易所	954734.75元	538686.82元	盈余：416047.93元

注：上海证券物品交易所收入包括经手费收入201462.16元，利息收入42495.39元，房租收入28477.79元。

资料来源：中国第二历史档案馆藏档案：档号三（2）—227。

及至1931年9月30号，"经交易所监理员许建屏陈行与两交易所理事虞和德张文焕等在沪会议，未有结果"④。1932年上海爆发"一·二八"事变，合并事宜暂时搁置。经三年协商，至1933年，上海物品证券交易所证券部与上海华商证券交易所合并问题取得了突破性进展。1933年4月11日，经两所理事会代表直接磋商，4月30日议决，依照《交易所法》所规定，两所的证券交易合并，上海证券物品交易所证券部于1933年5月31日停业，6月1日起并入华商证券交易所，"华商证券交易所，原有股本一百万元，经纪人五十五人，兹已决定，有物品交易所证券部增添股本二十万元，经纪人二十八，华商方面，亦增加经纪人五人，共成股本总数一百二十万元，经纪人八十八，另成一新组织，并于七

---

① 《交易所证券部份昨商合并》，《申报》1931年7月9日。
② 《交易所证券部份昨商合并》，《申报》1931年7月9日。
③ 《交易所证券部份昨商合并》，《申报》1931年7月9日。
④ 《沪证券交易合并案》，《申报》1931年9月30日。

月内，举行成立大会"①。自1933年6月1日起，上海地区证券业务就由上海华商证券交易所独家经营了，"上海证券市场至此乃告统一"②。

上海证券物品交易所的物品营业部分也先后归并，如上海证券物品交易所标金部，"与金业交易所合并问题纠纷数载，业经杜月笙张啸林两君斡旋，始告圆满解决"③，上海证券物品交易所棉纱部分并入了上海纱布交易所，完成这些合并后，上海证券物品交易所于1933年9月15日停止交易，不复存在。④

统一以后的上海华商证券交易所，其证券交易兴旺，成为中国乃至远东最大的证券交易所。⑤ 实行股份公司制，理事会下设四科，科下设若干股，每科主任由理事长任命，对理事长负责。⑥ 及至1937年"八·一三"战事爆发，华商证券交易所奉命被迫停业。

图6-1 上海华商证券交易所证券大楼1931年9月奠基纪念留影
（上海市档案馆馆藏）

---

① 《两交易所今日合并》，《申报》1933年6月1日。
② 陈善政：《我国证券市场之发展史》，上海市档案馆编：《旧上海的证券交易所》，第398页。
③ 《限新交易所月内成立》，《申报》1933年10月8日。
④ 上海市年鉴委员会编：1935年《上海市年鉴"商业"》，上海市通志馆，1935年，第38页。
⑤ 《上海证券交易所概述（1946年9月9日）》，上海市档案馆编：《旧上海的证券交易所》，第205页。
⑥ 吴钟煌：《证券交易所实务论》，《银行期刊》第3号（1936年1月31日出版）。

二 华商股票市场的股东大会及中间组织

民国初期的华商股东大会在民主决策方面已有所进步。如 1912 年 3 月 31 日招商局在张氏味莼园开股东大会，"忽有微者登台，陈述反对甚烈，口操粤音不甚可辨，当时股东中有长利洋行买办傅小菴起立，指驳其纰缪之点，众以为然"①。再如，1913 年 6 月 22 日招商局在张园开全体股东大会，当时股东到者近千人，在股东演说阶段，常州人李某演说盛氏之历史，并斥王子展为奴，李某演说至此，"王子展已愤懑至极，商会总理周金箴大声叱之，于是抵抗声调和声及台下喝打声杂"。招商局股东大会一方面反映出当时盛宣怀已失势，招商局内部新旧势力交锋激烈，另一方面表明民国初期股东大会上已出现不同的声音。②

进入交易所时代，华商股东大会日益规范。股东会一般能定期召开，若不能如期开幕，就须补开，如上海证券物品交易所股份有限公司，第一次股东会照章应于 1920 年 7 月举行，因事延期，后登报公告，定于 8 月 29 日午后二时，借上海总商会地方开会报告一切，议决后列事项并行补缺选。③ 股东会的法定程序要求亦更为规范。正式开会前，一般要清点股东人数，达到法定人数方可讨论议案，做出决议。1921 年 6 月 4 日，汉冶萍公司借上海总商会议事厅开股东常会，副会长李伯荇发表声明："到会股东七十余人，户籍七万七千零二十七股，一万二千九百九十二权，未足法定人数。照本公司章程第三十二节，股东会须集股东四分之一以上，并股东人数有十分之五以上到会议决事件。又第三十三节，到会之股东，如不满前两项之定数，其会议事件，不得为决议。惟可将会议之意告知各股东，限一月内，得再集第二次股东会议，如第二次开会时，不论到会股东及股东数之多寡，提议事件，得议决之，此为本公司章程所规定。"④ 股东会入场票证查验亦较为严格。1920 年 8 月，上海证券物品交易所股份有限公司登报拟召开股东会，规定"凡我股东，届期勿请携带各件到会为盼"⑤。1920 年 9 月 12 日，新世界新业公司，在新世界北部二层楼开临时股东会，未开会前，有一部分股东，因未照该公司登报定章，

---

① 《招商局股东会记》，《申报》1912 年 3 月 31 日。
② 《招商局股东大会详记》，《申报》1913 年 6 月 23 日。
③ 《上海证券物品交易所股份有限公司股东会公告》，《申报》1920 年 8 月 1 日。
④ 《汉冶萍公司股东会》，《申报》1921 年 6 月 5 日。
⑤ 《上海证券物品交易所股份有限公司股东会公告》，《申报》1920 年 8 月 1 日。

携带股票,致不得入场。公司法律顾问林白克律师,代表公司说明理由,"为尊重股东权利起见,各股东应体此意,将股票息摺一并缴验,如有遗忘情事,特延长四十分钟开会,不难往取",而股东代表包世杰等提议延期一周开会,并请公司再行登报声明,"务请各股东注意,于开会日将息摺股票一并缴验,否则不令入会"①,众无异词。

股东的权利意识也在增强,开始用合法的手段维护自己的权益。如:在沪交通银行股东曾自发组织监察会,推陈宗诺为会长,并上报江苏军民两长,呈准备案,获得合法身份。1922 年 2 月 2 日,交通银行董事会拟将股东应得官利强迫作股,监察会表示董事会"有意欺瞒,万难忍受",他们认为,增股一事,虽经交通银行董事会提议,自称多数之股东通过,但是"当时并未登报,向未到会之股东布告,现即履行议案,亦应定期请旧股东照缴,声明逾限不缴,另招新股,而发息则不能牵并增股之内,而竟以子作母也"②,提出"如有官息可发,则不妨直截了当登报声明。本行生意因已折损,官息亦无可派,转为直截了当,万不必用如此狡猾手段,以一手掩盖天下人耳目,未必天下人皆愚,而惟交通系尽智也,敝股东等所执之股票,皆粒粒辛苦汗血所得之资财,并无一毫伤天害理,杀人放火,播弄政潮,盘剥国家之银钱在内,上有天日可表,此官利尤应得之款,实不能任听该会如此干没支配"③。此为交通银行监察会利用合法手段,与交通银行董事会进行周旋,维护股东权益的典型案例。

随着近代社会经济的发展,上海总商会、上海银行公会等中间组织开始崭露头角,对股票市场的影响也越来越大。当交易所疯狂增长的时候,各中间组织曾明确表示反对,并采取了相应举措。上海工商协会提请省议会取缔交易所私营本所股票及轨外营业。上海工商协会在请愿书中提到:"自交易所发生,几无业而不有交易所,几无所而不以本所股票为操纵之利器。今日有一交易所成立,明日该所股票,竟自开市,故意抬价,数倍其值,直与抽头赌博、呼卢喝雉无异。无业者固以输盈为业,有业者亦将弃业就赌。长此以往,其为害不仅胜于粤省摊博橡皮之风潮,且与市面金融,道德人心,至有关系。若不严行取缔,将来祸延全国,必致不可收拾之势。查部颁章程,只许营业评准市价,并无本所买卖本所股票之规定。"④

---

① 《新世界股东会记事》,《申报》1920 年 9 月 13 日。
② 《交银监察会反对以息作股文》,《申报》1922 年 5 月 22 日。
③ 《交银监察会反对以息作股文》,《申报》1922 年 5 月 22 日。
④ 《取缔交易所轨外营业之请议》,《申报》1921 年 6 月 13 日。

1921年6月，上海工商协会请愿活动，把当时交易所炒作本所股，及利用租界庇护，违法操作等交易所运营中的关键问题都提出来了。在此之前，上海银行公会亦呈请过禁止本所股票交易。① 遗憾的是，这些反映上海交易所问题的请愿，均未得到切实的重视。上海总商会奉督军省长命令，曾向各商帮发出通告：本省各处交易所，如有未经核准擅自开业者，一律设法严禁。② 这份通告是在"信交风潮"爆发之前发出的，因此，它起到了为各商帮、普通民众揭示风险的积极作用。

三　华商股市行业自律规则的发展

在证券市场的监管中，政府监管的作用不可替代，同样地，行业自律也有其不可比拟的优势，实际上，两者具有较强的互补性，均为证券市场监管体系的重要组成部分。股票市场是一个高风险的市场，股市行业自律的目的是通过股票市场的自身组织，建立起一系列行业内共同遵守的规制，控制风险的高限，并防止风险的蔓延。近代中国股市行业自律，以证券交易所为中心，可分为两个层面，一个层面是证券交易所之间的行业公会，如上海市证券业同业公会，③ 该组织宗旨是研究业务、矫正营业上的弊端，但其对各方的约束力有限。另一层面则是证券交易所的自律规则，当时在中国股市发挥行业自律作用的主要是证券交易所的自律规则。本书所要阐释的即是证券交易所的自律规则，主要有两方面的内容，一方面是证券交易所的营业细则、业务规则；另一方面是证券经纪人公会的自律规则。

（一）证券交易所的业务规则或营业细则

证券法规条款一般只是原则性的、纲领性的规定，而证券市场具体的业务规则则由证券交易所制定，呈请政府主管部门批准。这些规则的制定，要进行多方面的考量，包括要借鉴外国证券交易所的现有规则，遵循国内证券法规，还要尊重传统的商事惯例，因为照顾到各方面的关切，所以这些业务规则往往可操作性更强。这些规则往往是由证券交易所通过公告形式公布，周知经纪人共同遵守。因为证券经纪人是证券交易所的主

---

① 《取缔交易所轨外营业之请议》，《申报》1921年6月13日。
② 《取缔交易所之公文》，《申报》1921年8月27日。
③ 上海市证券业同业公会规定，该会不以营利为目的，其宗旨是研究业务、矫正营业上的弊端，调查研究国内外的债券和股票，倡导互助，促进证券业的发展。1933年6月，合并统一后的上海华商证券交易所，仍沿用上海市证券业同业公会相关规定。

体，因此，这些规则多是针对证券经纪人而设立的。主要内容包括证券经纪人的资格认定、行为约束、保证监督、违规处罚四个方面。

一是关于证券经纪人的资格认定。证券经纪人是证券交易所中的专业人士，须具备规定的资格方可准入。既有国家法律的强制性要求，又有各证券交易所的具体规定。一般涵盖证券经纪人申请者的资本数目及性质、商事履历、营业场所设施及证明文件等。此外，还有严格的经纪人资格审批程序，如表6-4所示。

表6-4　1937年前上海三大交易所对经纪人资格审批程序对比表[①]

上海证券物品交易所营业细则[②]	上海华商证券交易所营业细则[③]	统一的上海华商证券交易所营业细则[④]
须有两人介绍	须有两个以上的经纪人介绍	须有同业两人介绍
出具志愿书，载明资本额及交易种类等项，附加商事履历书，由交易所调查详明	新增规定是：资本独资、合资性质说明。仍有出具志愿书，载明资本额并附商事履历书，由交易所调查核准等	新增规定是：附商事履历书及其证明文件。仍有填具志愿书，载明资本数目等项，交由所方审查等
咨询经纪人公会意见	咨询经纪人公会意见	所方审查后，加具意见书
呈请农商部注册	呈请农商部注册	呈请实业部核准注册
审核通过，发营业执照	审核通过，发给凭照	审核通过，发营业执照
如系合伙组织，须添具合伙者姓名及出资人数目、组织契约		信函通知经纪人公会组织

注：①1937年前上海三大交易所指1937年"八·一三"战事爆发以前曾在上海出现过的上海证券物品交易所、上海华商证券交易所，以及这两个交易所统一后组成的上海华商证券交易所。
②上海市档案馆编：《旧上海的证券交易所》，上海古籍出版社1992年版，第37—58页。
③杨荫溥：《中国交易所论》，商务印书馆1932年版，第173页。
④上海市档案馆编：《旧中国的股份制（1868—1949年）》，中国档案出版社1996年版，第419页。

对比表6-4中的各项条款可见，在1937年前，上海三个大的证券交易所，它们对证券经纪人的资格条件都大同小异，总体趋势是越来越严格。但对证券经纪人的个人资质却没有具体规定。

二是关于证券经纪人的行为约束规定。对证券经纪人行为的约束规定是证券交易所自律规则中最核心的部分，也是对证券经纪人进行监管的重要内容，涉及证券经纪人的代理人和受托买卖两个方面。在1937年"八·一三"战事爆发以前，证券交易所规定经纪人可派出代理人到证券市场中参加交易，而对代理人的具体规定如表6-5所示。

表 6-5　　　1937 年前上海三大交易所对经纪人行为约束对比表

条目＼所别	上海证券物品交易所①	上海华商证券交易所②	统一后的上海华商证券交易所③
代理人资格	经纪人须将代理人履历书送交所方，经所方承认，方为有效	填送委托书，开具姓名籍贯和商事履历书，报至本所核准，始得入场交易	将所设置的代理人履历书送交易所审查核准后，方为有效
代理人名额	代理人名额，每一经纪人每一交易种类现期买卖以5名为限；定期买卖以3名为限，代理人不得以他之经纪人或代理人充任	经纪人可委托2人为代理人，每日按时代表经纪人到场交易	每一经纪人最多可设置3名代理人，代理人不得以他之经纪人或代理人充任
代理权消灭	代理人之代理权消灭时，经纪人须立即将消灭情由向所方报明，并缴还所方给予的入场徽章。交易所认为代理人不适时，可命其解职或停止入场	代理人之代理权消灭时，经纪人须立即将消灭情由向所方报明，交易所认为代理人不适时，可命其解职或停止入场	代理人之代理权消灭时，经纪人须从速报告交易所，交易所认为代理人不适时，可命其解职或停止入场

注：①上海市档案馆编：《旧上海的证券交易所》，上海古籍出版社 1992 年版，第 37—58 页。
　　②杨荫溥：《中国交易所论》，商务印书馆 1932 年版，第 173 页。
　　③上海市档案馆编：《旧中国的股份制（1868—1949 年）》，中国档案出版社 1996 年版，第 252—255、422 页。

由表 6-5 可知，对于代理人资格、代理权消灭，各证券交易所的规定大致相同，而代理人名额方面，略有不同，上海证券物品交易所现期买卖代理人以 5 名为限，上海华商证券交易所规定经纪人可委托 2 人为代理人，统一后的上海华商证券交易所规定每一经纪人最多可设置 3 名代理人。

对于经纪人经营的代客买卖的受托业务，各证券交易所均有严格的制度。《上海华商证券交易所业务规则》明确了经纪人和买卖委托人的权利义务关系。经纪人的权利有：委托人如不遵守各项规定，经纪人得结束其所做之交易及处分其证据金，再有不足，应由委托人如数补偿之（二十四条）；买卖成交后，委托人应遵守本所规定，其证据金或代用品如数交与经纪人，并作为委托人对于经纪人因交易上发生债务的担保品，非至偿清其债务时不得交还（二十五条）。经纪人的义务有：经纪人做成交易时，须立即通知委托人，并报告交易详细内容（二十七条）；一位经纪人被数人同时委托限价限额或不限价额交易，同场做成交易之价格，如有涨落及买卖不能足额，可分别匀摊价额报告之（二十八条）；经纪人代委托人所做之交易，若不能全数做成，应将已做成之交易实数报告之（二十九条）。①委托人的义务有：买卖成交后，委托人应将证据金或其代用品如数交与经纪人（二十五条）；经纪人或废业或死亡或受除名处分或失其他效力之事，本所可将其债权债务互相抵消，委托人须交出一切与经纪人在本所交易上发生债权之证据，方可代为结算（二十六条）②。

比较而言，上海证券物品交易所与上海华商证券交易所的经纪人受托买卖规则，主要条款基本一致。此外，还专门制定了《上海证券物品交易所经纪人公会受托契约规则》28 条，③ 对经纪人受委托人经营买卖业务中，可能遇到的问题做了更为详细的规定（具体内容见附文 2）。

综合上述这两个证券交易所的经纪人行为约束规则，可以看出，规则中虽然对经纪人的义务有明确的规定与约束，但比较而言更多的是对经纪人权利的规范与保护，使经纪人拥有了更多的自由处置权；对委托人的义务亦有明确的规定，而对委托人的权利规定却几乎没有。1933 年合并统一后的华商证券交易所经纪人受托买卖规则在此方面依然没有改进。

三是关于证券经纪人的保证监督规定。证券交易所对证券经纪人的保证监督主要是通过实施证券保证金制度来实现的。证券保证金主要包括经纪人保证金与交易证据金两大类，1937 年前上海三大交易所对证券保证金的规定各具特色，具体规定如表 6-6 所示。

表 6-6　　1937 年前上海三大交易所对经纪人的保证监督对比表

所别 类别	上海证券物品交易所④	上海华商证券交易所⑤	统一后的上海华商证券交易所⑥
经纪人保证金	现期经纪人可免缴纳保证金；定期经纪人之保证金为每种类额定 3 万元，以交易所指定之有价证券或银行存单，或其他货币代用之	本所股票 200 股，一次缴纳	本所股份 200 股，或现金 6000 元

---

① 杨荫溥：《中国交易所论》，商务印书馆 1932 年版，第 175 页。
② 杨荫溥：《中国交易所论》，商务印书馆 1932 年版，第 175 页。
③ 详见上海市档案馆编《旧上海的证券交易所》，上海古籍出版社 1992 年版，第 107—110 页。
④ 上海市档案馆编：《旧上海的证券交易所》，上海古籍出版社 1992 年版，第 45—47 页。
⑤ 杨荫溥：《中国交易所论》，商务印书馆 1932 年版，第 176、177 页。
⑥ 上海市档案馆编：《旧中国的股份制（1868—1949 年）》，中国档案出版社 1996 年版，第 423—425 页。

续表

所别 类别	上海证券物品交易所	上海华商证券交易所	统一后的上海华商证券交易所
交易证据金	本证据金、追加证据金及增加证据金三种	本证据金、追加证据金、特别证据金。	本证据金、追加证据金、特别证据金、交割证据金、临时追加证据金五种

从表6-6可以看出，1937年前上海三大交易所经纪人保证金规定各异，相同的是交易证据金均包含本证据金、追加证据金、特别证据金（或增加证据金），统一后的华商证券交易所增加了交割证据金、临时追加证据金两种。

四是关于证券经纪人的违规处罚规定。对经纪人的违规处罚规定也很详尽，各证券交易所的营业细则中都有"违约处分及赔偿责任"专章。如统一后的上海华商证券交易所营业规则第四十七条、第六十一条、第七十三条，[1] 对不同的违约情形及处分作了相应的规定。

证券交易所的业务规则或营业细则是近代中国股票市场制度不可或缺的一部分，这些规则是由政府主管机构审定的，具有较强的行业拘束力，从这一角度讲，交易所经纪人必须遵守交易所制定的业务规则，否则将会受到行业的制裁。但是在规则执行的过程中，因为证券交易所是公司制营利机构，证券交易所与交易所经纪人是利益共同体，交易所经纪人的经营业绩直接关系到证券交易所的收益，因此由证券交易所制定实施的业务规则或营业细则，因为会触及自身利益，其执行效果自然大打折扣。

（二）证券经纪人公会的自律规则

经纪人公会是由在证券交易所中从事证券交易的经纪人自发组织的自治机构。在自我约束管理中，为维护会员间公平交易的环境，形成了会员相互认可的自律规则。

清末华商股市产生，政府只注重股票的发售，对交易市场不闻不问，股票交易商主要是依据传统的商事习惯进行自我管理。1914年秋，经农商部批准，上海股票商业公会正式成立，最初会员有13家，后不断增多，到1918年冬，会员增至40余家。[2] 为促进会员议价交易，上海股票商业

---

[1] 上海市档案馆编：《旧中国的股份制（1868—1949年）》，中国档案出版社1996年版，第425—429页。

[2] 邓华生：《旧上海的证券交易所》，《上海文史资料选辑》第60辑，第321页。

公会一经成立，便订立了规约：（1）会员 13 家，各推重要职员为上会代表。（2）聚会时间每日上午 9 时至 11 时。（3）行情逐日向同业公布，印送行市单。（4）买卖手续，彼此对做，一经讲定，报告市场管理人记录。（5）股票交易，均为现货，其别有约定者，从其约定。（6）佣金标准：记名证券收 1%或 0.5%，不记名证券如公债，则收 0.25%，等等。① 上海股票商业公会的规约涉及会员股票交易的方式、时间、标的、程序、原则、佣金标准及违约处罚等诸多方面，为促进会员间股票交易，厘定了基本的规范。直到 1914 年 12 月 29 日《证券交易所法》颁行，近代华商证券交易市场才有了法律监管。因此，可以说近代华商证券交易市场是先有自律管理，后有法律与政府监管。

1920 年 7 月上海证券物品交易所成立，其经纪人共有 90 人，分属证券部、棉花部、棉纱部、杂粮部，② 规定经纪人公会隶属交易所领导，会员会费每人每年纳银 30 元。③ 上海华商证券交易所经纪人公会规定，想成为会员，须经由两个以上公会会员推荐，填写志愿书，批准成为正式会员即拥有选举权及被选举权。④

综上所述，证券经纪人公会是自发成立的自治组织，在行业内部，证券经纪人公会发挥着独特的作用，可以协调处理行业内的纠纷、竞争问题。但在隶属关系上，证券经纪人公会必须服从交易所的领导。

第二节　外商交易所的发展

一　日本取引所

近代上海，除欧美商人外，日本商人也曾创办证券交易所，名曰"上海取引所"⑤。1918 年上半年，日本人创设上海取引所股份有限公司，股本 1000 万日元，营业地点在上海租界（总部在大阪），是由日本政府

---

① 冯子明：《民元来上海之交易所》，朱斯煌编：《民国经济史》上册，台湾文海出版社 1985 年版，第 147 页。
② 《证券物品交易所股东会纪》，《申报》1921 年 1 月 17 日。
③ 《证券物品交易所消息》，《申报》1920 年 7 月 7 日。
④ 上海市档案馆馆藏档案：档号 R1—14—415。
⑤ "取引所"即日文"交易所"之意。

特许设立。日商取引所为股份有限公司，经纪人须经上海日领事允准充任。① 1918年11月30日召开成立大会，12月2日正式营业。从经营范围看，上海取引所既经营证券又经营物品，实际上，所谓的综合性交易所，交易品种一般有两个，一个是有价证券，一个是棉纱。但在上海取引所成立之初，日本商人竟野心勃勃，"有操纵上海市面之野心"②。该所的经纪人大多数是日本人，③ 交易的品种全部为日本公债或股票，④ 以定期交易为主。⑤ 在我国自己的交易所成立之前，上海取引所业务极为兴旺，尤其是花纱业交易在上海首屈一指；其证券交易亦很活跃，股价普遍较高，⑥ 本所股也连带上涨。⑦ 至1920年下半年后，上海华商交易所成立，上海取引所初期的赢利局面不复再现，并转入亏损。至1922年下期，亏损706万，于是在1927年1月26日，宣告自动清理，取消该取引所。⑧

1920年年底，日本人在汉口英租界设立出张所，专管大阪三品贸易，抛盘定价，仅凭上海来电，报告涨跌，一时汉口洋纱业者，趋之若鹜，仅几个月，该出张所盈利至60余万。1921年又开办五交易所，而以85万元，组织某某银行，以为投资于五交易所之机关，不料历时未久，此巨额资本，尽行亏蚀，后又以20余万设立物券交易所，未几又倒闭。日人因为亏本较多，于1922年出面组织规模较大的取引所，合沪汉而统一管理，资金1000万元，分为20万股，每股50元，分四次交清。于5月21日正式开幕。机关设在汉口俄租界三码头，社长由大阪株式会社理事长及上海取引所社长"岛德臧"氏兼任。⑨

汉口取引所成立后，各界有识之士，"多傈慄危惧，群谋挽救，连日分散传单，警告商民。又设立取引所研究会，指陈取引所利害，以供商民

---

① 《论上海交易所》，《银行周报》第2卷第14号（总第45号）（1918年4月16日）。
② 杨荫溥：《中国交易所论》，商务印书馆1932年版，第37—38页。
③ 该所经纪人定额为50名，开业时，经该所认可的经纪人有34家，其中大多数为日商个人或日商商号，仅5人为华商。参见《申报》1918年11月30日。
④ 该所交易的第一天，上市的证券包括帝国公债一种和日本的钟纺公司、大株公司等公司股票12种。
⑤ 参见《申报》1918年12月14日。
⑥ 如票额25元的新大株公司股票，卖出了99两的高价。参见《申报》1918年12月3日。
⑦ 该所12.5元的本所股票曾涨至300元左右。参见《申报》1927年1月22日。
⑧ 《上海取引所自动清理》，《银行周报》，第485页。
⑨ 《日人设立汉口取引所之反对》，《申报》1922年5月25日。

之讨论"①。官方也有介入，湖北实业厅长黄勇熙于1922年5月19日，特电农商部请示，可否依法制止。其电如下："总商总长钧鉴，查证券物品交易所法规早经颁行，商人组织此项营业，均须依法办理，以昭郑重，顷有人未经禀准备案，擅在汉口俄租界开设取引所。俄界为中国官厅管理，可否依法制止。又英租界亦发现物券交易所。闻在英工部局注册，理事均系华人。惟聘一英律师充顾问。汉口为重要商埠，关乎社会经济，职厅有维护之实，不行取缔，以资流弊。究应如何办理，乞示遵行。"② 后经农商部干预，日人汉口取引所被依法制止。

二 上海众业公所

"信交风潮"爆发之前，外国股票，已是价格不振，市面疲敝，"船厂股价少极，上海船厂股价，计一百十八两，纱厂股交易极少，怡和纱厂股价十月份十九两五钱，十二月份二十两，惟成交者，寥寥无几，东方纱厂股，交易亦少，计价十二月期十五两也"③。"信交风潮"之后，外国股票交易更为清淡。1929年后，上海众业公所股票交易状况有所改观。20世纪30年代中期，众业公所每日的成交数常达二三百万股，交易的证券全部是在华外国人发行的④。其中20世纪30年代中期众业公所开拍的股票如表6-7所示。

表6-7　　20世纪30年代中期众业公所开拍的股票一览表

众业公所开拍的证券	种类
银行及银公司股票	10种
保险公司股票	5种
地产公司股票	16种
船坞、仓库和运输公司股票	6种
公用事业股票	8种
纺织公司股票	4种
橡皮及垦植公司股票	38种
优先股票	13种

---

① 《日人设立汉口取引所之反对》，《申报》1922年5月25日。
② 《日人设立汉口取引所之反对》，《申报》1922年5月25日。
③ 《近周中之外国股票市况》，《申报》1921年1月26日。
④ 章乃器：《货币金融所反映出来的中国社会》，《中山文化教育馆季刊》第2卷第1期。

续表

众业公所开拍的证券	种类
合计	100 种

资料来源：章乃器《货币金融所反映出来的中国社会》，《中山文化教育馆季刊》第 2 卷第 1 期。

1937 年上海"八·一三"战事爆发，上海众业公所暂时停业。一直等到淞沪战役结束，该所重新复业。初期，尽管交易的证券并不少，总数约 160 种，① 但因为仍处于战争状态，社会经济动荡，"交易殊形清淡"②。后来战争持续进行，形势进一步恶化，国内货币大幅贬值，外汇上升，外国股票受到追捧，成交量放大，最高日成交量达 132.2 万股，③ 最高周成交量达 2 亿元。④ 直到 1941 年 12 月 8 日太平洋战争爆发，美国对日宣战，日军进驻上海，上海众业公所被日军接管，被迫停业。

从 1912—1939 年欧美人开办的上海外商股票市场综合指数走势来看，外商股票市场波动较大，指数最低为 190 点左右，而最高则在 1100 点，相差 5 倍多，如图 6-2 所示。从其上海外商股票市场综合指数走势来看，外商股票市场综合指数下跌时期，基本是在战争时期及经济危机时期，如：第一次世界大战期间（1914—1918 年）、大萧条时期（1929—1933 年）、抗日战争前期（1937—1940 年），其余时段多数处于上涨阶段。而其上涨时期，则是战争之后及信交风潮之后，如：1918 年第一次世界大战结束后的两年，1933 年经济大危机结束后的四年，1921 年信交风潮之后，国内股票交易惨淡，而上海众业公所的交易却日渐红火，上涨趋势从 1923 年一直持续到 1929 年经济大危机爆发。上述情况表明，欧美人开办的上海外商股票市场不但受到战争、经济危机的直接影响，而且与我国国内的股票市场也形成了此消彼长的竞争关系。从一个侧面也反映了上海众业公所的经济侵略性质，以及近代上海经济的半殖民地特性。

综上所述，尽管民国政府制定了较为完备的股市制度，通过收回租界运动，外国租界的权力也有所减弱，但在上海开办的日本取引所、上海众业公所仍有较大的自主权，并获得了与中国交易所同等的发展权力，事实

---

① 当时上市的外股计 96 种，公司债券 10 种，加上其他债券共计达一百五十种之多。
② 冯子明：《民元来上海之交易所》，朱斯煌编：《民国经济史》上册，第 153 页。
③ 冯子明：《民元来上海之交易所》，朱斯煌编：《民国经济史》上册，第 153 页。
④ 陈善政：《我国证券市场之发展史》，上海市档案馆编：《旧上海的证券交易所》，第 399 页。

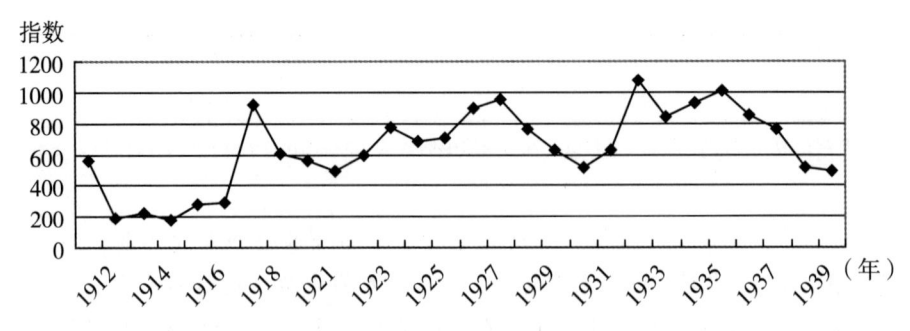

图 6-2　上海外商股票市场综合指数走势（1912—1939）

资料来源：Wenzhong Fan, 2005, "Construction Methods for the Shanghai Stock Exchange Indexes: 1870-1940", Working Paper, International Center for Finance, Yale School of Management. 转引自刘逖《上海证券交易所史》（1910—2010），上海人民出版社2010年版，第304—305页。

上，与中国交易所构成了直接的资金竞争关系，民国政府的股市制度并没有起到限制外国交易所，激励本国交易所发展的作用，从一个侧面亦反映出近代中国经济仍具有鲜明的半殖民地特性。

结　语

我们以上海为中心，考察了1872—1937年中国华商股票市场制度与实践的基本方面，可以对其作一个总体性评价。

一　强外生性：近代华商股市制度的突出特点

从制度的起源角度，可将制度分为两类：一类是内生性制度，另一类是外生性制度。内生性制度是人们在长期的生产生活实践中，不断总结经验提高认识，自然累计形成的规范；外生性制度则是自上而下地由权威部门或领袖设计推动而形成的规则。总体来看，近代中国华商股市制度具有典型的外生性。

清朝末年，内忧外患，为了挽救统治危机，洋务派提出了"自强""求富"口号，大力发展军事民用企业，而这些企业的创办及运营，均需要巨额资金，诚如张之洞所言，"本欲阜财，必先费财"[1]，而清政府要负担巨额的军费和赔款，财政窘迫，"百方罗掘，仍不足用"[2]。要解决资金难题，就有可能而且有必要创立一种新的融资制度。放眼周围，范例就在眼前——西方近代股份制企业融资制度。近代许多西方股份制企业在进入中国之后之所以能运营良好，主要有两方面的原因：首先，在近代中国的社会条件下，西方商人享有成文不成文的治外法权，社会上的一般势力似乎总是仰其鼻息；其次，与西方经济势力进入中国同时而来的新的生产力以及创新的股票融资制度，具有较中国传统经济和融资方式更强的竞争力和生命力。而上海自1843年11月17日被迫对外开放、辟为通商口岸之后，外国资本主义势力便把它作为对华经济侵略的主要据点。到19世纪

---

[1]　张之洞：《张文襄公全集·奏议》，卷54。
[2]　李鸿章：《李文忠公全集》奏稿，第24卷，第20页。

50年代中期，上海已取代广州，成为中国最大的对外贸易中心和通商口岸。① 上海等通商口岸近代经济的迅猛发展，不仅为新制度的引入奠定了经济基础，而且还造就了一批新的富裕阶层，他们拥有大量资金，也在找寻出路。

在此背景下，为了解决漕运等现实问题，在李鸿章为首的洋务派的积极推动下，股票融资制度作为一种创新制度，首先在轮运业中建立起来，并逐渐渗透到其他行业，造就了中国近代第一批股份制企业，它们发行股票，吸引商人投资，同时允许股票买卖转让，近代中国华商股市诞生了。

不仅是股份制，近代华商股票发行交易的重大法律制度，无一例外，均引自外国，而直接取法于日本者尤多。清末的《公司律》在制定之前，光绪皇帝即明谕该法应"仿照欧西""务期中外通行"；《公司条例》的底本，是以日本法为蓝本，并会同日本法学家志田钾太郎起草的；1929年的《公司法》，是在《公司条例》的基础上修正充实而成。上述法律的颁行，使中国的股份制企业结束了体制外生存的历史，同时公司股票的发行也有了法律上的界定。北京政府1914年公布的《证券交易所法》是以日本的取引所法为蓝本；此后的《交易所法》（1929）和《修正交易所法》（1935）是在《证券交易所法》的基础上修订而成的。这些法律制度的引入，又促使中国近代的华商股票交易步入了一个新时代——交易所时代。

综上所述，从制度产生的途径来看，近代中国华商股市制度具有典型的外生性。外生的制度，必然会衍生一系列问题。首先，这些制度多源于欧美、日本等发达的资本主义市场，而我国当时的资本市场刚刚起步，相对落后，在制度引进时，又较少修改，多是照搬照抄，因此，必然存在制度的适用性问题，"先进并不必然合适"。其次，引进制度往往为解决现实问题，头疼医头，脚疼医脚，只顾眼前，制度的系统性研究和长远规划缺失，又往往使引进的制度支离破碎，存在系统性的缺陷与风险。较为典型的是清末引进股票发行制度，而交易制度却一片空白，形成制度真空，加上政府未能严格规范股票发行，狂热投机，引发1883年上海金融风潮。

尽管如此，对于近代中国华商股市引进的制度，我们还是应给予积极的评价。因为虽然晚清民国时期引入的股市制度存在诸多问题，甚至有些"水土不服"，但综观整个华商股市发展，其制度从无到有，从不完善到

---

① 黄汉民、陆兴龙：《近代上海工业企业发展史论》，上海财经大学出版社2000年版，第7页。

逐步完善，到1937年前，已形成较为完备的股市制度体系。从股票的发行、交易所的设立、监管机构、经纪人、登记结算、交易税的征收，到违法行为的处罚等都做了规范，已涉及了股票市场的主要方面，体现了股市法律的基本内容，构成了1937年前中国的股市法制体系，使中国近代股票发行与交易市场有了基本的法律制度规范。从这个意义上讲，其进步性是显而易见的。

二 本土化：近代华商股市制度实践中的总体趋向

引自西方的近代股市制度在近代中国的繁衍，一方面固然保持了西方股份制的基本内容和特点，但另一方面当西方股市制度传入中国时，中国本身的传统经济已经经历了数千年的发展，传统中国社会自身的经济制度及经济组织形式已经形成成熟稳定的结构，并与传统社会相融相生。引入中国的西方股市制度，虽然拥有无法比拟的优势和强大的生命力，但它在冲破中国仍然强大的传统经济结构的同时，也必然会受到来自中国传统经济的反作用力，而它要与中国社会的传统经济相衔接，尤其是想争取更多地从传统经济走来的中国投资者的支持，就不得不遵从中国传统经济的惯例和要求而做出调整。

中国近代股市中的官利制度，便是中国传统经济元素融入近代新生华商股市的典型例证。西方股份制企业的股息要视利润多少而定，利润多则股息厚，没有利润就不付股息。而近代中国华商股票中的官利是一种固定利息，企业有无利润，官利都要给付，企业若有利润，投资者还可以获得红利。尽管1914年《公司律》明确规定企业没有利润，不得移本付息。然而，事实上，企业为了争取投资者，还是不得不照付官利。官利延续于整个近代，只是后来呈现总体下降的趋势而已。单纯从企业的角度看，官利制度的实施无疑加重了企业的负担，不利于企业的资本积累，也加大了企业的创办运营风险。但从当时的中国国情来看，官利的产生有其历史必然性。可见，这种调整是外生的股市制度，在面对中国传统社会经济所做的适当改变与创新，在近代与传统的博弈中，近代股份制企业与从传统走来的投资者之间找到了一个新的双方都能接受的平衡点。结果，近代中国股市制度，既保持了西方近代股市制度的基本特征，又为适应中国传统经济而有所调整，介乎近代与传统之间，不自觉地完成了近代西方股市制度在近代中国股市实践中的本土化。

综上所述，近代中国华商股市制度的变迁和演变，一方面固然具有西方制度传入的外生性特征；但另一方面，在实践中，近代中国社会传统经济以及商事习惯的巨大惯性和无所不在的影响、近代中国特殊的社会条件，都使得外生的股市制度同时也具有适应中国本土化要求的特点。近代中国股市制度外生性及本土化的历史表明，任何外来的经济制度，即便具有制度创新的意义，在实践中，也必须要选择合适的切入点，与传统制度衔接，逐步过渡，并最终实现本土化。本土化是外生制度变迁中一个不容忽视的重要阶段，外生制度只有与本土社会经济有机融合才能真正发挥效用，唯有如此也才有可能被发扬光大。

三 股市制度、实践与近代中国社会经济

中国近代外生的股市制度，在纸面的法律条文和规则方面，其实已相当丰富，与当时的国际先进水平也相差不大。特别是民国以后，我们的股市法律及规则一般都是取自欧美、日本等先进资本主义国家正在实施的制度；有的甚至具有超前性，比如我国1914年就颁行了《证券交易所法》，而美国的《证券交易所法》是1929年大萧条之后才颁布的。那为何制度先进，我们的股市却长期低迷，偶或又会游资充斥，投机盛行，大起大落，表现出一种不成熟的状态呢？[1] 按照系统论的思想，股票市场发展不是哪一种因素所能决定的，是多种因素共同作用的结果，所有这些影响因素共同构成影响股票市场成长的一种机制。

华商股票市场作为中国近代社会经济体系的一个要素，必然会受到来自中国近代社会经济体系其他要素的作用与影响，[2] 包括经济、政治、传统习俗等。可以说，近代中国华商股市的最基本特征是由中国近代经济、社会的特殊性决定的。这种特殊性具体表现在以下几个方面。

（一）先天不足：市场经济基础薄弱

近代中国是一个农业大国，农业人口占绝大多数。但近代中国并不是一个农业强国，农业生产方式比较落后，绝大多数农户仍还是男耕女织的生产模式，生产出的农产品主要被自己的家庭消耗，剩余的农产品有限，能拿到市场出售的农产品自然较少，也有不少的农户，是被迫到市场上交易，出售自己的"细粮"，以换取更多的"粗粮"。真正能被称为农业小

---

[1] 如诺思所言："尽管明确的规制能给我们提供一个检验在不同条件下经济体绩效的实证数据的基本来源，然而这些规制与绩效之间事实上并不存在严格的一一对应关系。"参见［美］道格拉斯·C.诺思《制度、制度变迁与经济绩效》，杭行译，格致出版社2014年版，序言，第7页。

[2] 包括经济、政治、文化、体制、传统习俗、社会心理等方面。

商品生产者的，只是极少数的农户，多数农户处于半自给自足的状态。20世纪30年代大量的调查资料证明，除了长江三角洲区域的农村[1]，以及天津、广州等大城市的近郊，在我国广大的农村，农产品的商品率仅为58.55%，[2] 从总体上说是低下的，[3] 农村的市场经济发展很不充分。1936年的工农业总产值中，工业总产值只占34.9%，其中现代工业只占10.8%。[4] 当时中国现代工业发展水平较低和市场经济发展很不充分的现实表明，当时中国多数企业组织生产方式和生产水平还较为落后，此等社会经济基础，根本无法支撑近代中国出现发达成熟的股票市场。正如经济史学者马伯煌所说："没有自成体系的民族工商业作基础，其金融事业的发展终归有限。"[5]

(二) 后天失调：政府的消极与乏力

中国近代，处于一个剧烈的社会转型期，在转变过程中，必然会遇到各种困难和障碍，需要一个有力的政府协调解决，合理规划转型目标，积极地引导聚合社会力量，进而推动整个社会成功转型。中国作为现代化的后发国家，引进的股市制度更需要强有力的政府保障实施，即如萧功秦教授所说的在一个社会转型期需要"威权政府"[6]。而我们的研究也表明，后发国家不仅需要政府有威权，保障制度推行，同时，也要求这个"威权政府"要有现代观念，只有具备现代观念的威权政府，才可能设计出

---

[1] 主要是上海、无锡、苏州、嘉兴、湖州、杭州一带的农村。

[2] 吴承明：《中国现代化：市场与社会》，生活·读书·新知三联书店2001年版，第110页。

[3] 我国粮食的商品率，1840年为10%，1895年为16%，1920年为22%，1936年不到30%。绝大部分粮食并未进入市场（参见吴承明《我国半殖民地半封建国内市场》，《历史研究》1984年第2期）。农家自用不进入市场的面粉，1913年占所有面粉产量的54.36%，1921年为54.85%，1936年为53.70%（参见上海市粮食局等编《中国近代面粉工业史》，中华书局1987年版，第105页）。在手工织布方面，1936年手工土布仍占全国布匹总产量的43%；而在手工土布中，74%是自给布，也就是说，1936年占全国布匹产量的31.8%的土布是没有进入市场成为商品（参见徐新吾《中国经济史料考证与研究》，上海社会科学院出版社1999年版，第130—133页）。转引自杜恂诚、李晋《中国经济史"GDP"研究之误区》，《学术月刊》2011年第10期。

[4] 赵德馨：《中国近现代经济史》，河南人民出版社2003年版，第321页。

[5] 农夫：《旧上海证券交易所》，上海档案信息网（http://www.archives.sh.cn），2008年4月1日。

[6] 萧功秦：《困境之礁上的思想水花——当代中国六大社会思潮析论》，《社会科学论坛》2010年第8期。

正确先进的适合国情的制度，从而使股市发展的现代化方向不会有偏差，进而逐步培育出现代股市。

近代中国股市制度的供给主体是历届政府，包括晚清政府、民国北京政府及南京国民政府，然而无一例外，它们均把股市当作为其政治服务的工具。其制度的引进、政策的出台，缺乏长远科学的规划，多是为了解决眼前困境。晚清政府，引进西方近代股份制，旨在为洋务民用企业筹集资金，以挽救危局。当甲午中日战争后，民间已经出现实业救国思潮，股份公司大量出现的时候，清政府却不思进取，毫无建树，既不成立对应的主管部门，又不着手厘定法律。对于股份公司的开办申请，仍沿用清廷南、北洋大臣审查；对股份公司股票的买卖和流通，既无规章制度的规范，亦无政策保护。因而，清代股票交易是民间自发的，且"无法可依"。民国北京政府，迅速筹组北京证券交易所，目的是为兜售公债，扩充军力；全面抗战前的南京国民政府时期，大力发展公债市场，因为公债可为政府迅速筹集大量资金，用于军事内斗，大量资金涌向公债市场，致使股市严重"缺血"，一片肃杀，也使得整个证券市场基本沦为兜售政府公债的"财政市场"①。

诚如经济学家刘易斯所说："没有一个国家不是在明智政府的积极刺激下取得经济进步的……另一方面，经济生活中也存在着这么多由政府弄出来的祸害，以致于很容易就训诫政府参与经济生活一事写上满满的一页。"② 近代中国华商股市和其赖于存在的市场经济体系若要得到健康发展，就必须要有政府科学引导和严格监管，这一作用是别的任何力量都无法替代的。

(三)"国中有国"——制度运行的潜在风险

近代中国是一个半殖民地国家，在此背景下，中国股票市场不可避免地为西方列强经济势力所染指与渗透，甚至被其控制。在近代中国，一个怪现象是，本国的证券交易所还未成立，外国商人开办的证券交易所在中国已经经营数年。这在一个主权完整的现代国家，是不可想象的。1910年发生在上海的"橡胶股票风潮"，就源于外商众业公所，外国投机客利用国际橡胶市场的异动，大肆炒作"橡胶股票"，许多钱庄、银行参与投机炒作，而外商众业公所享有治外法权，连清政府也无权干涉。

---

① 杨荫溥：《健全证券市场之建立》，参见上海市档案馆编《旧上海的证券交易所》，第224页。

② Lewis W. Arthur The Theory of Economic Grouth, London: George Allen & Urwin 955.

1921年"信交风潮"之前,国内出现滥设交易所的问题,根据日本人滨田的调查,当时117家交易所中,有50家是在上海的外国租界注册或开业。① 与北洋政府《证券交易所法》规定"一地只能设立一个证券交易所"严重不符,此等情形,北洋政府也只能与其交涉,而租界当局表面上应承,实际上一味拖延,直到金融风潮爆发,才采取实际行动取缔交易所。

同样的,在近代中国,外国银行也是先于中国银行而产生。早在19世纪中叶外国银行就已进入中国,当时的钱庄、票号等是中国最主要的金融机构,相对于外国银行,它们的经营理念和资力都相对落后,外国银行通过"拆款"等金融交易逐步渗透、控制了这些中国旧式金融机构,也一步步提高了在中国金融市场的地位与影响力。② 上海出现的多次金融风潮,外国银行均在其间兴风作浪。外国银行为减少损失,往往在形势不稳或银根紧张之时,钱庄正需要它支持的时候,突然停止放贷,同时拒收钱庄庄票,而钱庄在资金融通方面高度依赖外国银行,此举直接把钱庄推向破产边缘,进一步加剧了金融危机的程度。在1883年的金融风潮期间,以及1910年"信交风潮"期间,外国银行均扮演了"落井下石"的角色③。

西方列强通过不平等条约在中国攫取大量特权的同时,还设立"租界",打造"国中有国",在租界里建立外商股票市场,一方面与中国华商股票市场争夺资金,为列强企业在中国融资;另一方面,中国政府的制度又不适用于租界内的股票市场,这样形成的制度漏洞致使中国华商股市运行始终存在重大的制度风险。即便华商股市制度完美无缺,因为制度实施起来不能全面覆盖,有"租界"这样的特殊区域,制度的执行效果自然会大打折扣,甚至是形同虚设。

(四)有法不依与执法不严:法制意识、信用观念淡薄

股票市场说到底是一个法治市场,法治强,则信用好、市场兴。而近代中国华商股市,总体而言,从上至下,法制意识、信用观念相对淡薄。

---

① 朱荫贵:《1918—1937年的中国证券市场》,《复旦学报》(社会科学版)2006年第2期。

② 这方面的研究,参见张国辉《晚清钱庄和票号研究》,社会科学文献出版社2007年版;汪敬虞:《十九世纪西方资本主义对中国的经济侵略》,人民出版社1983年版。

③ 1883年的金融风潮,使南北市钱庄从年初的78家到年终只剩下10家,南北市行号栈铺受拖累倒歇不下三四百家的一次大型金融风潮。参见张国辉《晚清钱庄和票号研究》,社会科学文献出版社2007年版,第148—149页。

华商股票市场刚刚建立的时候，股票发行市场制度极为简单，不论是晚清政府官员还是发行股票的企业均"无法可依"，而股票交易市场制度更是一片空白。及至清末股票市场法律逐步出台，民国时期股市立法跟进，出现更多的则是有法不依与执法不严的问题。比如《公司律》明确规定企业没有利润，不得移本付息，而企业为了笼络股东，依然会官利照付，还有前文所述信息披露制度，股东的权利履行等；更为典型的是"信交风潮"前后，政府机构、交易所均视法律如无物，参与炒作，酿成风潮，最终损害的是国家信用及交易所信用，并导致股市一蹶不振，长期低迷。再如上海证券物品交易所的成立也是一个违法典型案例，若批准该交易所创立，明显违背1914年颁行的《证券交易所法》中"每一地方只能设一个证券交易所"之规定，但在官员与商人的运作之下，结果是农商部没有顶住压力，竟允许其成立，并且一度发展成为中国最大的交易所。上海证券物品交易所的成立，一方面表明农商部没有顶住来自上海商界、上海总商会、上海政府及江苏省实业厅的压力，人情大于法制，有法可依，却未必能有法必依，另一方面也表明当时的法制环境之恶劣，人们的法制意识仍较为淡薄。

股票市场法律制度的实践表明，法律制度建设的近代化可通过制度引进，一蹴而就，而整个社会法制观念、法律制度实践的近代化之路则漫长得多。

四　历史的启迪

研究我国近代的股市，不是发思古之幽情，而是希望在了解近代华商股市的基础上，吸取前人的经验教训，以古鉴今。实际上，我国近代股市与当代股市的发展背景有诸多相似之处，如国家由封闭向世界开放、社会剧烈转型、逐步向市场经济转轨、制度的外生性等方面，因此近代华商股市研究对我国当代股市发展具有重要的借鉴意义。

(一) 股票市场的功能定位：兼顾投资者和融资者

晚清时期，引进西方近代股份制，其直接目的就是让官督商办企业发行股票，筹集资金；清末宣布铁路干线国有政策，亦仅从政府利益考量，较少考虑一般投资者的感受。民国北京政府更甚，发展证券市场的主要目的是促进公债流通，至民国南京政府时期，股票市场被边缘化情况更为严重。在中国当代股市中，也仍存在融资者强、投资者弱的失衡问题。在广大投资者心中中国股市始终是一个融资有余、回报不足的市场。可见，近代与当代股市存在类似的问题，对投资者的权益重视不够。以当下的观点来看，众多投资者参与股票市场，不仅仅是个经济现象，同时亦是社会民生问题，应该予以高度关注。

投资者和筹资者均是股票市场中的重要主体，两者共生共荣，双方的合法权益均应得到充分的考量与尊重。一般而言投资者的合法权益更应该受到重视，一方面是因为投资者，特别是中小投资者人数众多且具有分散性、多样性，与筹资者相比，保护起来更为不易；另一方面，保护投资者的合法权益，特别是中小投资者的合法权益，不仅是维护社会公平正义的有效途径，也是股票市场健康运行的内在要求。故有学者呼吁中国股市应由企业本位论转向投资者本位论或者股东本位论，值得深思。

从长远来看，股票市场的准确定位也有助于优质企业更好地发展。一个好的股票市场应该是投融资双方的利益综合体。股票市场是优质企业融资的主要场所，投资者"用脚投票"，在股票市场上对企业进行选择，使优质企业脱颖而出，并能获得源源不断的资金支持，做大做强；使劣质企业，无法生存而被迫退市。[①] 企业真正把股民作为"东家"来重视，规范运作，提升质量，增加股东的投资回报；投资者获得尊重与激励，自然会强化对企业的信赖、支持，从而形成良性互动格局。这样，股票市场才能真正发挥资源配置的作用。为此，在制度层面，我们必须继续做好保护投资者合法权益的制度建设工作，强化顶层制度设计，建立完善的保护制度体系，同时，要加大对上市公司的监督与惩戒力度。

(二) 政府与市场

近代历届政府都没有扮演好自己在股票市场中的角色。晚清政府关注的重点是股票的融资功能，对股票交易市场不闻不问；北洋政府时期，虽然出台了一系列股市法律制度，然而监管乏力，执法不严；南京国民政府注重公债市场，股市一片萧条。而我国当代股市存在的主要问题则是所谓的"政策市"及"执法不严"。在成熟的股市中，市场是资源要素配置的主导和决定力量；当然，无论是什么股市，政府的作用都不可替代，政府不仅可以通过不断的制度完善来保证市场机制正常运行，防止因市场制度缺陷而造成资源配置的扭曲，而且对营造良好的股市生态环境起到积极的推动作用。因而，在股票市场中，政府必须明确自己的位置与职责。

有鉴于此，政府必须扮演好自己的角色：(1) 在股票市场中，政府应明确自己工作的落脚点。在股票市场中，政府的工作落脚点应是加强对

---

① 2014年11月16日，证监会发布的《关于改革完善并严格实施上市公司退市制度的若干意见》正式实施以来，A股沪深两市退市率仍然极低。

市场的培育与监管，通过制定大政方针、政策和法规规范股票市场发展，逐步减少对市场的直接干预，通过制定股票市场游戏规则，培育有序、高效、透明、公平的市场环境，充分发挥股票市场资源配置功能。同时，加快健全股市执法司法体制机制，依法打击违法犯罪活动，夯实股票市场法治和诚信基础，推动形成崇法守信的良好市场生态，实现"建制度、不干预、零容忍"的目标。（2）在股票市场规范与制度建设方面，在做好制度供给与创新的同时，应依据中国的国情，重点关注股票市场现有制度的落实，把制度落实情况放在更为突出的位置，比如上市公司退市制度的全面落实。注重相关制度的实施细则的制定，使得各项制度更具可操作性。引导社会与媒体等监督力量，关注制度的规范执行及透明化。同时要研究借鉴国外先进的法律制度、监管机制，营造良好的国际投资环境。（3）在人才建设方面，要加快引进海外高层次人才，加大力度整合国内金融人才，同时采取积极措施，营造现代化的工作环境和舒适的生活环境，使其能够安心工作。

当然，市场与政府的关系调整并非一蹴而就。因为制度变迁具有路径依赖特性，如诺斯所言，"人们过去做出的选择决定了他们现在可能的选择"，而要改变这种路径的方向，一般要有外力介入，并付出改革成本。因而，为了股票市场平稳发展，市场与政府的关系调整必须要选准方向，做渐进式改变。

（三）加强制度建设与行业自律

股市是把双刃剑。运用得当，能优化资源配置，促进经济发展；若管理不善，也可能引发金融危机，甚至是社会动荡。一方面，我们要大力加强股市制度建设，使其逐步完善。做好制度研究与建设规划，科学论证、科学引入，既要解决当前问题，又要立足长远。重视对国外先进的股市制度的调查研究，不仅要研究其制度本身，还应研究其出台的背景、解决的主要问题及实施的条件、效果等。不仅要做好引进前的前瞻研究，做好问题预案，而且应密切关注制度引进后的冲击与问题，及时研究解决。比如针对我国近代以来直至当今的股票发行问题，可以选择适当时机，在科创板注册制成功实践的基础上，总结经验，全面推进国外已经发展较为成熟的股票注册制，同时出台相关法律、法规加强监管，促使我国股票发行由审核制向注册制的彻底转变，有利于保持我国股市长期平稳发展。与此同时，我们还应加强我国自身的股市制度的研究与创新工作，加强股市制度、法律的宣传惩戒力度，增强人们的法制观念。并持续关注制度、法律的落实，严防严查执法中的变通问题。

另一方面,加强行业自律。在证券市场的监管中,政府监管的作用不可替代,同样地,行业自律也有其不可比拟的优势。行业内部更熟悉行业规律和行业习惯,比外在的政府监管者更能做到实时监控。良好的行业自律是市场经济运行的重要基础,是政府监管的重要补充。凡是市场经济根基雄厚、个人商业信誉至上的国家,几乎都有完善的行业自律体系,英国的股市行业自律甚至比正式的法制监管起着更重要的作用。事实上,行业自律与政府监管,两者具有较强的互补性,均为市场监管体系的重要组成部分。

纵观我国近代华商股市,到1937年"八·一三"战事爆发之前,华商股市的自律监管制度发展却相对缓慢。而美国在1929年大萧条之前,在股票市场中起主要作用的就是行业自律规则。缺乏行业自律是我国当前股市的一大隐忧,它加大了政府的监管成本。目前我国的行业自律组织还很弱,一些行业自律组织如证券咨询机构、会计师事务所、证券经纪等,其本身的行业自律性也有待提高。我国政府主管部门亦曾主动出面撮合行业自律,而这种有政府官方主导、掺杂太多官员意志的"行业自律"并不是真正的行业自律。实际上,政府的干预正是行业自律无法形成的重要原因。因为行业自律是一种自觉自为的行为,是为了在市场中求得生存而做出的选择。为了获得长远发展,行业成员必须维护行业利益,即所谓"一荣俱荣,一损俱损",从而形成共同认可的行业规则来进行自我约束。这种自我约束,是建立在个人商业信誉和市场机制基础之上的,是行业成员的共识,不是政府操控的结果。一个成熟的市场,应该有完善的自律监管制度,并发挥比政府监管更大的作用。[①]

当然,诚如朱子所言:"问渠那得清如许,为有源头活水来。"经济发展,尤其是工商企业等实体经济的发展才是股市发展的不竭动力。没有工商企业的发展,就不可能有股票市场的持续发展与繁荣。我国近代华商股市长期低迷的根本原因就是近代工商企业等实体经济欠发达,不能够支撑起一个规模宏大的股市。历史上的多次股市风潮,从根源上看,也是因为投机过度,其发展远远超出了工商企业发展的要求,形成股市泡沫,终致崩盘。所以,只有大力发展经济,发展工商实体企业,夯实股市基础,才能促使股市长期健康发展,并最终实现股市虚拟经济与实体经济的互促共进、共生共荣。

---

① 事实上,金融活动的三方监督,缺一不可。一是行为主体的自我监督;二是买家监督;三是政府、法律等第三方监督。

附　　录

一　图片资料

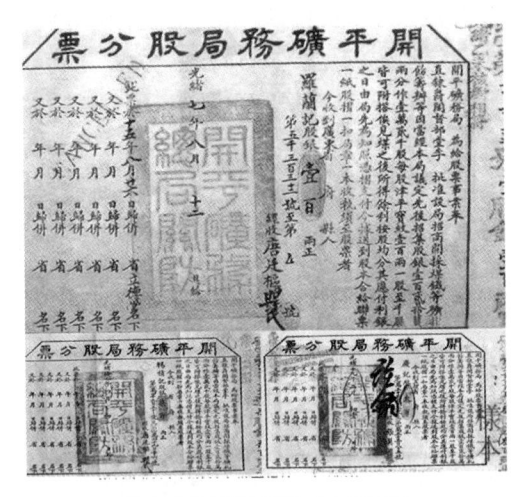

开平矿务局股分票（1881年）

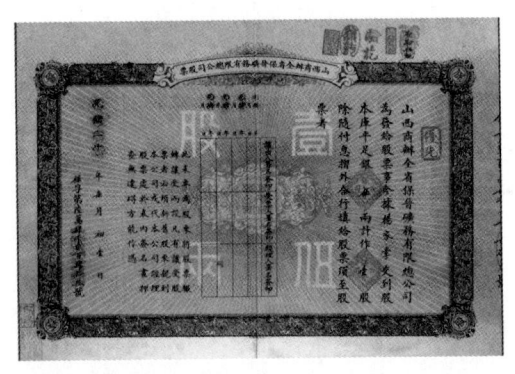

山西商办全省保晋矿务有限总公司股票（1894年）

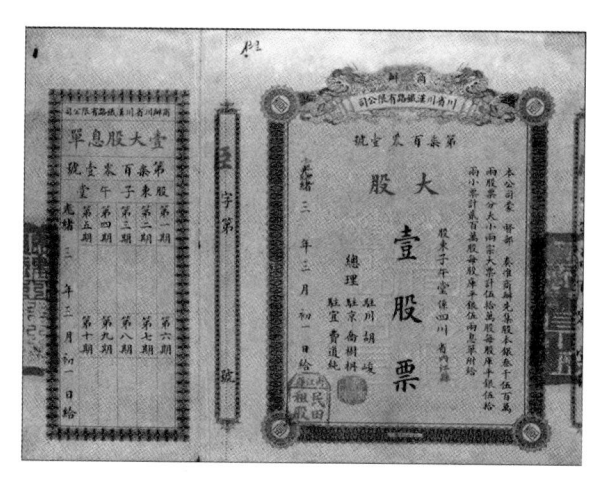

川省川汉铁路有限公司股票（1911年）

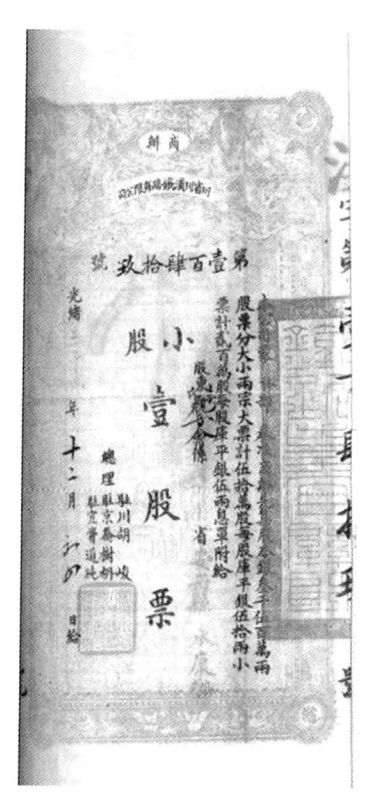

川省川汉铁路有限公司"租股"小股壹股票（1908年）

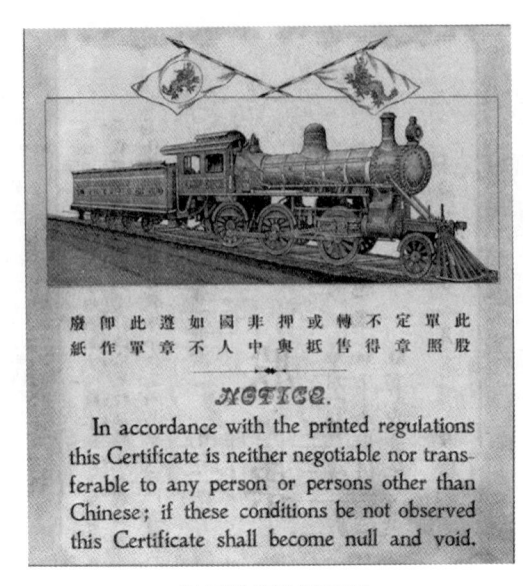

184　近代华商股票市场制度与实践（1872—1937）

川汉铁路股票背面

川省川汉铁路有限公司大股陆股票

川汉铁路鄂境股票（1907年）

汉冶萍煤铁厂矿有限公司股票（1913年）

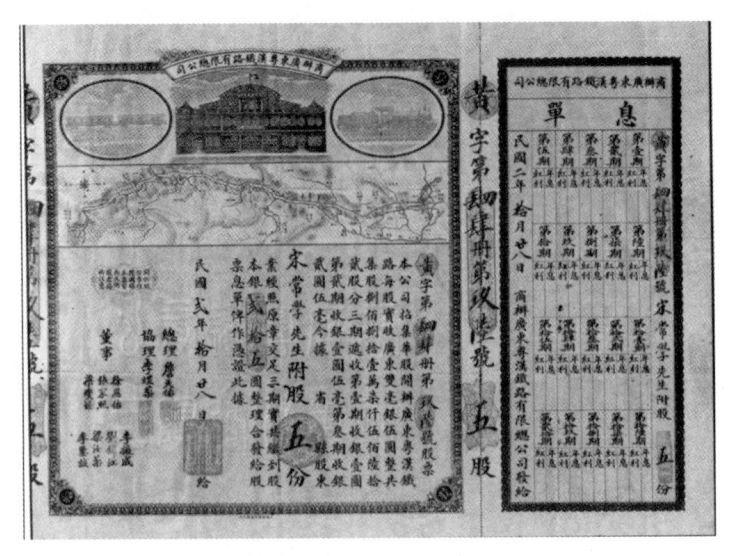

商办广东粤汉铁路有限总公司股票（1913年）

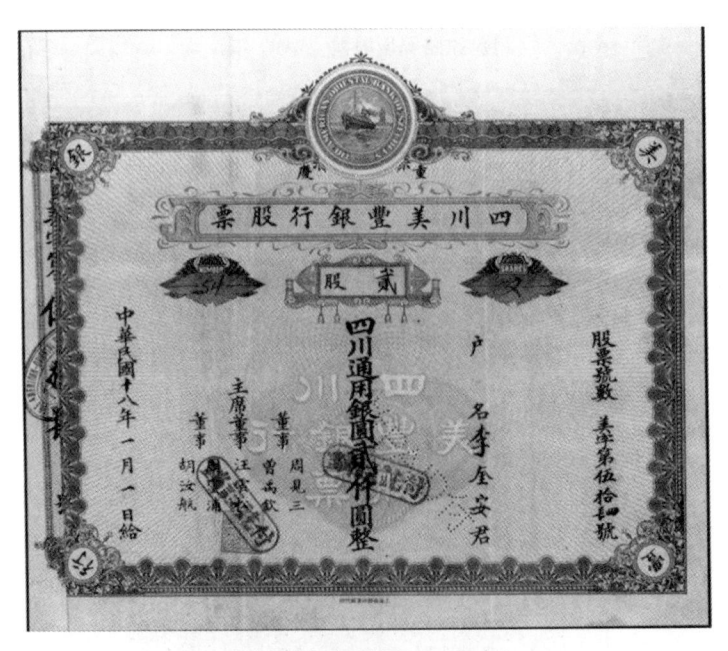

四川美丰银行股票（1929年）

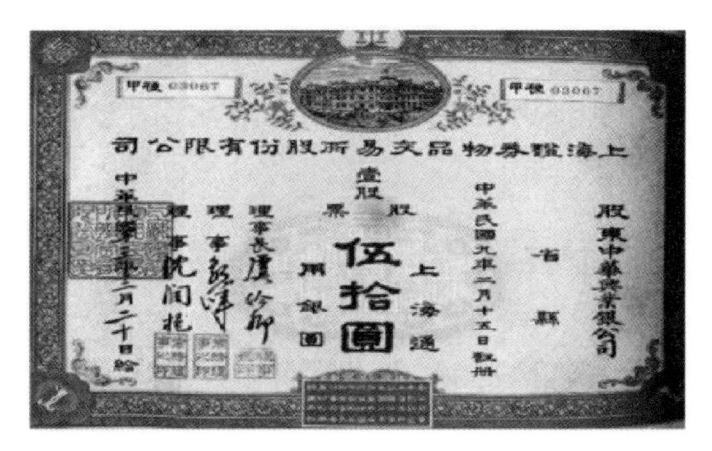

上海证券物品交易所于 1923 年所发行的甲、乙、丙三种股票

上海证券交易所开幕日交易场景

上海证券交易所经纪人电话台及行市版

二 附表

附表1　与近代股票市场相关著作一览表（1949年前）

编著者	书名	出版社	时间
杨荫溥	上海金融组织概要	上海商务印书馆	1930年
贾士毅	国债与金融	商务印书馆	1930年
杨荫溥	中国金融论	上海黎明书局	1931年
徐寄庼	最近上海金融史	中华书局	1932年增订本
贾士毅	民国续财政史（六）	商务印书馆	1934年
杨荫溥	上海金融研究	上海商务印书馆	1936年
交通银行总管理处	金融市场论	交通银行总管理处	1945年
吴毅堂	中国股票年鉴	上海中国股票年鉴社	1947年
朱斯煌	民国经济史	银行学会	1948年

附表 2　中国第一批股票行情表（1882—1886 年）

单位：两

股票名称	轮船招商局	仁和保险公司	济和保险公司	开平煤矿	平泉煤矿	上海织布局	电报局	长乐铜矿	鹤峰铜矿	顺德铜矿	金州煤矿	池州煤矿	荆门煤铁矿	施宜铜矿	承德三山银矿	徐州煤铁矿	贵池煤矿
原价	100 两	50 两	50 两	100 两	105 两	100 两	100 两	100 两	100 两	100 两	100 两	25 两	25 两	100 两		100 两	
1882.6.9	247.5		72	240	200	115	205	160	166								
7.28	251	72.5	70	221.25	257.5	115.5	192	157.5	165								
9.29	255.5	72	71	216	255	110	198	175	170								
10.12	267	72	71	221.5	250	105	165	225									
11.11	242.5	72	68.75	212.5	230	100	150	200	153	112	101	37					
11.30	229	70	68	180	195	94	137.5	175	151	103.5	95	30	24	105	54		
12.18	222	69	67.5	185	170	97	148	174.5	139	107	92.5	30	22.5	105	60		
1883.1.1	230	69	68	181	152.5	98	160	170	132	110	90.05	32	22.25	103.5	63		
1.18	220	69	68.5	170	125	95	160	138.5	127	106.5	93	35	21.5	100	59.5		
1.23	220	69.5	68.5	174	125	94.5	160.05	145	130	106.5	93.5	35	21.5	100	61		
2.21	150（新股）	69.5	71.5	169	126	101.5		142.5	127	107.5	92.5	37.75	21.5	约 98		109	
5.10	145	72	69	144.5	105（新股）	94		约 100	104	95	约 88	约 41.5	20.75	96		103	
7.15	126	59	58	121	100	83.5		80	83	75	73	36	21.75	76	61	90	21.25
8.15	122.5	54.5	53.5	108.5	90	75		77	80	72	71	31	22	50	56	90	18
9.6	110	53	52	96	80	70		50	60	72.5	68	26	22	50	50.05	80	16.25
10.16	90	48	47	80	70			50	40	72.5	59.5	25	21	50	48	80	14.5

续表

股票名称	轮船招商局	仁和保险公司	济和保险公司	开平煤矿	平泉煤矿	上海织布局	电报局	长乐铜矿	鹤峰铜矿	顺德铜矿	金州煤矿	池州煤矿	荆门煤铁矿	施宜铜矿	承德三山银矿	徐州煤铁矿	贵池煤矿
11.16	90	48	47	80	70			50	40	72.5	59.5	25	21	50	48	80	14.5
12.6	54	51	34.25	53	51			44	36	70	48	20	19	25	约30	60	14
1884.1.2	57.5	35	34.5	58	46			40	36	55	41	20	17	24	约30	约60	13.75
2.12	66	36.5	36	66	70				30		42	17	15	24	约25		12.5
3.13	63	36.5	36	55	70				30		42	16	15	25	15		12
4.8	59	33	31.5	50.05	50				28		40	13	15	25	12		11.75
5.18	70	37.25	37	49	38.5				26		44	11.75	14	25	7		13
5.25	67	36.5	36.5	52.5	46				25		43	12	14	25	5.75		12.5
6.1	69	36	35.75	50.05	45				25		46	11	14	25	8		13.5
7.6	62	35.5	35.25	53	38.5				24		45	11.25		25	6.5		13
8.19	58	30	30	52	38.5				24		44	11		21	6.5		11.5
9.8	51	26	26	46	38				24		45	10.5		21	6		
10.13	49	22.5	22.5	37	17				20		45	9		25	5.5		12.75
11.13	49	22.35	22.35	37	17				20		45	9		25	5.5		12.75
12.16	42.5	24.75	24.75	37	17				20		45	6.5		32	5.5		14.75
1885.2.21	38	22.5	22.5	32	22						55	6.25			4		14.25
3.15	36	20.05	20.05	30	22						55	6.25			3		14
4.18	41	21	21	30	20						56	6.5			3		11

续表

股票名称	轮船招商局	仁和保险公司	济和保险公司	开平煤矿	平泉煤矿	上海织布局	电报局	长乐铜矿	鹤峰铜矿	顺德铜矿	金州煤矿	池州煤矿	荆门煤铁矿	施宜铜矿	承德三山银矿	徐州煤铁矿	贵池煤矿
5.5	46	24	24	30	17						56	6.5			3		13
9.11	45.5			45	19.75	22	60（元）										
12.1	57			52.5	17	15	55（元）										
1886.9.8	59.5			53.5	14.5	17	61（元）										

资料来源：《申报》1882年6月9日至1886年9月8日。

附表3　　　　　　1875—1936年公司"官利"规定一览表

企业名称	创办年度	对"官利"的规定	资料来源
湖北广济煤矿	1875	按年不计闰，一分生息	陈旭麓等主编：《湖北开采煤炭总局、荆门矿物总局》，第26页
开平煤矿	1876	第一年总以煤铁见着后十二月为期，即将每年所得利息，先提官利一分	孙毓棠编：《中国近代工业史资料》第1辑下册，第630页
荆门矿务局	1879	按年八厘起息	陈旭麓等主编：《湖北开采煤炭总局、荆门矿物总局》，第416页
上海机器织布局	1882	股本宜提官利，今集股四十万两，官利照票定章程周年一分起息，每年共计九八规银肆万两	孙毓棠编：《中国近代工业史资料》第1辑下册，第1044页
上海电报局	1880	1883年扩股时，规定（股本）仍长年一分支息	《津沪电报总局公启》，《申报》1883年3月3日
金州骆马山煤铁矿	1882	公司章程向须酌提官利，此局自应援照，自见煤之日起，每商本一百两，长年酌提官利银十两	《接录开金州骆马山煤铁矿章程》，《申报》1882年11月20日
平泉铜矿	1882	见铜后十二个月为第一年，如有盈余，先提官利一分	《平泉矿务招商章程》，《申报》1882年6月11日
顺德铜矿	1882	各商股本银两、限期一起收足，官年长年一分，闰月不计	《顺德铜矿局条例》，《申报》1882年10月26日
徐州利国矿务局	1883	股东缴纳股款后，矿局"给予股票并取利股折，俟煤铁运售之日起，每届一年结算一次，先提官利一分"	《徐州利国矿务招商章程》，《申报》1883年1月14日
登州铅矿	1883	照章议定，（自）收银之日起，先行派分庄息，俟炼（成）发售后，长年官利一分，并找足以前庄息不敷一分之官利	《登州铅矿禀案》，《申报》1883年7月13日
云南矿务招商局	1887	（股本）周年六厘行息	朱寿朋编：《光绪明东华录》（二）总第2290页
山东招远矿务公司	1891	本公司每年大结账，除开销外，其本银六十万两，应按每月一分计息，归各股东，谓之官利	（台北）近代史研究所编：《矿务档》第2册，总第1337页
湖北织布局	1894	若绅商入股恐所分额息，欲称官利。多寡无定，本局允为保利一分五厘，每股（百两）每年凭折到局领息银十五两，闰月不计	汪敬虞编：《中国近代工业史资料》第2辑，上册，第573页
汉阳铁厂	1896	自入本之日起，第一年至第四年按年提息八厘，第五年起，提息一分	孙毓棠编：《中国近代工业史资料》第1辑，下册，第832页

续表

企业名称	创办年度	对"官利"的规定	资料来源
奉天东边银铅矿务总局	1897	股本官利,各矿务局章程有以交银日按年一分起息,二者均未得其平。今仿磁州矿局新章,拟以交银之日起,年终核算庄利共得若干,登明申报,于次年正月按股分支。俟一切办理裕如,常年一分起息,不计闰按月支付,以昭平允	(台北)近代史研究所编:《矿务档》第6册,总第3403页
萍乡煤矿有限公司	1901	股息按年八厘,闰月不计	于宝轩辑:《皇朝蓄艾文编》卷23,矿政2,第27页
川汉铁路公司	1904	"无论官款、民款,均按周年四厘行息"。该公司改为商办后,又规定"无论股份、租股利息,均系周年六厘……自收到股银之次日起算"	《川汉铁路总公司集股简明章程》,《近代史资料》1957年第6期;戴执礼编:《四川保路运动史料》,第67页
山东树艺总公司	1904	股本周年官利五厘,以收股之日起算	《山东树艺总公司招股章程》,《东方杂志》第1年第6期,"实业",第91页
河南华宝矿务公司	1905	公司股本按年官息六厘,自缴银之日起算	《豫南矿务华宝公司招股章程》,《东方杂志》第2年第9期,"实业",第159页
安徽全省矿务总局	1906	股息按年五厘	《安徽全省矿务总局章程》,《东方杂志》第3年第3期,"实业",第81页
镇江机器造纸公司	1907	公司筹建期定为十八个月,此间入股者,公司以九折收款,所余一成股本,"作为入股人十八个月内所得之利息,俟出货以后即按周息八厘起算"	《商办镇江机器造纸公司启》,《申报》1907年3月20日
江西垦牧有限公司	1908	本公司股本(自)缴银之日起息,周年七厘照算,每年定以三月为付息之期,凭折向账房照给	《江西垦牧有限公司章程》,《商务官报》戊申年第33期
苏州华通有限公司	1909	官利周年一分,以收到(股银)之日起算,每年凭票向本公司收取	《苏州商会档案丛编(1905—1911年)》,第325页
益兴京沽行轮合资有限公司	1910	"资本官利定为常年七厘计算"	《益兴京沽行轮合资有限公司立合同并条规十四则》,《交通官报》第17期,(庚戌年六月)
龙章造纸有限公司	1910	官利八厘	《奏办龙章造纸有限公司发给官利并换给股票息单广告》,《申报》1910年4月22日
上海巩华制革厂	1910	周年官利八厘,每年三月付息	汪敬虞编:《中国近代工业史资料》第2辑上册,第781页

续表

企业名称	创办年度	对"官利"的规定	资料来源
中华民国浙江银行	1912年1月	本银行股本官息按周年六厘计算，即以交股之日起扣至来年是日止为一周年，前项官息每年分二期发，上半年自七月一日起至八月终日止；下半年自翌年正月一日起至二月终日止	《中华民国浙江银行招股广告》，《申报》1912年2月11日第5版
上海内地电车有限公司	1912年4月	股本官利常年八厘，年终结账，于次年春间报告帐略后即登报知照发息之期，请持息单到公司取息，分给花红余利	《上海内地电车有限公司招股章程》，《申报》1912年4月14日
商办浙江全省铁路有限公司	1912年7月	本公司股份年息定为七厘，每年营业收入除去各项支销，并由工程技师堪估路线、车辆、站物及各项附属物件之耗损，核实扣除外，所得利息，若在七厘以内，当尽数分配于股东；不足七厘时，其所缺之厘数，仍于下届摊补	《商办浙江全省铁路有限公司第二次议会章程》，《民立报》1912年7月18日第12版
黑龙江造纸公司	1912年8月	本公司官商股息长年六厘，以股本交清之日起息，随付股票息折为凭，每年定期二月凭折交给前一年息银；如股东远在他处，将息折寄存公司，或由邮寄，均照所开住址汇寄，（寄）费应由该股东自理	《黑龙江造纸股份有限公司章程》，《大公报》1912年8月12日第3版
北京华商电车有限公司	1913年2月	股本官息周年六厘，从交股银之第十日起算；官息每年三月给发，届期登报通告，股东凭息折向本公司或本公司指定之银行商号支取	《北京华商电车有限公司招股章程》，《申报》1913年2月13日
富国矿业股份有限公司	1913年3月	本公司官商股份均发给股票息单，周年五厘行息，……本公司商股不论整股、零股，均一期缴纳，自缴到之次日起算，照章行息	《宋教仁集》下册，中华书局1981年版，第475页
天津同聚兴有限公司	1915年7月	本公司每股应得利息，按照年利五厘起息，每年结账核算一次，通知各股东分别发给	《天津商会档案汇编（1912—1928）》，第2册，第2004页
萍乡上朱岭铁矿	1917年10月	本公司股银利息，以长年八厘起息，其起息之期，除一号缴股应算整月外，凡上半月缴股者后十五号起息，下半月缴股者后次月一号起息	《中华民国史档案资料汇编》第3辑，《工矿业》，第579页
中国银行	1918年1月修改章程	官股照每年四厘正息，商股照每年七厘正息，股东所得股利，若不满年息四厘或七厘者，得由公积金内提出，补足四厘，七厘之率；商股股利不足之数，如公积金不敷弥补，得提官股弥补，或由政府令备款补充	《中华民国金融法规选编》，上册，第247页

续表

企业名称	创办年度	对"官利"的规定	资料来源
浦东电气公司	1919年	本公司开业以前,股份利息按照常年八厘计算,自收到之次日起息,于翌年三月股东常会后发给	童世亨:《企业回忆录》中册,第8页
华兴水火保险公司	1920年	股东官利仍照八厘开派,通告各股东即日起,持折至公司支付云	《申报》1920年7月26日
鲁大矿业股份有限公司	1922年	本公司之股本官利为周年八厘,但无利益或利益不足八厘时,得酌量停付或减付	《政府公报》第2444号,1922年12月24日,总第195册,第449页
赣省银行	1923年	股本官息周年六厘,以交到股款之次日起息	《赣省银行组织讯》,《银行月刊》第3卷第2号,1923年2月25日,银行界消息汇闻,第12页
苏州电气厂股份有限公司	1924年	本公司利息,每月一分,自缴股之次日起算,每年旧历三月间登报给发	《苏州电气厂股份有限公司章程》苏州市档案馆藏档案,全宗号134,案卷号4
徐海实业银行	1926年	本行股本官利按年息八厘计算	《徐海实业银行招股》,《银行月刊》第6卷第7期,银行界消息汇闻,第4页
天厨味精无限公司	1928年增资	本公司长年官利定为八厘,如不足八厘时,得因股东会之决议停发官利	上海市档案馆编:《吴蕴初企业史料》天厨味精厂卷,第14页
大中华火柴公司	1930年	本公司股息定为长年八厘	上海社会科学院经济研究所编:《刘鸿生企业史料》上册,第136页
五洲大药房	1932年	本公司股息周年八厘,以缴到股银之次日起算,每年于股东常会后通知各股东凭息单支取股息,……倘无盈余,不得以本金支付	《五洲大药房股份有限公司章程》(1932年),上海市档案馆藏档案Q38-37-79
交通银行	1935年	银行股利,官利年利五厘,商股年利七厘	《中华民国金融法规选编》上册,第593页
川黔铁路公司	1936年	本公司股息定每年息七厘,铁道部为保障社会投资起见,除普通担保外,指定的款,于铁路建设期间担负股息及料款借款利息,并于路线建筑完成后五年以内担保上项利息	《川黔铁路公司组织章程》,《四川经济月刊》第5卷第5期,1936年5月;《川黔铁路特许股份有限公司章程》,《四川经济月刊》第7卷第3期,1937年3月

附表4　　　《公司条例》与《公司律》内容结构比较表

《公司律》			《公司条例》		
节次	标题	条款数	章次	标题	条款数
第一节	《公司分类及创办呈报法》	32	第一章	《总纲》	8
第二节	《股份》	12	第二章	《无限公司》	71
第三节	《股东权利各事宜》	17	第三章	《两合公司》	17
第四节	《董事》	17	第四章	《股份有限公司》	133
第五节	《查账人》	6	第五章	《股份两合公司》	18
第六节	《董事会议》	13	第六章	《罚例》	2
第七节	《众股东会议》	9		《附则》	2
第八节	《账目》	6			
第九节	《更改公司章程》	7			
第十节	《停闭》	12			

附表5　　　上海证券物品交易所股份有限公司理监事信息
（1920年10月）

职务	姓名	年龄	籍贯	原籍住址	本埠居住	当选			备考
						年	月	日	
理事长	虞洽卿	54	浙江镇海	山北龙山镇	海宁路36号	1920	2	1	同年二月六日由理事会互选为理事长
常务理事	闻兰亭	51	江苏常州	武进城中青果巷	宁波路永清里84号	1920	2	1	同年二月六日由理事会互选为常务理事长
常务理事	赵林士	45	浙江鄞县	城中大庙前	巨籁达路盘根里3号	1920	2	1	同年二月六日由理事会互选为常务理事长
常务理事	郭外峰	47	浙江鄞县	城中念四间	长浜路281号	1920	2	1	同年二月六日由理事会互选为常务理事长
常务理事	沈润挹	42	江苏太仓	东门城内大街	南市小南门外南仓街	1920	2	1	同年二月六日由理事会互选为常务理事长
常务理事	盛丕华	39	浙江慈溪	骆驼桥	爱文义路	1920	2	1	同年二月六日由理事会互选为常务理事长
常务理事	邹静斋	39	江西南昌		南成都路	1920	2	1	同年月日病故退职
常务理事	周佩箴	37	浙江吴兴	南浔镇	南成都路	1920	2	1	同年五月二十九日由理事会互选为常务理事以补邹君之缺

续表

职务	姓名	年龄	籍贯	原籍住址	本埠居住	当选年	当选月	当选日	备考
理事	张乐君	68	江苏上海	原籍浙江鄞县城内桑园弄	南市毛家弄	1920	2	1	
	李柏葆	55	江苏常熟		天津路	1920	2	1	
	李云书	54	浙江镇海	港口	新闸路118号	1920	2	1	
	薛文泰	47	浙江镇海	城中	厦门路延庆里255号	1920	2	1	
	郑培之	47	广东潮阳	金浦	麦根路叉袋角鸿裕纱厂	1920	8	29	第一次股东会选任补邹君之缺
	冯友笙	44	浙江鄞县	同道向后仓	孟纳拉路仁胜里441号	1920	2	1	
	魏伯桢	41	浙江鄞县	城中道前		1920	2	1	
	张澹如	39	浙江吴兴	南浔镇	白克路久兴里	1920	2	1	
	吴漱园	37	浙江杭州	杭州城头巷	地丰路28号	1920	2	1	
	洪承祁	31	浙江慈溪	洪塘镇	孟纳拉路仁胜里441号	1920	2	1	
监察人	周枕琴	49	浙江奉化	宁波甲种城中商业学校	交通路新学会社	1920	2	1	
	赵芝室	47	浙江鄞县	城中水凫桥		1920	2	1	
	吴麟书	42	江苏吴江	吴县	天津路鸿仁里益大纱号	1920	2	1	

资料来源：上海市档案馆编《旧上海的证券交易所》，上海古籍出版社1992年版，第63—65页。

附表6 上海证券物品交易所股份有限公司财产目录（1921年3月31日）

科目	摘要	金额（圆）
未缴股本		2500000.00

续表

科目	摘要	金额（圆）
营业用地基房屋	四川路一号房屋原价及装修费：322722.23	815834.75
	爱多亚路丁30—32号房屋连地基原价：390746.55	
	三板桥栈房地基：102365.97	
营业用器具	本所各种生财及机械	66657.79
创立费		10000.00
兴业费		46230.71
押租及押柜	工部局电灯及火表押柜	2224.53
有价证券	华洋各公司股票五种	18633.34
标准货样	纱花样十三种	127.65
经纪人保证金代用品	内国公债三种：64900.00	447320.00
	公司股票六种：260920.00	
	银行钱庄存单摺据等：121500.00	
证据金代用品	内国公债七种：332784.57	1135305.84
	公司股票九种：629837.94	
	银行钱庄存单摺据及纱花、栈单等：172683.33	
银行钱庄存款	共九十户	2869887.11
储藏品	备用文具账表消耗品等	8972.00
现品提交	内国公债一种：730.00	1067330.00
	公司股票四种：831400.00	
	纱花栈单等：235200.00	
结算差银	垫付各经纪人益金	162143.38
暂付金		16249.39
现金		48599.73
合计		9215516.22

资料来源：上海市档案馆编《旧上海的证券交易所》，上海古籍出版社1992年版，第119—120页。

附表7　"信交风潮"前后上海华商交易所一览表

名　称	资本（万元）	创办人	地　址
上海华商证券交易所	300	范季美等	汉口路422号
全球货币物券交易所	2000	容宗敬等	汉口路

续表

名　　称	资本（万元）	创办人	地　　址
中央信托公司	1200	宋汉章等	英界汉口路
日夜证券柴碳联合所	80	张申之等	英界汉口路
公平物品证券交易所			英界汉口路
上海证券物品交易所	1000	虞洽卿等	四川路
上海丝茧交易所	500	王正廷等	四川路
大陆物券货币交易所			四川路
荣麻夏布物券交易所	100	蔡儒楷等	四川路
上海日夜物券新市场			四川路
神州物券日夜交易所		沈馥山等	四川路
大西洋物券交易所	100	吴邦年等	四川路
华侨兴商无权日夜所	100	徐受宇等	四川路
大中华信托公司	1000	张小松等	四川路
上海机制面粉交易所	150	荣宗敬等	爱多亚路
上海棉商交易所	100	项惠卿等	爱多亚路
上海华商纱布交易所	300	穆藕初等	爱多亚路260号
万国物券金币交易所	160	沈联芳等	爱多亚路
申市货券交易所	100	杨筱川等	爱多亚路
上海中外股票交换所	100	王一亭等	爱多亚路
中华棉花纱布交易所	250	董兰舫等	爱多亚路
中华证券交易所	250	董兰舫等	爱多亚路
华商麻袋业交易所	50	穆杆斋等	爱多亚路
环球物产证券交易所	120	袁寅方等	爱多亚路
上海华煤物券交易所	50		爱多亚路
华盛信托公司	500	盛冠中等	爱多亚路
大陆晚市星期物券所	50	陈惠农等	法界爱多亚路
华商棉业交易所	100	穆杆斋等	法界爱多亚路
运驳信托公司	100	杨小川等	英界爱多亚路
上海杂粮油饼交易所	200	陈子彝等	英界爱多亚路15号
沪商棉纱交易所	60	李瑞九等	英界九江路
上海金业交易所	150	施善畦等	英界九江路中央大厦
华商证券棉花交易所	100	裘子怡等	英界九江路
申江晚市物券交易所	100	诸文绮等	英界九江路

续表

名　称	资本（万元）	创办人	地　址
中华国布棉织物品所	100	杨小川	英界九江路
中国证券交易所	75	朱蕴辉等	法界天主堂街
上海厂丝干茧交易所	600	沈联芳等	法界天主堂街
上海煤业交易所	80	谢衡窗等	法界天主堂街
上海金洋物券交所	150	潘成章等	法界天主堂街
华洋证券物品交易所	50	吴洗戈等	法界天主堂街
中华国产物券交易所	100	荣贯卿等	法界天主堂街
中国粉数交易所	200	顾棣三等	法界天主堂街
杂粮油饼证券交易所	100	林兰友等	法界天主堂街
中外证券物品交易所	52	汪幼安等	法界天主堂街
交通物券交易所			法界天主堂街
上海纸业交易所	50	叶兆鸿等	广东路
上海百货交易市场	80	邬志豪等	英界广东路
国际交易所	1000（万美元）	杨度等	英界广东路
中西货券日夜交易所	150	陈德培等	英界广东路
公共物券日夜交易所	50	项佛时等	英界广东路
上海糖业交易所	100	裘养志等	民国路
上海内地证券交易所	100	李平书等	民国路
上海浦东华业交易所	60	李平书等	民国路
沪海证券交易所	50	胡甸荪等	法界公馆马路
上海夜市物券交易所	100	黄磋玖等	大世界
江南物券交易所	50	王廷祯等	大世界
上海西药证券交易所	40	黄磋玖等	大世界
上海日市物券交易所	250	黄磋玖等	大世界
上海华商煤业交易所	250	刘长荫等	英界南京路
合众晚市物券交易所	100	杨筱川等	英界南京路
上海纱业商场		边文锦等	英界南京路
上海通商物券交易所	120	范锦春等	英界南京路
中欧信载布匹机纱所	50	杨小川等	英界南京路
东南物券日夜交易所	100	桑铁珊等	英界南京路
南方物券交易所	100		英界南京路
沪海晚市物品证券所			英界南京路

续表

名　称	资本（万元）	创办人	地　址
中国商业信托公司司	500	范季美等	英界南京路
上海信托公司	1000	王正廷等	英界南京路
上海股券商品交易所	100	荣冠卿等	南京路
中国土产出口交易所			南京路
沪江油饼杂粮交易所	200	黄少岩等	法界外滩
华商中外货币交易所	50	卢筱嘉等	法界外滩
沪商标金交易所		林子鹤等	法界外滩
中易信托公司	800	朱葆三等	法界外滩
万国木植材料物券所	100	冯孔怀等	英界江西路
上海五金交易所	100	傅品圭等	英界江西路
上海烟酒物券交易所	100	陈良玉等	法界吉祥街
中美证券物产交易所	50	沈燮臣等	望平街四马路
华商纸业交易所	60	陈杏林等	福裕路纸业公所
星期证券物品交易所	50	祝兰舫等	天主堂街
南洋物券交易所		李瑞久等	法界大马路
华商干茧丝吐交易所	50	李征五等	法界大马路
中国棉花交易所	100	许松春等	法界大马路
上海通商信托公司	250	吴松生等	英界大马路
中华信托公司	1000	穆藕初等	英界大马路
上海板木交易所		谢锦章等	英界大马路
九洲证券物产日夜所			英界大马路
华夏物券日夜通商所	50	李右之等	英界大马路
平市口夜物券交易所		席峰初等	英界大马路
大公平物券交易所	120	许达夫等	英界大马路
中国丝织品物券所	100	许杏南等	英界二马路
世界物券交易所		李瑞九等	英界三马路
上海第一物券交易所		廉南湖等	英界三马路
中国出口物券交易所	100	张清越等	英界四马路
海陆产货券联合所	200	陆崧候等	英界五马路
棉布匹头证券交易所	150	周昌国等	法界紫莱街
建筑材料物券交易所	20	陈伯刚等	公共租界百老汇路
上海纱线证券市场	60	田资民等	英界山东路

续表

名称	资本（万元）	创办人	地址
太平洋物券交易所	120	田资民等	英界湖北路
中央公债股票交换所			英界湖南路
厂布交易所			英界福建路
仁海华商砖灰交易所	100	谢端纲等	砖灰公所
民国证券物品竞卖场	50	洪文廷等	外滩
神州信托公司	600	张静江等	黄浦滩
中华内国公债交换所	1000	严渔三等	黄浦滩
茶叶交易所	100	许世英等	英界北京路
粮食物品证券交易所	200	虞瑞清等	法界洋行街
中国糖业交易所	100	杨小川等	法界洋行街
亚洲物券交易所	100	廉南湖等	英界静安寺路
大同日夜物券交易所		张石川等	英界贵州路
东亚物券日夜交易所	100（万两）	邱毓庭等	英界山西路丝业公馆
上海日夜物券交易所			公共租界白克路
上海豆业交易所	100	莫子经等	浙宁会馆
大东物券交易所	100	裘子怡等	英界西藏路
五洲证券物品日夜所			公共租界比自克路
香烟烛皂煤油火柴所	120		英界浙江路
全国互市物券交易所		廉砺清等	英界浙江路
南阳烛皂证券交易所			英界浙江路
共和物券日夜交易所	100	钱强齐等	英界浙江路
合群昼夜货币交易所	100	沙凤千等	英界静安寺路
东大陆日夜货币所	70	吴莲伯等	英界劳合路
上海煤油物券交易所		吴粹五等	英界劳合路
虹口交易场	60		英界福州路
上海物券日夜交易所			英界福州路
扬子证券物品交易所			仁记路
上海华商物品交易所			大新街
上海工商物券交易所			大新街
上海商品证券交易所			英界淡水路
上洋物券日夜交易所	120	卢筱嘉等	英界望平街
上海绸货物券交易所		王颂坚等	成都路

续表

名 称	资本（万元）	创办人	地 址
绸商丝织匹头股券所	200	俞寰澄等	山西路
绸业丝织物交易所		屈文又等	英界宁波路
上海粤商物券交易所			天撞路
中欧三市物券交易所	60	杨云史等	英界石路
江浙鱼市场	200	李瑞久等	英界广西路
南洋交易所		贾善之	贵州路
北京证券交易所	100	王景芳等	前门街
天津证券华纱粮食皮毛交易所	500	卞月亭等	法界东马路
广州证券物品交易所	1000	陈廉伯等	广州二马路
南京证券交易所		苏民生等	下关大马路
镇江杂粮粉数油饼交易所		陈子英等	洋浮桥
苏州证券交易所	50	陆霭双等	阊门外
苏苏州证券交易所	50		阊门外
苏州杂粮油饼面粉交易所	60	方容申等	阊门外
苏州证券物品交易所			观西大街
苏州烟酒交易所	50	席峰初等	富郎中巷
无锡纱布交易所	60	唐水成等	纱业公所
蚌埠证券杂粮联合所	50	黄磋玖等	老大街
杭州纸箔交易所		严少琴等	信义巷
宁波证券花纱交易所	100	张申之等	东渡门内
宁波面粉交易所		郑赞臣等	天后宫后街
宁波纱布交易所	60	洪复斋等	又新街
宁波棉业交易所	130	胡叔田等	又新街
钱塘证券交易所	50	周佩篇等	福缘巷
中国商业信托公司	500	虞洽卿等	福州路
中外信托公司	400	汪幼安等	英界北京路
北京信托公司	500	钱能训等	中华储蓄银行
滨江农产信托公司	50	王垂法等	
宁波四明信托公司	400	盛省傅等	
福州信托公司	600	屈文又等	
宁波金银交易所			
嘉兴杂粮花纱交易所	45	蒋莱仙等	

续表

名　称	资本（万元）	创办人	地　址
汕头证券物品交易所	500	褚辅成等	
南通棉纱业杂粮证券交易所			
汉口证券交易所		阮兰叔等	
汉口棉纱杂粮棉花皮毛交易所		胡嘉祁等	
江南西药物券交易所			
上海米业五谷交易所			
松江证券交易所	40	诸文绮等	
中丹三市物券交易所			
大中国物券交易所	50	陈倪等	
府绸交易所			
上海华商棉布交易所	50		

资料来源：1. 朱斯煌编：《民国经济史》上册，台湾文海出版社1985年版，第149—151页；2.《申报》1920—1921年；3. 丁晓中：《"信交风潮"之交易所补考》，《档案与建设》2002年第1期。

三　附文

附文1　李鸿章《试办招商轮船折》[①]

钦差大臣大学士直隶总督一等伯臣李鸿章跪奏：为派员设局招商，试办轮船，分运来年江浙漕粮，以备官船造成雇领，张本恭折具陈，仰祈圣鉴事。

窃查本年五月间，臣于《议复制造轮船未可裁撤折》内，筹及闽沪现造轮船皆不合商船之用，将来间造商船，招令华商领雇，必准其兼运漕粮。嗣准总理衙门奏复：以间造商船，华商雇领一节，李鸿章、沈葆桢俱以为可行，应由该督抚随时察看情形，妥筹办理等因。奉旨依议，钦此。旋准总理衙门函：属遴谕有心时事之员妥议章程，俟官船工竣，成规具在，承租者自争先恐后，诚为力求实济起见。臣反复筹维，现尚无船可领，徒议章程，未即试行，仍属空言无补。因思同治六、七年间，曾国

[①] 李鸿章1872年12月23日（同治十一年十一月二十三日）上奏清廷的奏折《试办招商轮船折》是招商局历史上具有重要意义的文件。该奏折现有两个版本，一个存于第一历史档案馆的抄件，该抄件以李鸿章："设局招商试办轮船分运江浙漕粮由"为题，并以"钦差大臣大学士直隶总督一等伯臣李鸿章跪"为起奏语。另一个是清光绪乙巳年（1905年）五月金陵刻本《李文忠公全集》中根据原奏章刻板印出的"奏稿二十"。

藩、丁日昌在江苏督抚任内，迭据道员许道生、同知容闳创议华商置造洋船章程，分运漕米，兼揽客货，曾经寄请总理衙门核准，饬由江海关晓谕各口试办。日久因循，未有成局，仅于同治七年借用甲板船运来一次，旋又中止。

本年夏间，臣于验收海运之暇，遵照总理衙门函示，商令浙局总办海运委员候补知府朱其昂等，酌拟轮船招商章程。嗣又据称：现在官造轮船内并无商船可领。该员等籍隶松沪，稔知各省在沪殷商，或置轮船，或挟资本，向各口装载贸易，俱依附洋商名下，若由官设立商局招徕，则各商所有轮船股本，必渐归并官局。似足顺商情而张国体。请先行试办招商，为官商浃洽地步，俟机器局商船造成，即随时添入推广通行。又江浙沙宁船只日少，海运米石日增，本届因沙船不敷，诸形棘手，应请以商局轮船分装海运米石，以补沙宁船之不足。将来虽米数愈增，亦可无缺船之患。等情。臣饬据津海关道陈钦、天津道丁寿昌等复核，皆以该府朱其昂所议为然。请照户部核准练饷制钱借给苏浙典商章程，准该商等借领二十万串，以作设局商本而示信于众商，仍预缴息钱助赈，所有盈亏，全归商认，与官无涉。

朱其昂承办海运已十余年，于商情极为熟悉，人亦明干，当即饬派回沪，设局招商。迭据禀称：会集素习商业殷富正派之道员胡光墉、李振玉等公同筹商，意见相同，各帮商人纷纷入股。现已购集坚捷轮船三只，所有津沪应需栈房、码头及保险股份事宜，海运米数等项，均办有头绪。并禀经臣咨商江浙督抚，臣饬拨明年海运漕米二十万石，由招商轮船运津，其水脚耗米等项，悉照沙宁船定章办理。至揽载货物，报关纳税，仍照新关章办理，以免借口。

昨据浙江粮道如山详称：该省新糟米数较增，正患沙船不敷拨用。请令朱其昂等招商轮船分运浙漕，较为便捷。又准署两江督臣张树声函复：以海运难在雇船，今有招商轮船以济沙卫之乏，不但无碍漕行，实于海运大有裨益。当严饬江海关道等，和衷协力，勿致善举中辍等语。是南北合力，筹办华商轮船，可期就绪。目前海运固不致竭蹶，若从此中国轮船畅行，闽沪各厂造成商船亦得随时租领，庶使我内江外海之利，不致为洋人占尽，其关系于国计民生者，实非浅显。除由臣随时会同南洋通商大臣督饬各口关道妥商照料，并切谕该员绅等体察商情，秉公试办，勿得把持滋弊，并咨明总理各国事务衙门查照外，所有试办招商轮船分运江浙漕粮各缘由，理合缮折具陈。伏乞皇太后、皇上圣鉴。谨奏。

附文 2 上海证券物品交易所经纪人公会受托契约规则①（1920 年②）

第一条 经纪人受委托人买卖委托订结受托契约时，应依据上海证券物品交易所章程营业细则、约期买卖规则及其他各种规定并经纪人公会规约及诸规定与本规则所定各条件行之。

第二条 委托人对于市场买卖自成立时发生效力，应即将相当之委托证据金交付于经纪人。

第三条 委托人授受各项买卖书类，或指定转卖买回，或其他收付诸证据金与计算等事项，委任他人代办时，须先咨照受托人，咨照后受托人即认代办者为委托人自己一式论。

第四条 委托人于委托买卖所生之损失如已达该所所规定之本证据金半额以上时，应即将相当之委托追加证据金交付经纪人。经纪人收受委托追加证据金之计算方法以其买卖约定价格为基础。委托人之委托买卖如发生应交付委托增加证据金时，须即时交付经纪人。

第五条 委托证据金（除委托追加证据金）除交付现金外，其代用之有价证券须依本公会所指定者交付之。

第六条 由委托人交付经纪人之记名有价证券，应附有随时处分之权柄单及承诺书。前项书类如认为不完全时，委托人应即以现金或其他之有价证券更换之。

第七条 委托人为便利起见，得经纪人之允许，以经纪人公会所审定之代用有价证券外之他种有价证券或物品代用时，如遇经纪人请求更换，则无论何时应即以本公会所指定之代用有价证券或现金更换之。

第八条 经纪人遇必要时，得将委托证据金之代用有价证券过入自己户名或他人名义，返还时只要有同种同数量之证券，其券面得不拘原来号数或名义，但为经纪人自己或他人名义时亦须附有随时处分之权柄单。

第九条 经纪人受领委托人所交付委托证据金之代用有价证券，其金额超过应受领之委托证据金金额时，得将其超过额作为预托金。经纪人代委托人买卖如有利益金时，得将其超过额作为预托金。

第十条 经纪人为委托人代付款项是，得将委托人所交付之代用有价证券及其他之物件随时处分之。

第十一条 经纪人于受托时，得令委托人预缴现金或其他之物件以充

---

① 上海市档案馆编：《旧上海的证券交易所》，上海古籍出版社 1992 年版，第 107—110 页。

② 原件无日期，根据有关文件考订，此规则当形成于 1920 年年底。

委托证据金之用。

第十二条　委托人之预托金及其他之物件如供委托诸证据金之用外，已无余额时，经纪人得不再为其做新买卖。

第十三条　委托定期买卖之委托诸证据金或其代用有价证券因种类或价格变更而致有不足之额，委托人不依左列时限交付于经纪人时，虽将委托物件随意处分，委托人亦不得异议。一、委托本金证据金　在本日前市成立之买卖，应于本日午后二纪钟以前交付；在本日后市成立之买卖，应于本日午后五纪钟以前交付；约期买卖之证据金无论前市、后市，均应于闭市后十五分钟交付。二、委托追加证据金　应交付之事由发生时于翌日午前九时以前交付。三、委托增加证据金　依经纪人缴纳于交易所之时限前三纪钟交付。四、委托证据金之代用有价证券　其种类或价格因变更而致有不足之额，于市场揭示变更二十四纪钟后经纪人向委托人收取时即行交付。

第十四条　委托人因不交付委托证据金之故，经纪人得了结其买卖。

第十五条　经纪人虽得有委托人已经寄送委托证据金之通信，然于所限时间内尚未收到时，亦得随时将其买卖了结之。

第十六条　依据十三条至第十五条之规定，经纪人处分委托物件在买卖未经实行了结之前，其责任仍由委托人负担。前项买卖了结后，若计算上有剩余时交还于委托人，不足时向其补偿，但因未缴本证据金而了结买卖者，虽有盈余委托人亦不得享受。委托买卖已实行了结时，经纪人应即通知委托人。

第十七条　定期买卖之交割物件或代价，委托人应以上海证券物品交易所营业细则所规定之交割日前三日为限，委托人在限内不将交割物件或交割代价交付于经纪人时，经纪人得于该月期交割日之前二日了结之。约期买卖之交割物件或代价，委托人应于交割前一纪钟交付经纪人。

第十八条　经纪人对于委托人所发之通知书或请求书及一切通信，以通常能达到时间视为已经达到论，倘有迟到或不到，经纪人不负责任，一切以经纪人之定式账簿为凭。

第十九条　经纪人受委托人之通信因内容不明尚须调查时，于此时间中对于该通信不生效力，但须从速关照委托人。委托人通信之内容虽不甚明瞭而经纪人略能了解，则依其了解者行之，委托人不得异议。

第二十条　经纪人受委托人限价之委托，因市场实在之情形，虽价格相符而不能为一部分或全部之成交时，经纪人应即将此情形报告于委托人，委托人不得异议。

第廿一条　已成交之委托买卖，因市场有非常变动经纪人认为不能维持或认为维持有不利于委托人时，得任意了结之，委托人不得异议。

第廿二条　无论何种交易，于停市期内经其有关系经纪人之全体同意办理和解时，委托人对于和解价格之结算不得异议。

第廿三条　除第十三条、第十五条、第十七条外，经纪人依委托人之指定须为转卖或买回。约期买卖如未经委托人通知交割或转卖买回者，经纪人须为其计算日息。

第廿四条　交易物价转卖买回后委托人请求清算时，可于第三日起在经纪人事务所结算清了。

第廿五条　经纪人得向委托人请求交付佣金或交割费或通信汇款等代垫诸费用。

第廿六条　委托人应得委托上所上之一切权利及剩余金不得转让于他人。

第廿七条　经纪人因委托人违反本规则之规定致受一切损失时，委托人应负赔偿之责。委托人因经纪人违反本规则而受一切损失时，经纪人亦应负赔偿之责。

第廿八条　委托人与经纪人发生争执不请求上海证券物品交易所之公断会审议时，应归会审公堂判断之。

参考文献

第一部分　史料类

一　未刊档案资料

上海市档案馆馆藏档案：
国民政府上海市政府档案（1927—1937年），全宗号 Q1。
上海市钱商业同业公会档案（1904—1950年），全宗号 S174。
上海市银行商业同业公会档案（1917—1952年），全宗号 S173。
上海市证券物品交易所档案（1919—1939年），全宗号 S444。
上海证券交易所档案（1946—1949年），全宗号 Q327。
南京中国第二历史档案馆馆藏档案：
档号三（1）—2736.
档号三（2）—227.
档号三（2）—873.
南京国民政府财政部档案（1917—1949年），全宗号三。

二　已刊档案、资料汇编

财政部财政科学研究所、中国第二历史档案馆编：《国民政府财政金融税收档案史料》（1927—1937年），中国财政经济出版社1997年版。
陈善政主编：《证券内容专刊》，1946年9月16日。
陈旭麓等编：《湖北开采煤铁总局、荆门矿务总局》（盛宣怀档案资料选辑之二），上海人民出版社1981年版。
陈旭麓、顾廷龙、汪熙主编：《轮船招商局（盛宣怀档案资料选辑之八）》，上海人民出版社2002年版。
陈旭麓、顾廷龙、汪熙主编：《中国通商银行（盛宣怀档案资料选辑之五）》，上海人民出版社 2000 年版。

陈真编：《中国近代工业史资料》第 4 辑，生活·读书·新知三联书店 1961 年版。

《筹办夷务始末》（咸丰朝）。

《大清光绪新法令》第十类，实业。

狄超白主编：《中国经济年鉴》，香港太平洋经济研究社 1947 年版。

交通银行总行、中国第二历史档案馆合编：《交通银行史料》第一卷（1907—1949）（上、下），中国金融出版社 1995 年版。

金融史编委会编：《旧中国交易所股票金融市场资料汇编》（上、下），书目文献出版社 1995 年版。

李鸿章：《李文忠公全书》，文海出版社 1980 年版。

李玉主编：《〈申报〉招商局史料选辑》（晚清卷），社会科学文献出版社 2017 年版。

刘锦藻编：《皇朝续文献通考》，商务印书馆 1936 年版。

马寅初：《马寅初全集》（全十五卷），浙江人民出版社 1999 年版。

聂宝璋编：《中国近代航运史料》第一辑（1840—1895 年）下册，上海人民出版社 1983 年版。

千家驹编：《旧中国公债史资料（1894—1949 年）》，中华书局 1984 年版。

《20 世纪上海文史资料文库》（5）"财政金融"，上海书店出版社 1999 年版。

任建树主编：《现代上海大事记》，上海辞书出版社 1996 年版。

上海市档案馆编：《工部局董事会会议录》（1—28 册），上海古籍出版社 2001 年版。

上海市档案馆编：《旧上海的证券交易所》，上海古籍出版社 1992 年版。

上海市档案馆编：《旧中国的股份制（1868—1949 年）》，中国档案出版社 1996 年版。

上海市档案馆编：《一九二七年的上海商业联合会》，上海人民出版社 1983 年版。

上海市分行金融研究室编：《金城银行史料》，上海人民出版社 1983 年版。

上海文史资料委员会编：《上海文史资料》第 60 辑，上海人民出版社 1988 年版。

上海文史资料委员会编：《上海文史资料选集》第 76 辑，1994 年版。

《申报年鉴》1936 年。

沈雷春编，《中国金融年鉴》，见沈云龙主编《近代中国史料丛刊续辑》，台湾文海出版社 1974 年版。

孙毓棠编：《中国近代工业史资料》第一辑，科学出版社 1957 年版。

(台北)"中研院"近代史研究所：《海防档·购买船炮(三)》，台湾艺文印书馆 1957 年版。

《通商章程成案汇编》，光绪十二年。

汪敬虞编：《中国近代工业史资料》第二辑，科学出版社 1957 年版。

王铁崖编：《中外旧约章汇编》第一册，生活·读书·新知三联书店 1957 年版。

吴冈编：《旧中国通货膨胀史料》，上海人民出版社 1958 年版。

吴叔田等编：《交易所大全》，交易所所员暑期养成所 1921 年版。

吴毅堂编：《中国股票年鉴》，上海中国股票年鉴社 1947 年版。

徐润：《徐愚斋自叙年谱》，上海人民出版社 2000 年版。

姚贤镐编：《中国近代对外贸易史资料》，中华书局 1962 年版。

叶笑山、董文中编：《中国经济年鉴》，上海中外出版社 1936 年版。

曾国藩：《曾文正公全集·批牍》，卷 6。

郑观应：《盛世危言》。

郑观应：《盛世危言续编》卷 12。

中国第二历史档案馆编：《中华民国史档案资料汇编》第五辑第二编"财政经济"，江苏古籍出版社 1994 年版。

中国第二历史档案馆编：《中华民国史档案资料汇编》第五辑第三编"财政经济"，江苏古籍出版社 2000 年版。

中国第二历史档案馆、中国人民银行江苏省分行、江苏省金融志编委会合编：《中华民国金融法规档案资料选编(上、下)，档案出版社 1990 年版。

中国人民银行上海市分行编：《上海钱庄史料》，上海人民出版社 1960 年版。

中国人民银行上海市分行金融研究所编：《上海商业储蓄银行史料》，上海人民出版社 1990 年版。

中国银行总行、中国第二历史档案馆：《中国银行行史资料汇编》上编，档案出版社 1991 年版。

朱寿朋编：《光绪朝东华录》，中华书局 1984 年版。

http://som.yale.edu/faculty-research/our-centers-initiatives/international-center-finance/data/historical-financial-research-data/shanghai-stock-exchange-project.

三 报纸杂志

1.《北华捷报》(*China North Herald*)

《北华捷报》1877 年 3 月 29 日。

《北华捷报》1910 年 9 月 23 日。

《北华捷报》1910 年 10 月 7 日。

《北华捷报》1911 年 4 月 15 日。

《北华捷报》1911 年 4 月 29 日。

《北华捷报》1912 年 7 月 6 日。

《北华捷报》1912 年 7 月 27 日。

2.《东方杂志》

徐新六:《中国财政状况》,《东方杂志》1918 年第 15 卷第 4 号。

马寅初:《信托公司》,《东方杂志》1921 年第 18 卷第 12 号。

马寅初:《中国之九大经济问题》,《东方杂志》1922 年第 19 卷第 1 号。

3.《股票新闻》

《上海股票市场史话》,《股票新闻》第 1 卷第 1 期(创刊号),1949 年 2 月 21 日。

4.《民立报》

《中国模范棉工厂招股章程》,《民立报》1912 年 8 月 26 日。

5.《上海新报》

《广告(出让火轮船生意股份)》,1862 年 7 月 19 日。

《港沪银公司同启》,1864 年 8 月 27 日。

《上海股份行情纸》,1871 年 2 月 23 日。

《上海股份行情纸》,1872 年 7 月 5 日。

《上海股份行情纸》,1872 年 10 月 31 日。

6.《社会经济月报》

章乃器:《上海的两个证券市场》,《社会经济月报》第 1 卷第 7 期(1934 年 7 月)

7.《时报》

《广告》,《时报》1910 年 4 月 3 日。

《论橡皮种植会》，《时报》1910年6月17日。
《总商会集议挽救市面事补录》，《时报》1910年10月12日。
《志摩合众橡树地产有限公司节略》，《时报》1910年5月5日。

8. 《申报》

《招商轮船开局》，1873年1月18日。
《招商局情形》，1873年7月29日。
《招股告白》，1874年7月2日。
《股份折阅》，1874年7月29日。
《轮船招商局帐略》，1874年9月17日。
《来书》，1875年3月31日。
《阅轮船招商局第二年帐略书后》，1875年9月7日。
《裕国当筹其大局论》，1877年11月6日。
《轮船招商局告白》，1881年1月23日。
《招股不公》，1882年1月27日。
《扬子保险公司》，1882年5月2日。
《上海机器织布总局催收后五成股银启》，1882年5月18日。
《论合股经营》，1882年6月6日。
《平泉矿务局招商章程》，1882年6月11日。
《劝华人集股说》，1882年6月13日。
《论争买电灯股票》，1882年6月19日。
《论赛兰格锡矿》，1882年6月25日。
《抽增股份银助赈启》，1882年8月12日。
《购买股份亦宜自慎说》，1882年9月2日。
《论叭喇糖公司之利》，1882年9月17日。
《上海平准股票公司叙》，1882年9月27日。
《接录平准公司章程一十八则》，1882年9月28日。
《纪招商局议事情形》，1882年10月14日。
《阅光绪八年招商局办帐略书后》，1882年10月21日。
《顺德铜矿局条规》，1882年10月26日。
《函请禀送荆门窑子沟煤铁矿务公司招股章程》，1882年11月17日。
《矿务以用人为最要论》，1882年12月6日。
《开矿宜兼筹运道论》，1882年12月19日。
《全年股份亏耗表》，1883年1月23日。
《综论本年上海市面情形》，1883年1月30日。

《津沪电报总局公启》，1883 年 3 月 3 日。
《矿务箴言》，1883 年 4 月 9 日。
《续招股份》，1883 年 4 月 18 日。
《股份长跌无常说》，1883 年 6 月 3 日。
《轮船招商局第十年帐略》，1883 年 9 月 15 日。
《论市面清淡之由》，1883 年 10 月 19 日。
《中国股份极宜整顿说》，1883 年 10 月 21 日。
《论买卖股票之弊》，1883 年 11 月 1 日。
《股票问答》，1883 年 11 月 5 日。
《股份单交易》，1883 年 11 月 17 日。
《中西公司异同说》，1883 年 12 月 25 日。
《中西公司异同续说》，1883 年 12 月 31 日。
《综论沪市情形》，1884 年 1 月 23 日。
《公平易买卖股票公司》，1884 年 4 月 27 日。
《书某公整顿矿务疏后》，1884 年 5 月 13 日。
《市面可望转机说》，1884 年 5 月 17 日。
《请来取息》，1884 年 7 月 6 日。
《商船兴废论》，1884 年 8 月 14 日。
《股分转机说》，1884 年 12 月 12 日。
《论股票房屋两案宜立定章以清积牍》，1885 年 2 月 2 日。
《详述矿务》，1885 年 5 月 2 日。
《湖北鹤峰矿务局（启事）》，1885 年 6 月 5、7、9 日。
《三山矿事略述》，1885 年 6 月 15、16、17 日。
《十二月初二公平易股价》，1886 年 1 月 7 日。
《轮船总办入局办事》，1887 年 10 月 7 日。
《述沪上商务之获利者》，1889 年 10 月 9 日。
《论致富首在开矿》，1892 年 9 月 23 日。
《商法特会第一日纪事》，1907 年 11 月 20 日。
《商办汉镇既济水电有限公司布告股东会议决事件》，1910 年 1 月 1 日。
《江西铁路股东鉴》，1910 年 1 月 2 日。
《杭乍两防生计之困难浙江》，1910 年 2 月 25 日。
《川路公司付息填换新票广告》，1910 年 4 月 5 日。
《奏办京师自来水有限公司订期开股东常会并照章付息广告》，

1910年4月6日。

《申报》1910年7月29日、9月2日、9月8日、9月17日、9月21日、9月22日、9月24日、9月27日。

《中华民国浙江银行招股广告》，1912年2月11日。

《金业对于上海交易所应主分办之意见书》，1919年1月10、11、12日。

《驳金业全体对于上海交易所主张分办意见书书》，1919年1月20、22、23、24、25日。

《股票商业公会呈农部电》，1919年1月25日。

《交易所议举代表晋京》，1919年2月18日。

《专电（北京电）》，1919年3月21日。

《上海交易所功亏一篑》，1919年3月24日。

《交易所主任北上》，1919年4月24日。

《证券市价》，1920年5月1日。

《上海交易所证券部开成立会》，1920年5月11日。

《华商证券交易所开成立会纪》，1920年5月21日。

《证券物品交易所今日开幕》，1920年7月1日。

《证券物品交易所消息》，1920年7月7日。

《证券物品交易所营业发达》，1920年8月1日。

《上海证券物品交易所股份有限公司股东会公告》，1920年8月1日。

《面粉交易所股票涨价》，1920年8月3日。

《交易所设信托银行》，1920年8月5日。

《交易所股票价奇涨后之会议》，1920年8月11日。

《华商证券交易所消息》，1920年9月13日。

《证券物品交易所营业之发达》，1920年9月15日。

《提议撤销证券物品交易所》，1920年11月8日。

《新世界股东会记事》，1920年11月8日。

《大陆报纪黄申锡之谈话》，1920年11月15日。

《上海证券物品交易所市况》，1920年12月30日。

《证券物品交易所消息》，1921年1月13日。

《证券物品交易所股东会纪》，1921年1月17日。

《近周中之外国股票市况》，1921年1月26日。

《交易所股票之涨价》，1921年4月28日。

《证券物品交易所设现期交易（续）》，1921年5月2日。

《各交易所股票涨价之原因》，1921年5月9日。
《时评（论交易所）》，1921年5月14日。
《汉冶萍公司股东会》，1921年6月5日。
《又有两信托公司之筹备》，1921年6月5日。
《取缔交易所轨外营业之请议》，1921年6月13日。
《饬查交易所信托公司之厅令》，1921年7月18日。
《专电（北京电）》，1921年7月19日。
《姚公鹤关于交易所之提案》，1921年7月25日。
《农商部取缔交易所之训令》，1921年8月2日。
《沈知事饬查五谷交易所》，1921年8月6日。
《时评恐慌之豫言（二）》，《申报》1921年8月8日。
《取缔沪江油饼杂粮交易所令》，1921年8月9日。
《查禁华洋合办名义之交易所》，《申报》1921年8月10日。
《近周中公债票股票市况》，1921年8月18日。
《取缔交易所之公文》，1921年8月27日。
《法租界取缔交易所之先声》，《申报》1921年9月22日。
《关于交易所之近讯》，1921年12月14日。
《法租界将严重取缔交易所》，1921年12月16日。
《交易所员之解决法》，1921年12月22日。
《交易所议决对付法》，1921年12月23日。
《交易所衰败时之公廨忙》，1921年12月23日。
《交易所所员之索薪声》，1921年12月31日。
《旧历年关与投机事业》，1922年1月18日。
《辛酉年各业交易之概况》，1922年1月23日。
《投机失败之又一人吞烟图尽》，1922年2月13日。
《洪善强服毒殒命》，1922年3月2日。
《中外交易所之诉讼与善后》，1922年3月6日。
《外人论中国商人道德之堕落》，1921年3月16日。
《华美远东交易所股东之控案》，1922年3月22日。
《交银监察会反对以息作股文》，1922年5月22日。
《日人设立汉口取引所之反对》，1922年5月25日。
《交易所员之穷途泪》，1922年10月14日。
《北京交易所停市》，1924年8月29日。
《股票之种类及其性质》，1926年5月22日。

《交易所证券部份昨商合并》，1931年7月9日。
《沪证券交易合并案》，1931年9月30日。
《两交易所今日合并》，1933年6月1日。
《限新交易所月内成立》，1933年10月8日。
《华商证券交易所通过增加资本》，1937年6月21日。

9. 《新闻报》

《英国爪哇橡树地产有限公司章程》，《新闻报》1910年4月8日。

10. 《银行月刊》

《赣省银行组织讯》，《银行月刊》第3卷第2号，1923年2月25日，《银行界消息汇闻》。

《徐海实业银行招股》，《银行月刊》第6卷第7期，《银行界消息汇闻》。

11. 《银行周报》

《论上海交易所》，《银行周报》第2卷第14号（总第45号）(1918年4月16日)。

《请设上海交易所续闻》，《银行周报》第2卷第15号（总第46号）(1918年4月23日)。

《上海交易所批准立案》，《银行周报》第2卷第16号（总第47号）(1918年4月30日)。

《上海交易所之组织概情》，《银行周报》第2卷第27号（总第58号）(1918年7月16日)。

《上海交易所筹备复业》，《银行周报》第2卷第33号（总第64号）(1918年8月27日)。

《上海交易所之收股情形》，《银行周报》第2卷第37号（总第68号）(1918年9月24日)。

《日本取引所调查录》（一），《银行周报》第2卷第39号（总第70号）(1918年10月8日)

《上海交易所濡滞之原因》，《银行周报》第2卷第49号（总第80号）(1918年12月17日)。

《各业董赞成交易所合办》，《银行周报》第3卷第2号（总第84号），1919年1月14日。

《上海西商证券交易所之略史》，《银行周报》第3卷第24号，1919年9月16日。

《去年十二月份上海企业之状况》，《银行周报》第6卷第4号

(1922年1月24日)。

潘序伦:《修正〈公司条例〉草案》,《银行周报》第12卷第17号(1928年5月8日)。

第二部分 论著类

一 著作

[德] 马克思:《资本论》第一至三卷,人民出版社1975年版。

[法] 白吉尔:《中国资产阶级的黄金时代(1911—1937)》,张富强、许世芬译,上海人民出版社1994年版。

[法] 费尔南德·布罗代尔:《15至18世纪的物质文明、经济和资本主义》第二卷,生活·读书·新知三联书店1996年版。

[美] 阿瑟·恩·杨格:《一九二七至一九三七年中国财政经济情况》,陈泽宽、陈霞飞译,中国社会科学出版社1981年版。

[美] 埃瑞克·G. 菲吕博顿、鲁道夫·瑞切特:《新制度经济学》,孙经纬译,上海财经大学出版社1998年版。

[美] 查尔斯·P. 金德尔伯格:《西欧金融史》,中国金融出版社2007年版。

[美] 道格拉斯·C. 诺思:《经济史中的结构与变迁》,陈郁、罗华平等译,上海三联书店1994年版。

[美] 道格拉斯·C. 诺思:《制度、制度变迁与经济绩效》,杭行译,格致出版社等2014年版。

[美] 道格拉斯·C. 诺思:《制度、制度变迁与经济绩效》,刘守英译,上海三联书店1994年版。

[美] 郝延平:《中国近代商业革命》,陈潮、陈任译,上海人民出版社1991年版。

[美] 刘广京:《英美航运势力在华的竞争》,邱锡荣、曹铁珊译,上海社会科学院出版社1988年版。

[美] 马士:《中华帝国对外关系史》第1卷,商务印书馆1963年版。

[美] 小科布尔:《上海资本家与国民政府(1927—1937)》,杨希孟、武莲珍译,中国社会科学出版社1988年版。

［美］詹姆斯·W. 汤普逊：《中世纪晚期欧洲经济社会史》，商务印书馆1996年版。

［日］滨田峰太郎所：《支那の交易所：附邦人关系企业》，中华经济社，大正十一年版。

［日］木村增太郎：《支那の经济と财政》，东京大阪屋号书店，太正十二年三月二十日。

［日］中支那振兴株式会社调查课：《上海华商证券业概况》，昭和十六年十二月。

［英］伯尔考维茨：《中国通与英国外交部》，商务印书馆1959年版。

［英］格林堡：《鸦片战争前中英通商史》，康成译，商务印书馆1961年版。

曹凤歧：《中国证券市场发展、规范与国际化》，中国金融出版社1998年版。

陈国强主编：《浙江金融史》，中国金融出版社1993年版。

陈金钊主编：《法理学》，北京大学出版社2002年版。

陈绍闻、郭庠林主编：《中国近代经济简史》，上海人民出版社1983年版。

陈伟忠、薛锋：《股份制与证券投资》，西安交通大学出版社1993年版。

程霖：《中国近代银行制度建设思想研究》，上海财经大学出版社1999年版。

董仲佳辑：《（最新）中国内外债券要览》，上海通易信托公司。

杜恂诚：《民族资本主义与旧中国政府》，上海社会科学院出版社1991年版。

杜恂诚：《中国金融通史》第三卷，中国金融出版社2002年版。

樊百川：《中国轮船航运业的兴起》，四川人民出版社1995年版。

复旦大学中国金融研究中心：《上海金融中心地位的变迁：中国金融史集刊》（第1辑），复旦大学出版社2005年版。

傅红春：《美国联邦政府对股票市场的监督与管理》，西南财经大学出版社1997年版。

顾海良、郭建春、顾海兵编：《简明帕氏新经济学辞典》，中国经济出版社1991年版。

关国华、汪福长等编译：《公债与股票》，中国财政经济出版社1998年版。

郭庠林、张立英：《近代中国市场经济研究》，上海财经大学出版社 1999 年版。

郭岩伟：《近代中国中外企业制度对比研究——以股权分配制度为中心的考察》，博士学位论文，复旦大学，2014 年。

洪葭管：《金融话旧》，中国金融出版社 1991 年版。

洪葭管：《在金融史园地里漫步》，中国金融出版社 1990 年版。

洪葭管、张继凤：《近代上海金融市场》，上海人民出版社 1989 年版。

洪葭管：《中国金融史》，西南财经大学出版社 1993 年版。

洪伟力：《证券监管：理论与实践》，上海财经大学出版社 2000 年版。

胡继之：《中国股市的演进与制度变迁》，经济科学出版社 1999 年版。

黄汉民、陆兴龙：《近代上海工业企业发展史论》，上海财经大学出版社 2000 年版。

贾士毅编著：《民国续财政史》（六），商务印书馆 1934 年版。

贾士毅：《国债与金融》，商务印书馆 1930 年版。

江金彦：《近代中国股票市场的发展》，立信会计出版社 2013 年版。

江其务主编：《中国金融：制度创新与发展》，经济科学出版社 2002 年版。

金德环主编：《当代中国证券市场》，上海财经大学出版社 1999 年版。

李长江：《中国证券市场历史与发展》，中国物资出版社 1998 年版。

李朝晖：《证券市场法律监管比较研究》，人民出版社 2000 年版。

李时岳、胡滨：《从闭关到开放——晚清"洋务"热透视》，人民出版社 1988 年版。

李扬、王国刚：《资本市场导论》，经济管理出版社 1998 年版。

李玉：《晚清公司制度建设研究》，人民出版社 2002 年版。

刘慧宇：《中国中央银行研究（1928—1949）》，中国经济出版社 1999 年版。

刘逖：《上海证券交易所史》（1910—2010），上海人民出版社 2010 年版。

刘志英：《近代华商证券市场研究》，学林出版社 2004 年版。

陆仰渊、方庆秋主编：《民国社会经济史》，中国经济出版社

1991 年版。

罗美娟：《证券市场与产业成长》，商务印书馆 2001 年版。

《马克思恩格斯选集》第二卷，人民出版社 1972 年版。

潘青木、陈野华主编：《证券市场学》，西南财经大学出版社 1994 年版。

彭泽益：《十九世纪后半期的中国财政与经济》，人民出版社 1983 年版。

容闳：《西学东渐记》，中州古籍出版社 1998 年版。

桑润生编著：《简明近代金融史》，立信会计出版社 1995 年版。

上海百货商业公司等编：《上海近代百货商业史》，上海社会科学院出版社 1988 年版。

《上海金融史话》编写组：《上海金融史话》，上海人民出版社 1978 年版。

上海银行周报社编纂：《上海金融市场论》，1923 年 7 月发行。

施伯珩：《上海金融市场论》，上海商业珠算学社出版社 1934 年版。

帅天龙：《清末的商事立法》，载《商法研究》（第一辑），人民法院出版社 2001 年版。

苏智良、陈丽菲：《近代上海黑社会》，商务印书馆 2004 年版。

苏智良主编：《上海：近代新文明的形态》，上海辞书出版社 2004 年版。

汤心仪等编：《战时上海经济》第一辑，上海经济研究所 1945 年版。

唐力行：《商人与中国近世社会》，商务印书馆 2003 年版。

唐振常、沈恒春主编：《上海史研究二编》，学林出版社 1988 年版。

唐振常主编：《上海史》，上海人民出版社 1989 年版。

汪敬虞：《十九世纪西方资本主义对中国的经济侵略》，人民出版社 1983 年版。

汪敬虞：《唐廷枢研究》，中国社会科学出版社 1983 年版。

汪敬虞主编：《中国近代经济史》，人民出版社 2000 年版。

汪熙：《从轮船招商局看洋务派经济活动的历史作用》，载《中国近代经济史论文选》（下），上海人民出版社 1985 年版。

王洸：《中华水运史》，（台北）商务印书馆 1982 年版。

王立民：《上海法制史》，上海人民出版社 1998 年版。

王培：《晚清企业纪事》，中国文史出版社 1997 年版。

吴承明：《中国现代化：市场与社会》，生活·读书·新知三联书店

2001年版。

吴承明：《中国资本主义发展史》第2卷，人民出版社1990年版。

吴景平等：《抗战时期的上海经济》，上海人民出版社2001年版。

吴景平主编：《上海金融业与国民政府关系研究（1927—1937）》上海财经大学出版社2002年版。

伍柏麟主编：《中日证券市场及其比较研究》，上海财经大学出版社2000年版。

夏东元编：《洋务运动史》，华东师范大学出版社1992年版。

谢振民编著，张知本校订：《中华民国立法史》（下），中国政法大学出版社2000年版。

熊月之主编：《上海通史》，上海人民出版社1999年版。

徐沧冰：《内国公债史》，商务印书馆1923年版。

徐鼎新、钱小明：《上海总商会史（1902—1929）》，上海社会科学院出版社1991年版。

徐桂华、郑振龙编著：《各国证券市场概览》，复旦大学出版社1992年版。

徐寄顾编：《改增最近上海金融史》（上、下），（1932年）增改第三版。

徐珂：《清稗类钞》，中华书局1984年版。

徐新吾主编：《近代江南丝织工业史》，上海人民出版社1991年版。

严武、李汉国等：《证券市场管理国际比较研究》，中国财政经济出版社1998年版。

严中平主编：《中国近代经济史（1840—1894）》，人民出版社1989年版。

杨汝梅：《国民政府财政概况论》，商务印书馆1938年版。

杨汝梅：《民国财政论》，商务印书馆1927年版。

杨天石：《蒋氏密档与蒋介石真相》，社会科学文献出版社2002年版。

杨荫溥：《上海金融组织概要》，商务印书馆1930年版。

杨荫溥：《中国交易所论》，商务印书馆1929年版。

杨在军：《晚清公司与公司治理》，商务印书馆2006年版。

姚会元：《江浙金融财团研究》，中国财政经济出版社1998年版。

姚贤镐编：《中国近代对外贸易史资料》，中华书局1962年版。

叶世昌、潘连贵：《中国古近代金融史》，复旦大学出版社2001

年版。

叶世昌、施正康:《中国近代市场经济思想》,复旦大学出版社1998年版。

于纪渭:《证券法概论》,复旦大学出版社1999年版。

虞宝棠编著:《国民政府与国民经济》,华东师范大学出版社1998年版。

虞和平编:《经元善集》,华中师范大学出版社1988年版。

虞政平:《股东有限责任》,法律出版社2001年版。

张国华、李贵连合编:《沈家本年谱初编》,北京大学出版社1989年版。

张国辉:《晚清钱庄和票号研究》,社会科学文献出版社2007年版。

张国辉:《洋务运动与中国近代企业》,中国社会科学出版社1979年版。

张后铨:《招商局史》(近代部分),人民交通出版社1988年版。

张建波:《洋务运动与中国早期现代化思想》,山东人民出版社2001年版。

张旭昆:《制度演化分析》,浙江大学出版社2007年版。

张忠民:《艰难的变迁——近代中国公司制度研究》,上海社会科学院出版社2002年版。

赵德馨:《中国近现代经济史》,河南人民出版社2003年版。

赵靖、易梦虹编:《中国近代经济思想史资料选集》中册,中华书局1982年版。

赵锡军:《论证券监管》,中国人民大学出版社2000年版。

郑振龙等主编:《中国证券发展简史》经济科学出版社2000年版。

中国人民银行总行金融研究所金融历史研究室编:《近代中国的金融市场》,中国金融出版社1989年版。

中国社科院科研局组织编选:《聂宝璋集》,中国社会科学出版社2002年版。

中国史学会编:《洋务运动》,上海人民出版社1961年版。

周育民:《晚清财政与社会变迁》,上海人民出版社2000年版。

朱斯煌主编:《民国经济史》,银行学会编印,1948年版。

朱彤芳编著:《旧中国交易所介绍》,中国商业出版社1989年版。

朱荫贵:《中国近代股份制企业研究》,上海财经大学出版社2009年版。

朱镇华：《中国金融旧事》，中国国际广播出版社 1991 年版。

B. P. P. , Report of Commercial Relations With China, *The House of Commons*, 1847.

Carruthers, B. G. , City of Capital: Politics and Markets in the English Financial Revolution, *Princeton University Press*, 1999.

Eastman, L. E. , The Abortive Revolution: China under Nationalist Rule, 1927–1937 (Vol. 153), *Harvard University Press*, 1990.

Fewsmith, J. , Party, State, and Local Elites in Republican China: Merchant Organizations and Politics in Shanghai, 1890–1930, *University of Hawaii*, 1985.

Thomas Rawski, Economic Growth in Prewar China, *University of California Press*, 1989.

Thomas, W. A. , Western Capitalism in China: A History of the Shanghai Stock Exchange, *Ashgate Publishing Ltd*, 2001.

Ven de Ven, H. , Breaking with the Past: The Maritime Customs Service and the Global Origins of Modernity in China, *Columbia University Press*, 2014.

二　论文

白丽健：《1937—1949 年上海证券市场的历史考察》，《南开学报》2000 年第 4 期。

陈正书：《近代上海华商证券交易所的起源和影响》，《上海社会科学院学术季刊》1985 年第 4 期。

成九雁、朱武祥：《中国近代股市监管的兴起与演变：1873—1949 年》，《经济研究》2006 年第 12 期。

崔书文、许念晖：《上海孤岛的股票交易》，《经济日报》1994 年 10 月 31 日。

邓宜红：《试析 1935 年以前中国银行对待政府内债态度之演变》，《民国档案》1993 年第 1 期。

丁晓中：《"信交风潮"研究》，硕士学位论文，苏州大学，2002 年。

龚彦孙：《民国初年上海的证券交易》，《民国春秋》1992 年第 6 期。

郭岩伟：《论近代外商在华企业的优先股制度——兼与华商企业比较》，《中国经济史研究》2016 年第 1 期。

何旭艳：《信托业在中国的兴起》，《近代史研究》2005 年第 4 期。

胡显中、周晓晶:《中国历史上第一家股份制企业轮船招商局》,《经济纵横》1992 年第 8 期。

剑荣:《虞洽卿与上海证券物品交易所》,《档案与史学》1996 年第 3 期。

江眺:《公司法:政府权力与商人利益的博弈》,博士学位论文,中国政法大学,2005 年。

金普森、王国华:《南京国民政府 1927—1931 年之内债》,《中国社会经济史研究》1991 年第 4 期。

金普森、王国华:《南京国民政府 1933—1937 年之内债》,《中国社会经济史研究》1993 年第 2 期。

匡家在:《旧中国证券市场初探》,《中国经济史研究》1994 年第 4 期。

李本森:《中国近现代证券立法的特点及启示》,《法学》1996 年第 3 期。

李春梅:《从轮船招商局看中国近代股份制的兴起》,《四川师范大学学报》1995 年第 3 期。

李玉:《1882 年的上海股票市场》,《历史档案》2000 年第 2 期。

李玉:《〈申报〉所见晚清招商局之账目公开》,《安徽史学》2020 年第 2 期。

李玉:《洋务民用企业"仿西国公司之例"缘起简论》,《安徽史学》2001 年第 1 期。

李玉:《中国近代股票的债券性》,《南京大学学报》(哲学社会科学版) 2003 年第 3 期。

林榕杰:《1948 年的天津证券交易所》,《中国经济史研究》2008 年第 2 期。

刘国华:《近代中国股份制与股票市场思想研究》,博士学位论文,复旦大学,2002 年。

闵杰:《上海橡胶风潮及其对江浙地区民族经济的冲击》,《中国经济史研究》1989 年第 2 期。

彭厚文:《19 世纪 80 年代上海股票交易的兴衰》,《近代史研究》1999 年第 1 期。

彭厚文:《近代上海证券交易所流变考述》,《江南学院学报》1998 年第 3 期。

彭厚文:《旧中国证券市场若干问题的订正和商榷》,《中国经济史研究》1997 年第 2 期。

彭厚文：《上海早期的外商证券市场》，《历史档案》2000 年第 3 期。

彭厚文：《战后上海证券交易所述论》，《近代史研究》2002 年第 3 期。

千家驹：《论旧中国的公债发行及其影响》，载《千家驹经济论文选》，中国国际广播出版社 1987 年版。

师呐：《略论中国近代股份制中的传统因素》，《湖北师范学院学报》2003 年第 1 期。

宋士云：《抗日战争时期我国的股票市场》，《齐鲁学刊》1998 年第 5 期。

田永秀：《1862—1883 年中国的股票市场》，《中国经济史研究》1995 年第 2 期。

汪敬虞：《十九世纪外国侵华企业中的华商附股活动》，《历史研究》1965 年第 4 期。

王晶：《1932 年的公债风潮：国民政府与上海金融界关系述评》，《档案与史学》2000 年第 3 期。

王佑楼、方传政：《淮南煤矿历史档案中的股票》，《中国档案》1997 年第 7 期。

王志华：《略论中国近代证券立法》，《江西财经大学学报》2004 年第 6 期。

王志华：《中国近代证券法律制度研究》，博士学位论文，中国政法大学，2003 年。

肖勤福：《上海金融界"民十风潮"述略》，《近代史研究》1986 年第 2 期。

严亚明：《近代洋务股份制企业股票性质与股权状况》，《南阳师范学院学报》（哲学社会科学版）2005 年第 7 期。

燕红忠：《近代中国金融发展水平研究》，《经济研究》2009 年第 5 期。

杨在军、张岸元：《关于近代中国股份制起源的探讨》，《江西社会科学》2003 年第 1 期。

叶世昌：《上海股市的第一次高潮和危机》，《复旦学报》（社会科学版）2008 年第 2 期。

余德仁：《论唐廷枢与轮船招商局》，《河南师范大学学报》（哲学社会科学版）1993 年第 1 期。

张丽萍：《股份制：传统的延续与创新——以轮船招商局为例》，硕士学位论文，辽宁师范大学，2006年。

张寿彭：《旧中国交易所探源》，《兰州大学学报》1990年第1期。

张晓阳：《抗战时期的上海股市研究》，《档案与史学》1999年第1期。

张忠民：《近代上海产业证券的演进》，《社会科学》2000年第5期。

赵留彦、隋福民：《股票收益与通货膨胀：近代中国的长期视角》，《中国经济史研究》2016年第1期。

赵兴盛：《抗战时期国民政府国内公债政策研究》，《民国研究》第3辑，南京大学出版社1996年版。

周育民：《"一·二八"事变与上海金融市场》，《档案与史学》1999年第1期。

朱海城、蔡金殿：《近代中国华商股市研究的回顾与评析》，《甘肃社会科学》2009年第1期。

朱海城：《从〈公司律〉到〈公司法〉：近代中国股票发行制度与实践研究》，《社会科学》2018年第7期。

朱海城：《法制与人情的博弈：上海证券物品交易所成立始末》，《广东社会科学》2019年第1期。

朱海城：《华商股份制企业与1880年代股市风潮》，《兰州学刊》2010年第9期。

朱海城：《晚清华商股票发行市场》，《中国金融》2018年第9期。

朱海城：《晚清华商股票交易市场》，《中国金融》2018年第10期。

朱海城：《晚清外商股票市场》，《中国金融》2018年第21期。

朱海城：《移植与变异：民国证券交易所法的演进（1912—1937）》，《社会科学》2017年第5期。

朱荫贵：《1918—1937年的中国证券市场》，《复旦学报》（社会科学版）2006年第2期。

朱荫贵：《近代上海证券市场上股票买卖的三次高潮》，《中国经济史研究》1998年第3期。

朱荫贵：《近代中国第一批股份制企业》，《历史研究》2001年第5期。

朱荫贵：《试论近代中国证券市场的特点》，《经济研究》2008年第3期。

朱荫贵：《引进与变革：近代中国企业官利制分析》，《近代史研究》

2001 年第 4 期。

朱荫贵:《中国近代股份制企业的特点》,《中国社会科学》2006 年第 5 期。

邹进文:《近代中国的股份制》,《历史档案》1995 年第 3 期。

邹进文、姚会元:《近代股份制的"中国特色"之一》,《中国经济史研究》1996 年第 4 期。

Albert Feuerwerker, "Economic Trends in the Republic of China, 1912–1949", in Denis Twitchett and John King Fairbank, eds., The Cambridge History of China, Vol. 13, *Caves Books Ltd*, 1983.

Ch'en, J., Defining Chinese Warlords and Their Factions, *Bulletin of the School of Oriental and African Studies*, 1968, Vol. 31.

Dale, R. S., Johnson, Tang, L., Financial Markets Can Go Mad: Evidence of Irrational Behaviour during the South Sea Bubble, *The Economic History Review*, 2005, Vol. 58, No. 2.

Fewsmith, J., Party, State, and Local Elites in Republican China: Merchant Organizations and Politics in Shanghai, 1890–1930, *University of Hawaii*, 1985.

Ma, D., Economic Growth in the Lower Yangzi Region of China in 1911–1937: A Quantitative and Historical Perspective, *Journal of Eonomic History*, 2008, 68, No. 2.

McGratten, E., and Prescott, E., The 1929 Stock Market: Irving Fisher Was Right, *International Economic Review*, 2004, Vol. 45, No. 4.

Song Bingtao, "Institution and Change of the Public Economy: A New Interpretation of Early Mornden Civilization Evolution", *Social Sciences in China*, 2015.

Wenzhong Fan, "Construction Methods for the Shanghai Stock Exchange Indexes: 1870–1940", Working Paper, *International Center for Finance, Yale School of Management*, 2005.

William N. Goetzmann, Andrey D. Ukhov, and Ning Zhu, "China and the worldFinancial markets 1870–1939: Modern Lessons from Historical Globalization", *Economic History Review*, 2007, Vol. 60, No. 2.

后　　记

股票市场是人类资源配置的产物。股市在其自身发展的历程中，孕育了无数奇迹，也曾带来不堪回首的黑色梦魇。股市的变幻莫测，也许正是促使学者们前赴后继、孜孜不倦地投身其中的重要原因，人们试图更多地了解它，趋利避害，使其更好地服务于人类经济社会发展。本人进入股票市场研究领域始于2006年，当时决定把近代中国股票市场作为博士论文的研究选题。彼时的中国股票市场红红火火，生机勃勃，一如我刚开启此项研究时的心情。但随着研究的深入，心情也变得复杂起来，可谓五味杂陈，既有偶得新资料的喜悦，也有长途奔波却一无所获的沮丧；既有研究中顿悟的轻松，也有时间紧迫的焦虑……现在回想起这一切又是那么温馨。

本书是在我博士论文的基础上大力修改、增补而成，部分章节以论文方式已经发表，其中有十余篇发表于《社会科学》《中国金融》《广东社会科学》《甘肃社会科学》《华中科技大学学报（社会科学版）》《兰州学刊》等核心刊物。本书写作修改历时十余年，其中大的修改有三次。第一次是在博士论文答辩之后。针对答辩委员会提出的宝贵意见和建议，我增补爬梳史料，对一些章节进行了修改完善；同时对部分章节进行了改写或拓展研究。经过整整两年的持续努力，2011年7月以新修订的论文为基础，成功申请获批浙江省哲学社会科学规划后期资助项目。第二次修改是在获得浙江省哲社规划后期资助项目之后。按照省里项目评审专家的修改意见，我进一步搜集文献档案资料，增删调整了部分章节内容，全面加强了史料的互证工作和论证工作，以增强说服力，再次对论文进行了大幅改进。2013年我以此研究成果为基础，经浙江省哲社规划办同意，申请获得国家社会科学基金后期资助项目。第三次修改则是在获得国家社会科学基金后期资助项目之后。当时，国家社会科学基金项目评审专家共提出了五条修改意见，我逐条做了对应修改。主要修改工作包括：搜集整理文献资料及数据资料，调整了部分章节内容，增加了一章新内容，以回应专家的关切；补充新资料，全面加强了对已引用文献的解读力度；重新梳理文献综述，收录了最新研究成果；对整个文本进行校对，使语句更为通畅；规范参考文献与注释，列入新增文献等。经过四年断断续续修订（其间不少时间奉献给了学校行政工作），我于2017年向全国哲学社会科学规划办提交了书稿，申请鉴定结题，当年10月即通过专家鉴定，顺利结题。自此，书稿可以进入出版程序了。彼时，一位亦师亦友的学者向我建议，"你的书稿既然已经磨了这么多年了，为何不再努力努力，申请国家社会科学基金成果文库呢？"受他的启发，我进一步完善书稿，拟申请成果文库，可最终因工作单位变动等原因而错过申报，每每想起，总觉遗憾。以上便是本书修改成稿的整个过程，也是本书到现在才出版的原因。

从博士论文撰写到现在，转眼十余年过去了，回头审视整个书稿及研究历程，也让我对前辈先贤所言"板凳要坐十年冷"有了更深切的感悟。事实上，随着对近代华商股票市场研究的不断深入，在解决一些问题的同时，未知边界也在不断扩展。在不断探索未知的过程中，既有迷茫亦有喜悦和收获。2018年我成功申请到第二个国家社会科学基金项目"近代中国的外商股票市场研究"，显然，这一选题是对华商股票市场研究的再拓展。目前我正在努力，也取得了一些阶段性成果，假以时日两者合二为一，基本就能反映出近代中国股票市场的全貌了。仔细思量，之于学术，若能"精于一件事"，亦不负此生。

本书付梓出版之际，首先要感谢我的导师周育民教授，从博士论文的选题、提纲的确定和初稿的修改，到论文的定稿，无不得益于周老师的悉心指导。从导师那里，我不仅领略到他深邃的学术思想、广博的知识、缜密的思维、敏锐的洞察力，而且感受到他严谨科学的治学态度、执着求真的钻研精神、勤奋敬业的工作态度、诲人不倦的育人精神、严于律己的个人作风。师恩浩荡，没齿难忘。

衷心感谢唐力行教授、苏智良教授、邵雍教授、萧功秦教授、钱杭教授、朱荫贵教授、戴鞍钢教授，感谢他们对我的启发和教导。还要感谢好友黄福寿、周巍、江文君、姚霏、鲁卫东、张宏卿、刘永生、王栎、严磊、邹芝、杨勇勤、王元恒、夏永辉、金建锋、丁留宝、罗国辉、赵龙等，曾与诸位博士在黄浦之滨、学思湖畔、运动场上，交流学习心得，纵论时事，激辩风云，至今想起仍心潮澎湃。

2013年10月，在书稿仍在修订之际，我到中国社会科学院经济研究所做博士后，师从赵学军研究员，赵老师平易近人，治学严谨，论著等身，为人为学，堪称楷模。经济所大师云集，学术氛围浓厚，浸染其中，我受益良多。在此，特别要感谢董志凯研究员，在百忙之中为本书作序。感谢董老师和赵老师多年来对我的支持和帮助。

借此机会，我还要表达对妻子余龙波和女儿朱若轻的感谢，是她们在生活、学习和工作上给我细致的关爱和支持，使我能够集中精力、安心于研究工作。最后，要感谢国家社会科学基金的资助。感谢中国社会科学出版社的宫京蕾老师，她的出色工作，使得本著作能够顺利出版。由于本人学识不逮，水平所限，不足之处，敬请批评指正。

朱海城

2020 年 10 月于杭州钱塘江畔